Das Buch

»Lust auf Geschichte« möchte der Autor mit diesen Spaziergängen in Italiens berühmten Gärten wecken. Mit virtuosem erzählerischem Schwung entführt er uns zu elf historischen Stätten – Gärten, Burgen und Schlössern zwischen Mantua und Rom –, in denen er die Schicksale von historischen Gestalten aus neun Jahrhunderten lebendig werden läßt. So weit gespannt wie die zeitliche Dimension zwischen den einzelnen Lebensgeschichten, so weit entfernt voneinander sind auch die Charaktere und Lebensformen der verschiedenen Protagonisten. Von der mittelalterlichen Burg Canossa, vor der König Heinrich IV. als Büßer die Lossprechung vom Kirchenbann erzwang, über den bizarren Park von Bomarzo bis zum Schloß Colorno, wo die Ex-Gattin Napoleons als Herzogin von Parma residierte, reicht die Kette der Schicksalsorte. Und es treten so unterschiedliche Gestalten auf wie die leidenschaftliche und stolze Caterina Sforza-Medici oder der asketische, vom Ideal der Armut erfüllte Franz von Assisi. Immer ist es lohnend und amüsant, den so gar nicht professoralen Cicerone Decker-Hauff auf seinen historischen Streifzügen zu begleiten.

Der Autor

Hansmartin Decker-Hauff, geboren am 29. Mai 1917 in Oberjettingen, war von 1956 bis 1984 Ordinarius für geschichtliche Landeskunde und historische Hilfswissenschaften an der Universität Tübingen. Er starb 1992. Bekannt wurde er durch zahlreiche Vorträge und Fernsehserien, 1967 erhielt er den Schiller-Preis der Stadt Marbach.

Hansmartin Decker-Hauff:

Gärten und Schicksale
Historische Stätten und Gestalten in Italien

Bearbeitet und eingeleitet von
Karl Kempf

Mit 24 farbigen und
63 Schwarzweißabbildungen

Deutscher
Taschenbuch
Verlag

dtv

Diesem Band liegt die Fernsehreihe »Gärten und Schicksale« des Süddeutschen Rundfunks Stuttgart zugrunde.

Die Herausgabe dieses Buches wurde gefördert mit freundlicher Unterstützung durch:
Vereinigung der Freunde der Universität Tübingen e.V.;
Stiftung zur Förderung der geistigen und künstlerischen Arbeit,
Stifter: Württembergische Hypothekenbank AG;
LG-Stiftung: Kunst und Kultur, eine Stiftung der Landesgirokasse Stuttgart

Ungekürzte Ausgabe
April 1994
Deutscher Taschenbuch Verlag GmbH & Co. KG, München

ISBN 3-421-06616-7
Umschlaggestaltung: Klaus Meyer
Umschlagabbildungen: Raffaello Bencini (Villa Gamberaia, Settignano)
© Weidenfeld & Nicolson Ltd.
Satz: Friedrich Pustet, Regensburg
Druck und Bindung: C. H. Beck'sche Buchdruckerei, Nördlingen
Printed in Germany · ISBN 3-423-30407-3

Dem Gedenken an
Franziska Dudeck geb. Decker-Hauff
1956–1986
Sie lebte für ein grünes Afrika.

Inhalt

Einleitung

> Wir reisten vergnügt durch breite und enge Täler, zwischen Waldgehegen und Felsklüften. Je näher wir an Italien kamen, je schönere Landschaft, herrlich am Tage und im Mondschein; bis wir zuletzt an einer Höhe anlangten, auf der, wie ich mir einbilde, Alboin gestanden haben mag, als er den Garten von Friuli übersah. Eine tiefstille Nacht, ohne Wind und Blättergeräusch, mitten hindurch zwischen Gärten und Palästen ...
>
> *Leopold Ranke*
> in einem Brief aus Venedig vom
> 21. November 1828

Unter dem Titel »Gärten und Schicksale« wurde in der Zeit von August 1986 bis Februar 1990 von Südwest 3, danach 1991 über »Eins Plus« bundesweit, eine elfteilige Fernsehreihe mit außerordentlichem Zuschauererfolg ausgestrahlt. Hansmartin Decker-Hauff, der emeritierte Ordinarius am Lehrstuhl für geschichtliche Landeskunde und Historische Hilfswissenschaften an der Universität Tübingen und nicht zuletzt durch seine zahlreichen Vorträge und Führungen sehr bekannte und geschätzte Historiker, entführte seine Zuhörer und Zuschauer nach Italien und in dramatische Epochen der Vergangenheit des Landes, die auch für die übrige europäische Geschichte von markanter Bedeutung gewesen sind. Die Gärten, Burgen, Schlösser und Städte in Ober- und Mittelitalien bildeten dabei die geographischen Angelpunkte und zugleich die biographisch-dramaturgischen Bühnenbretter, auf denen der Autor die Schicksale und die Umwelt von ausgewählten Gestalten aus neun Jahrhunderten lebendig werden ließ. So weitgespannt die zeitliche Dimension der vorgestellten Lebensgeschichten ist, so weit auseinander liegen auch die Charakterbilder, die Lebensformen und Geschicke der Helden, und so unterschiedlich ist das Bild der Schauplätze.

Von der Burg Canossa, einst als Ort schmachvoller Demütigung deutscher mittelalterlicher Herrschergewalt (miß-)verstanden, bis hin zum »Abstell-Herzogtum« Parma, wo Napoleons Ex-Gemahlin Marie Louise unter ihren »deutschen Bäumen« zu promenieren liebte, geht die Reihe der gezeigten Schicksalsorte und Lebensstationen. Und es treten so unterschiedliche Charaktere auf wie die in Liebe und Haß gleichermaßen überbordende Energienatur der Herzogin Caterina Sforza-Medici und der asketische, vom reinsten Ideal der Armut und der Liebe zu allem Kreatürlichen erfüllte »poverello« Franz von Assisi.

Die große Resonanz beim Publikum auf die fesselnden Vorträge hat den Verlag bewogen, die erfolgreiche Serie »Gärten und Schicksale« endlich auch als Buch zu veröffentlichen. Die Umsetzung der von Decker-Hauff frei gehaltenen Vorträge in ein ganz anderes Medium verlangte selbstverständlich wesentliche Änderungen der Textvorlagen. Die Unmittelbarkeit des Vortrags und der televisionären Führung, die fließende Schau der Bilder wie alle jene Elemente, die das Atmosphärische ausmachen, entfallen im gedruckten Text, dessen Vorteil hingegen nicht zuletzt seine jederzeitige Verfügbarkeit darstellt. Die auf Videokassetten gespeicherten Texte der Sendungen mußten sprachlich, formal und inhaltlich überarbeitet, stellenweise im Inhalt gekürzt oder erweitert und den – im Vergleich zu einem Schau- und Hörpublikum – etwas anderen Bedürfnissen und Erwartungen eines Lesepublikums gemäß aufbereitet werden. Auch die Reihenfolge der Sendungen, die im Fernsehprogramm anfangs mehr auf die »Gärten«, in den späteren Sendungen mehr auf die menschlichen »Schicksale« den Schwerpunkt legten, wurde geändert und in eine chronologische Abfolge gestellt.

Diese redaktionelle Arbeit war dem Autor Hansmartin Decker-Hauff infolge seiner schweren Erkrankung leider nur sehr begrenzt möglich. In dankbarer Verpflichtung gegenüber meinem langjährigen akademischen Lehrer habe ich diese nicht ganz problemlose Arbeit gerne übernommen. Ich hoffe, daß sich die aufgewandte Mühe gelohnt hat und die hier nun vorliegende Buchfassung von »Gärten und Schicksale« ein annähernd gleich großes Interesse an Geschichte zu wecken und zu erhalten vermag, wie es Hansmartin Decker-Hauff in seinen populären Geschichtsvorträgen so oft entfachen konnte. Das Buch soll zu seinem 75. Geburtstag am 29. Mai 1992 als Gratulationsgabe überreicht werden.

Neben dem Dank an meinen Lehrer für seine Anteilnahme an der redaktionellen Überarbeitung, schulde ich auch meinem Studienfreund »ex temporibus Decker-Hauffensibus« Dr. Gerhard Raff aus Degerloch Dank für seine redaktionelle Vermittlertätigkeit. Seinem Engagement verdankt das Buch mit sein Entstehen. Er hat wie weiland unser schwäbischer Landsmann Heinrich Schickhardt eine »Rayß in Italien« unternommen, und er hat dabei, mit Unterstützung von Frau Dr. Annemarie Knittel, Frau Sabine Thomsen und Herrn Claus Huber, die Schauplätze dieses Buches aufgesucht und vielfach in Farbfotografien festgehalten. Ganz besonderer Dank gebührt Herrn Günther Widmer, der die ersten Textgrundlagen nach den Sendungen erarbeitet und zur Verfügung gestellt hat. Zu Dank verbunden bin ich des weiteren Frau Maria Braun in Nagold sowie meiner Schwester Gertrud Neurauter für wertvolle technische Hilfen. Für ein sachlich aufgeschlossenes und persönlich angenehmes Zusammenarbeiten bedanke ich mich bei der Deutschen Verlags-Anstalt.

Nagold, im Dezember 1991 Karl Kempf

Canossa

Markgräfin Mathilde, der Papst und der Kaiser

Die Ruine der Burg Canossa, Stammsitz der Markgrafen von Tuszien, im 19. Jahrhundert; nach einer Zeichnung von Friedrich Preller.

Von den vielen geschichtsträchtigen Orten Italiens hat Canossa, der Name einer heute fast vergessenen Burg, bis vor wenigen Jahrzehnten für jeden politisch und historisch gebildeten Deutschen eines der geläufigsten Reizworte bedeutet. Heute ist der Name dieses Ortes immerhin zu einer feststehenden Redensart im deutschen Sprachgebrauch erstarrt: Einen »Canossagang« zu machen, mag sich wohl kaum jemand zumuten. Wem aber der Name Canossa eine geschichtliche Erinnerung wachruft, der weiß auch, daß die damit verbundene Redensart nicht auf die körperliche Mühsal der Burgbesteigung verweist, sondern für das seelische Durchleben schwerer Demütigung steht, also einer ganz anderen Ebene angehört.

Dabei schiene die naive erste Annahme dem Ortskundigen durchaus plausibel und gerechtfertigt, denn die Burg und das gleichnamige Gebirgsdorf auf den östlichen Höhen des Apennin, siebenhundert Meter über der Lombardischen Tiefebene, sind heute fast vergessen und verlassen. Kaum ein einigermaßen befahrbarer Weg führt hinauf, so daß man sich nur schwer vorstellen kann, daß diese Burg einmal einen der politischen und militärischen Schwerpunkte Italiens bildete, daß die an Canossa vorüberziehende Straße eine wichtige Verbindung zweier bedeutender italienischer Landschaften darstellte: von der Lombardei im Norden zur Toskana im Süden, daß sie sogar als eine Verbindung von Rom nach Deutschland diente. Auf diesem Weg lag die Sperrburg Canossa, die eine wichtige strategische Bedeutung besaß.

Rund um Canossa sind noch vier weitere mittelalterliche Burgen als Außenfestungen angelegt worden, die einen förmlichen Ring um Canossa als Mittelpunkt bilden; noch heute heißt diese Landschaft Quattro Castelli. Canossa ist zwar nur noch eine Ruine, aber eine bedeutende

Auf dem Weg nach Canossa.

historische Begegnung erinnert an diesen Ort. Vor mehr als tausend Jahren hat ein adeliger Herr, dem neben vielem anderem Grundbesitz auch Canossa gehörte, die strategisch vorteilhafte Lage dieses Platzes erkannt: Im Süden von Canossa liegen Pisa und Lucca, im Norden Parma und Mailand, im Osten Bologna, während sich nach Westen zu das immer unwegsamer werdende Gebirge bis hin zu den Apuanischen Alpen erhebt. Für jemand, der hier herrschen will, mit dem einen Fuß im Steigbügel der reichen Lombardei, mit dem anderen in der blühenden Toskana, ist Canossa geradezu der ideale Ort, seinen Einfluß und seine

Macht durch die Kontroll- und Sperrmöglichkeiten zu sichern. Die ersten Markgrafen von Canossa scheinen langobardischer Abkunft gewesen zu sein und nach langobardischem Recht gelebt zu haben. Der älteste Stammvater, der uns namentlich bekannt ist, hieß Siegfried; sein Sohn trug den Namen Adalbert, und dieser war es, der um das Jahr 940 den ersten Burgbau begonnen hat. Der Name dieses Gründers ist uns in den romanisierten Kurzformen »Atto«, »Hatto«, »Azzo« überliefert.

Von Adalberts Burg sind kaum noch Reste erhalten. Sein Sohn Theodald (Diepold) gründete in der Burg ein frühes Chorherrenstift, das dem heiligen Apollonius geweiht war. In diesem ehemaligen Kloster war die Grablege der Markgrafen von Canossa. Diese knorrigen Burgherren sind alle hier oben zur letzten Ruhe gebettet worden. An den Grabmalen kann man in Gedanken nachvollziehen, wie aus kleinen Anfängen langsam ein Staat wurde. Der erste Adelige, der hier oben auf der Paßhöhe Fuß faßte, war ein Langobarde aus der Gegend von Lucca. Die Grafschaften von Lucca im Süden und Brescia im Norden, Modena, Mantua und viele andere Orte der Lombardei kommen hinzu, aber auch in südlicher Richtung wird der Besitz ausgedehnt. Die Herrschaft wird durch Perugia ergänzt, und schließlich, durch eine Heirat, kommt Spoleto, ein großes Herzogtum nördlich von Rom, hinzu. Viele Grafschaften im Apennin fallen der Herrschaft der Markgrafen von Canossa zu, und schließlich greifen sie, auf der Höhe der Macht und kurz vor ihrem Erlöschen, sogar über die Alpen hinaus. Das deutsche Herzogtum Oberlothringen und Teile von Niederlothringen werden mit der Herrschaft über die italienischen Besitzungen verbunden, so daß neben den Hauptsitz in Canossa, von dem sich der Name des Adelshauses herleitet, eine Reihe weiterer Herrschaftssitze in der Lombardei, in der Toskana und auch in Lothringen treten. Es ist nun ein Geschlecht, dessen Besitz und Einfluß sich von Mittelitalien bis an die Maas und die Mosel erstrecken und dessen Macht vor allem auf der Beherrschung der Pässe und der Straßen von der Lombardei nach Tuszien, der Toskana, beruht.

Schon jener Adalbert, der erste, der sich vor über einem Jahrtausend auf der östlichen Apenninhöhe festsetzte, hat in der deutschen Geschichte eine gewisse Rolle gespielt. Zu seinen Lebzeiten bestand noch das langobardisch geprägte Königtum Italien, das einst Teil des fränkischen Karolingerreiches gewesen war und nun von einem neuen Geschlecht regiert wurde. Der junge König Lothar starb im Jahr 950 und hinterließ eine Witwe, die in der deutschen Geschichte sehr bekannt ist: Adelheid, die Tochter des Königs Rudolf von Hochburgund und Enkelin des Herzogs Burkhard I. von Schwaben. Diese junge burgundisch-schwäbische Dame war nun nach langobardischem Recht die Erbin des vielbegehrten Königreichs Italien. So wie einst die langobardische Königin Theudelinde nach dem Tode ihres ersten Gemahls dem zweiten das Reich zugebracht hatte, so durfte nun Adelheid als Erbin Italiens gelten, und wer diese junge Witwe zur Frau nahm, gewann ein Reich hinzu.

Für den bisherigen Rivalen ihres verstorbenen Ehemanns war Adelheid ein Hindernis für die Anerkennung seines Herrschaftsanspruchs. Lothars Tod ermutigte nämlich Berengar von Ivrea, von neuem nach der Königswürde zu streben. Er hielt Adelheid gefangen und setzte sich wiederum die Königskrone von Italien aufs Haupt. Doch es gelang der jungen Frau zu entkommen; sie floh durch die ganze Lombardei mit ihrer Dienerin, verfolgt von Berengars Häschern. Der Sage nach sollen sie ihr einmal so nahe auf den Fersen gewesen sein, daß sie in einem Kornfeld Zuflucht suchte und dort verborgen die Gefahr überstand. Eine andere Sage berichtet, daß sich Adelheid am Gardasee, wo sie von Berengar gefangengehalten wurde, auf abenteuerliche Weise durch einen unterirdischen Gang in die Freiheit gegraben habe. So gelangte sie dann zu dem reichstreuen Grafen Atto, einem politischen Anhänger des deutschen Königs Otto. Atto war es wohl, der Adelheid auf der Burg Canossa nicht nur den ersten Schutz, sondern auch den guten Rat gegeben hat, sie solle sich doch vor ihren vielen Verfolgern, die sie in Oberitalien zu fürchten habe, nach Deutschland retten und König Otto um Hilfe bitten. Diesen Rat hat Adelheid befolgt. Es entwickelte sich bald eine starke persönliche Beziehung, die für die politische Zukunft des Deutschen Reiches weitreichende Folgen haben sollte. Adelheid wurde die zweite Frau Ottos des Großen. In der alten Hauskirche der früheren langobardischen Könige, in San Michele in Pavia, fand die Trauung von Otto und Adelheid statt. Sie wurden die Eltern des späteren Kaisers Otto II. und die Großeltern Kaiser Ottos III.; sie sind auch die Stammeltern vieler europäischer Hochadels- und Fürstenfamilien geworden. Diese Verbindung war friedenstiftend für die unruhige

Region Oberitalien, und sie verband vor allem – das ist das geschichtlich Bedeutsame daran – das deutsche Königtum wieder mit Italien. Möglicherweise hat in Canossa der alte Atto den Heiratsplan entwickelt und ist somit auch verantwortlich für die Vereinigung der beiden Reiche, die dann für Jahrhunderte die deutsche und mitteleuropäische Politik bestimmt hat und bis zum Ende des alten Heiligen Römischen Reiches Deutscher Nation am Anfang des 19. Jahrhunderts weitergewirkt hat.

In einem kostbaren Codex, der in den Schatzkammern des Vatikan aufbewahrt ist und der das Leben der letzten und berühmtesten Frau in Canossa, der Markgräfin Mathilde von Tuszien, schildert, ist auch Markgraf Atto dargestellt. In dieser »Vita Mathildis« von Donizo steht am Beginn das Stammelternpaar Atto und Hildegard. Auch das Markgrafenpaar in der nächsten Generation trägt noch germanische Namen. Theodald oder Thiudald hieß Attos Nachfolger; seine Gattin Willa soll nach Donizos Angaben eine *ducatrix*, eine Herzogin, gewesen sein. Wie es ihrem Rang gebührt, sitzen auf dem Bild in dem Handschriftencodex von Donizo alle Markgrafen von Canossa feierlich auf großen Thronsesseln. Vielleicht handelt es sich bei dieser Darstellung um die Kopie eines älteren Bilderzyklus, den das Kloster in früherer Zeit einmal besessen haben könnte. Jedenfalls gelten die Darstellungen als relativ zeitnahe Porträts, denn Donizo hat das Werk ja gemalt und geschrieben, als die Markgräfin Mathilde, wenn auch bereits in vorgerücktem Alter, noch hier oben auf ihrer Burg Canossa lebte. Von ganz besonders hohem geschichtlichen Wert ist in dieser Handschrift das große Thronbild von Mathildes Vater, dem Markgrafen Bonifazio. Fast die ganze Machtgrundlage, die Mathilde später besaß, hatte er erworben; er regierte in der Toskana, die er geerbt, und in Lothringen, das er erheiratet hatte. Die Miniatur gibt Ausdruck von seiner hohen Stellung; er kam im Rang fast einem König gleich. Ihm zur Seite thront seine Gemahlin, die lothringische Erbtochter Beatrix, eine nahe Verwandte der Kaiser aus dem Geschlecht der Salier. Sie war eine Nachfahrin der Karolinger und der alten schwäbischen Herzöge. Beatrix bündelte weiterhin vielfache Rechte und Ansprüche. Als neue Herrin von Canossa und Markgräfin von Tuszien brachte sie ihr Erbland Lothringen Bonifazio zu und spielte nun, neben ihrer Tochter Mathilde, eine entscheidend wichtige Rolle in der italienischen und deutschen Geschichte.

Nach dem frühen, gewaltsamen Tod Bonifazios heiratete Beatrix in zweiter Ehe Herzog Gottfried den Bärtigen von Oberlothringen, der ein Hauptgegner Kaiser Heinrichs III. war und mit dieser Heirat bewußt seine Machtgrundlagen ausdehnen wollte. Die Verbindungen zwischen Lothringen und Oberitalien wurden weiter ausgebaut. Auch der Codex der »Vita Mathildis« kann als Beleg dafür herangezogen werden, wie stark in der Vorstellung der italienischen Zeitgenossen dieses Geschlecht schon eine ganz besondere und herausragende Rolle in Italien spielte und welche hohe Bedeutung ihm zuerkannt wurde. Als Tochter des Markgrafen Bonifazio und der Beatrix von Lothringen wurde Mathilde im Jahr 1046 wohl hier oben auf Canossa geboren. Als Beatrix nach der Ermordung ihres Gatten den Herzog von Oberlothringen, den ausgemachten Feind des Kaisers heiratete, ließ Heinrich III. sie samt ihrer Tochter aus erster Ehe als Gefangene nach Deutschland verbringen. Mathilde wuchs also in Deutschland auf und geriet auf diese Weise schon früh in das Feld politischer Interessen. War sie doch als künftige Erbin bedeutender Länder und Städte schon in jungen Jahren im Blickfeld der politischen Kräfte als Objekt der großen Heiratspolitik europäischer Fürsten. Sie heiratete ihren Stiefbruder, den Sohn aus der ersten Ehe ihres Stiefvaters Gottfried des Bärtigen – keinen ansehnlichen Mann, denn »Gottfried der Bucklige« war verwachsen und wahrscheinlich gar nicht fähig, Kinder zu zeugen. Diese Ehe hatte große politische Bedeutung; die Ehegatten waren aber nicht glücklich und trennten sich bald wieder. Gottfried der Bucklige fiel 1076 einem Mord zum Opfer; wir haben keine Nachrichten darüber, daß dies auf Mathilde einen besonderen Eindruck gemacht hätte.

Die junge Markgräfin Mathilde spielte, von ihrer Mutter Beatrix beraten, eine wichtige Rolle bei kirchenpolitischen Entscheidungen. Sie unterstützte die Kirchenreform, und zwar nicht nur die von Gorze und Cluny ausgehende innerkirchliche, sondern auch die immer kämpferischer in die Reichspolitik eingreifende Bewegung, die am auffälligsten durch Papst Gregor VII. vertreten wurde. Zu diesem Papst, einem Intellektuellen, der aus armen Verhältnissen stammte, einem damals als modern geltenden Priester, fühlte sich die hochgeborene Dame auf eine ganz besondere Weise hingezogen. Diese Frau war nach ihrer unglücklichen Ehe so von dem starken Charakter Gregors, der absolute Hingabe forderte, beeindruckt, daß sie seinen Wünschen willig folgte, so daß die Zeitgenossen schon munkelten und Unerlaubtes in der Verbindung zwischen dem Papst und der jungen Herzoginwitwe vermuteten. Sicher handelte es sich aber nur um eine Übereinstimmung der Seelen, wie wir heute im Rückblick sagen dürfen. Sie waren sich ähnlich im Charakter, hatten die gleiche politische Überzeugung und verfolgten gemeinsame Ziele, was auch eine nahe Freundschaft bedingte. Die schmähenden Vorwürfe waren sicher nicht berechtigt.

Da sie aus ihrer Ehe mit Gottfried dem Buckligen keine Kinder hatte, entschloß sich Mathilde, ihre Güter, soweit sie schon frei darüber verfügen konnte und sofern diese keine Reichslehen waren, der Kirche zu schenken. Das war außergewöhnlich, wenn man bedenkt, wie groß dieser Besitz war. Eine besondere politische Bedeutsamkeit jedoch lag darin, daß nun wichtige Kerngebiete Italiens, die später so berühmten »Mathildischen Güter«, dem Kirchenstaat zur Erweiterung zufielen. Später hat sie ihr Testament gelegentlich gerne wieder verworfen und hat Heinrich V. oder dann auch wieder einen politisch nahestehenden Grafen als ihren Erben eingesetzt.

Zuvor kam es aber noch zu einem merkwürdigen politischen Schachzug durch die Kirche, der indessen den Gepflogenheiten der damaligen Zeit durchaus entsprach. Um das Erbe der kinderlosen Mathilde nicht an das deutsche Königreich oder gar an die herrschende Kaiser- und Königsfamilie der Salier fallen zu lassen, hat man eine fast unnatürliche Ehe gestiftet. Die vierundvierzigjährige Markgräfin heiratete einen ganz jungen Adeligen, wobei Liebe keine Rolle zu spielen brauchte. Der Gemahl war Herzog Welf V., ein Schwabe und zugleich Sohn einer flämischen Gräfin und der voraussichtliche Erbe der beiden großen Herzogtümer Bayern und Sachsen, was dieser Heirat das politische Gewicht verlieh. Er war also nur dazu ausersehen, als Ehemann der Mathilde deren Erbe für die Welfen zu sichern und es dem Zugriff der deutschen Könige zu entziehen. So verbrachte Welf einen Teil seiner Jahre mit der älteren Dame. Man konnte es dem jungen Mann eigentlich kaum verübeln, daß er sich wenig um seine Gattin kümmerte; und so wurde die Ehe nicht glücklich. Da bei dem Alter seiner Gemahlin keine Kinder mehr zu erwarten waren, bedeutete die Verbindung eher ein Hemmnis statt eine Hoffnung. Sein Verhalten zu ihr war nicht zu rechtfertigen, schließlich hatte sie ihm doch eine große Menge von Gut in die Ehe eingebracht. Es ging vor allem darum, Mathilde möglichst rasch zu veranlassen, daß sie ihr Erbe auf den jungen Ehemann übertrug, damit Macht und Besitz der Markgrafen von Tuszien dem stärksten königsfeindlichen Fürstenhaus zufielen.

Mathilde, die Letzte aus dem Hause der Markgrafen, starb einige Jahre vor Welf, nachdem sie ihre Altersjahre im Kloster von Canossa verbracht hatte. Die Ehe hatte damals schon längst nicht mehr bestanden, denn das ungleiche Paar hatte sich nach wenigen Jahren getrennt. Es war ein unglückliches Leben, ein Leben in größtem Reichtum, im Besitz großer Macht und großen Einflusses in Italien und in Deutschland. Im Grunde aber hatte Mathilde doch immer nur die Anlehnung an die mächtige Gestalt Gregors VII. gesucht und in dieser Bindung wohl die beste Erfüllung des eigenen Wesens und der eigenen Wünsche gefunden. Als Klosterfrau hat sie später dem Mönch Donizo ihr Leben erzählt und ihm Ereignisse in ihrer Familie sowie des politischen Geschehens der Zeit mitgeteilt. Im Klostergarten und in der Zelle in Canossa beschrieb Donizo das Leben seiner berühmten Gönnerin. Sie hat also durch ihn ihre Biographie selbst verfaßt. Als sie im Jahre 1115, im Alter von fast 70 Jahren, starb und daraufhin in der Po-Ebene in dem prachtvollen Hauskloster San Benedetto bestattet wurde, da ruhte ihr jahrzehntelanger Gegenspieler auf dem deutschen Königsthron bereits ein Jahrzehnt im Grabe. Auch ihr ehemaliger Verbündeter, ihr geistlicher Leiter Papst Gregor VII., war schon lange von der Weltbühne abgetreten.

Steigt man heute zur Burg Canossa hinauf, so geschieht dies wohl auf einem weniger beschwerlichen Weg als vor 900 Jahren. Hier auf der Höhe von Canossa hat sich aber auch jene Szene abgespielt, die den Namen der Burg vor allem bekanntgemacht hat, und besonders für uns Deutsche zu einem Reizwort wurde. Es ging um einen Streit von weltgeschichtlicher Tragweite zwischen König Heinrich IV. und Papst Gregor VII., der nicht durch Zufall auf der Burg Canossa sein dramatisches Ende fand. Neben anderen Beteiligten hatte auch die Markgräfin Mathilde als Herrin der Burg Canossa dabei mitgewirkt.

Versuchen wir zunächst zu verstehen, wie es zu dieser schweren Auseinandersetzung zwischen dem deutschen König und dem Papst gekommen ist. Noch wenige Jahre zuvor hatte unter Kaiser Heinrich III.

Die Markgräfin Mathilde von Tuszien (1046–1115),
Herrin der Burg Canossa; Abbildung aus
der »Vita Mathildis« des Mönchs Donizo (1114).

durchaus Einvernehmen zwischen den beiden höchsten Mächten des damaligen christlichen Abendlandes, zwischen Kaisertum und Papsttum geherrscht, persönlich sogar ein sehr gutes. Heinrich III. setzte deutsche Bischöfe als Päpste ein, die hervorragend wirkten. Erinnert sei nur an Papst Leo IX., den Egisheimer Grafensohn aus dem Elsaß, der als Bruno von Egisheim und Bruno von Toul in der Zeit vor seinem Pontifikat bekannt war und dann als einer der größten Päpste in die Kirchengeschichte einging. Wie konnte diese Eintracht und Einmütigkeit zwischen Kaiser und Papst zu so einem bösen Streit werden, zu diesem heftigen Zusammenprall, verbunden mit persönlichem Haß und Feindschaft führen, die nicht mehr zu überbrücken waren?

Zum Verständnis soll hier kurz etwas zu dem Streit um das Vorrecht bei der Einsetzung der deutschen Bischöfe, den sogenannten Investiturstreit, gesagt werden.

Ein gutes Jahrhundert zuvor war Kaiser Otto der Große sehr enttäuscht worden, als er die deutschen Herzogtümer an seine nächsten Verwandten vergeben hatte. Er glaubte, er könne sich auf sie als treue und verläßliche Parteigänger stützen und wurde dann sogar von seinem eigenen Sohn, dem Herzog Liudolf von Schwaben – dem Gründer Stuttgarts –, und ebenso von seinem Bruder, Herzog Heinrich von Bayern, schwer hintergangen. Otto erkannte nun die Möglichkeit, daß die Bischöfe zuverlässiger sein würden, wenn sie neben ihren geistlichen Ämtern zugleich weltliche Aufgaben im Deutschen Reich übernahmen, da sie keine Hausmachtinteressen anstrebten. Sie hatten keine Söhne, zumindest keine erbberechtigten, zu versorgen wie die weltlichen Fürsten. Außerdem bekleidete ein Bischof damals im allgemeinen nicht länger als zehn oder fünfzehn Jahre sein Amt. Dadurch hatte das Reich die Gelegenheit, jeden deutschen Bischofsstuhl und ein damit verbundenes Fürstentum öfter neu zu besetzen – und zwar mit Anhängern des Reiches, mit Parteigängern des jeweiligen Kaiserhauses.

Das sogenannte Ottonische Reichskirchensystem hat sich mehr als hundert Jahre lang gut bewährt. Erst langsam kam mit den Gedanken zur Kirchenreform auch in Rom die Kirchenleitung zur Erkenntnis, daß mit diesem Reichskirchensystem die päpstlichen Entschlüsse eigentlich nur eine Bestätigung der kaiserlichen waren, daß also die Richtlinien der Kirchenpolitik fast ausschließlich vom deutschen Herrscher bestimmt wurden. Um die Einsetzung (Investitur) der Reichsbischöfe, um die Frage, wer über die Person, den Amtssitz und den Zeitpunkt in erster Linie zu entscheiden habe, ging der heftige Kampf, der das christliche Abendland erschütterte. In den Streit um diese Grundsatzfrage mischte sich auch persönliche Feindschaft. Die Spitzen der weltlichen und geistlichen Herrschaft in Europa standen sich erbittert gegenüber, und hinter ihnen scharte sich ihre Anhängerschaft und spaltete Mitteleuropa in zwei feindliche Lager. Auf der einen Seite stand der begabte, aber noch junge, wenig erfahrene, unreife und charakterlich sprunghafte deutsche Herrscher, König Heinrich IV., auf der anderen Seite der reifere, überlegene, aber kompromißlose Politiker, Papst Gregor VII. Es wurde ein Kampf auf Biegen oder Brechen, in den nun die deutsche Politik und fast alle deutschen Fürsten hineingezogen wurden. Die heimliche Gegnerschaft der deutschen Landesfürsten gegen die königliche Gewalt, gegen das Kaisertum, floß in diese Spannung ein, und so kam es zu einem Bündnis des Papstes mit der überwiegenden Mehrzahl der deutschen Fürsten gegen den König. Fast niemand von den führenden Persönlichkeiten konnte sich mehr aus der Entscheidung für oder gegen den Herrscher heraushalten.

Die Auseinandersetzung eskalierte, es konnte kein Zurück, sondern nur noch Sieg oder Niederlage geben. Die Frage mußte gelöst werden: Unterwirft der König den Papst und kann er ihn im äußersten Fall sogar absetzen, oder kann umgekehrt der Papst für sich in Anspruch nehmen, den deutschen König absetzen zu können und damit bestimmen, wer das Deutsche Reich regieren soll? Es gab für beide Positionen gewichtige Argumente. Vor dem alten Tor der Burg Canossa befinden wir uns auf dem Platz, der historisch der bedeutsamste ist, nicht nur für Canossa, sondern wohl für den ganzen Investiturstreit. Dies ist die Stelle, an der König Heinrich drei Tage lang, Einlaß heischend, gebüßt hat.

Wie konnte es zu dieser Situation kommen? Im Herbst 1076 war der Gegensatz zwischen den Interessen der Fürsten und dem Behauptungswillen des Königs so heftig und die Lage so gespannt, daß eine gewaltsame Lösung unumgänglich schien. Nachdem das bisher Undenkbare geschehen war und der Papst den König mit dem Kirchenbann belegt hatte, sagten die Fürsten, daß sie dem Gebannten und aus der Kirchengemeinschaft Ausgestoßenen keine Treue mehr schuldig seien. Der vom

Papst gebannte König sollte nun durch die Fürsten abgesetzt werden. Das bedeutete in Deutschland den Triumph der Fürstenmacht, aber auch den Triumph der Kirche.

Heinrich, der das Bedrohliche und Einmalige dieser Lage erkannte, handelte mit großem Mut und persönlicher Tapferkeit. Er beschloß, dem Papst, der nach Deutschland kommen und sich an die Spitze der gegen den König aufständischen Fürsten stellen wollte, zuvorzukommen, ihn in Italien aufzuhalten und dort von ihm die Absolution vom Bann zu erbitten. Schon vorher hatte Heinrich den Versuch unternommen, sich in Rom heimlich wieder vom Banne lösen zu lassen, das war aber vereitelt worden. Der Papst war bereits nach Norden aufgebrochen und befand sich schon in der Nähe der südlichen Alpenhänge, wo er verweilen wollte, um sofort nach der Schneeschmelze über die Alpen nach Deutschland weiterzuziehen.

Da wagte Heinrich das Außergewöhnliche, das kaum vorstellbar erschien, weil es damals so gut wie unmöglich war, im Winter über einen der Alpenpässe zu gehen. Überdies hatten seine Gegner alle geeigneten Pässe besetzt, nur über Savoyen, über den Mont Cenis, konnte man den Übergang, allerdings unter Lebensgefahr, wagen.

Der König wurde von seiner Gattin Bertha begleitet, die aus dem Savoyischen Hause stammte und die Gegend, durch die man reisen mußte, kannte; sie hatte hier auch Verwandte, die die Königsfamilie auf dem gefährlichen Weg unterstützen konnten.

Obwohl Bertha mit Heinrich bisher in einer unglücklichen Ehe lebte, hat sie sich standhaft und aufopfernd an die Seite ihres bedrohten und politisch fast als verloren geltenden Gemahls gestellt. Die ganze Königsfamilie zog ohne militärischen Schutz über die verschneiten Alpen; sogar den kleinen, dreijährigen Thronfolger nahm man auf dem beschwerlichen, ja äußerst gefährlichen Weg mit. In Italien wußte niemand, wo sich der König gerade befand. Papst Gregor wurde unruhig; da er eine militärische Aktion befürchtete, versuchte er, noch einmal nach Oberitalien vorzustoßen. In diesem zugleich gespannten wie unsicheren Augenblick griff Markgräfin Mathilde von Tuszien in die Entwicklung ein und bot dem Papst auf ihrer Festung Canossa einen sicheren Aufenthalt, einen Ort zum Abwarten an.

König Heinrich näherte sich mitten im Winter Oberitalien und erfuhr, daß sich der Papst auf der Burg Canossa befinde. Daraufhin bezog er in der Nähe Canossas, vielleicht im Dorf am Fuße der Burg oder auf einer der Nachbarburgen, Quartier. Wir können uns vorstellen, daß nun Boten auf der sonst eher einsamen Burgsteige und unter dem Burgtor von Canossa hin und her gingen – wahrscheinlich aber mehr in einseitiger Richtung auf die Burg Canossa. Heinrich bot seine Buße, seine Unterwerfung an. Nach dem Kirchenrecht mußte der Papst einen Bußfertigen wieder in Gnaden annehmen, und darauf baute Heinrich mit Sicherheit seinen Plan. Nähme der Papst nun den bußfertigen König in Gnaden an und löste ihn wieder vom Bann, so schlüge er sich im Fall der großen Auseinandersetzung selbst die stärkste Waffe aus der Hand. Deshalb wandte Gregor ein überlegtes Mittel an: Er versuchte die Geduld Heinrichs durch überlanges und demütigendes Wartenlassen zu prüfen – vielleicht sogar zu brechen. Aber er wollte auch prüfen, ob die Bußbereitschaft Heinrichs echt war, wie tief, wie wahrhaftig, wie standhaft sie sei, ob der büßende König wirklich bereit sei, sich ganz preiszugeben. Das Tor blieb drei Tage fest verschlossen.

Die Berichte über Heinrichs Bußgang nach Canossa, die sich vielfach widersprechen, aber vor einigen Jahren durch Harald Zimmermann im einzelnen geklärt worden sind, sagen uns sehr deutlich, daß Heinrich drei ganze Tage vor dem Burgtor von Canossa gewartet hat – nicht barfuß im Schnee, wie das manche Historienmaler so gerne dargestellt haben, aber doch ohne Pelzwerk, in einem einfachen Gewand und mit Holzsandalen an den bloßen Füßen. So stand er hier in der Kälte vom 25. bis 27. Januar des Jahres 1077, ohne die Zeichen seiner Königswürde, als ein Büßer, der um nichts anderes bat als um die Öffnung des Burgtores, den Empfang beim Papst und die Annahme seiner Buße. Während draußen der Büßer fror, wartete drinnen in der Burg der Papst. Ihm war die Zeit nicht lang genug, er versuchte, den jungen, stolzen, ungebärdigen, schnellfertigen König zu einer Handlung zu zwingen, die zeigen würde, daß Trotz und Ärger wieder über die Demut und Geduld gesiegt hätten. Heinrich sollte zum Umkehren gereizt werden, er sollte die unerhört lange Wartezeit von drei Tagen im Zorn abbrechen. Heinrich soll dies mehrmals erwogen haben, doch seine wahrhaft getreue Bertha hat ihm wohl gut zugeredet, ihn getröstet und wieder ermuntert.

Gleichzeitig aber war oben in der Burg ein großes Streitgespräch im

Gange. Heinrich hatte dort nicht nur entschiedene Feinde, er hat auch Fürsprecher gehabt. Da gab es den Abt Hugo von Cluny, einen der geistigen Köpfe des damaligen Abendlandes, einen Mann, auf dessen Wort die ganze Kirche achtete. Er war mit Heinrich, dessen Taufpate er war, eng verbunden. Als wahrhaft redlicher Vermittler setzte er sich beim Papst für Heinrich ein. Gregor zeigte sich jedoch unerbittlich, denn er wußte, wenn es ihm nicht gelänge, den König in Deutschland wegen seiner Exkommunikation abzusetzen, daß dann die päpstlichen Mittel kaum etwas fruchten würden, und der König wieder Zeit und Macht gewänne.

Eine weitere Fürsprecherin, die oben in der Burg zur Versöhnung riet, hatte Heinrich in der Burgherrin Mathilde. So sehr sie dem Papst persönlich ergeben war und den Zielen der Kirchenreform ihr Vermögen und ihr Leben widmete, so scheinen sich doch bei ihr das Standesbewußtsein und die Standesverpflichtung einer Reichsfürstin gezeigt zu haben; schließlich war sie eine nahe Verwandte des Königs. Hugo von Cluny und Mathilde waren es wohl, denen es am Abend des dritten Tages gelang, daß der Papst den Bußfertigen endlich zum Burgtor einließ. Heinrich erhielt die Lossprechung vom Kirchenbann. Mit seiner persönlichen Demütigung hatte er nun einen großen politischen Erfolg erreicht: Der Papst konnte sein Ziel nicht mehr weiter verfolgen, da er den büßenden König wieder in Gnaden in die Kirchengemeinschaft aufgenommen hatte. Hinfällig wurden mit der Absolution in Canossa der geplante Zug des Papstes nach Deutschland und die Absetzung des Königs. Heinrich konnte nun wieder in Frieden mit Papst und Kirche leben.

Es war lange umstritten, wer in diesem großen menschlichen Drama der eigentliche Sieger gewesen ist. Den Quellen ist auch nicht mit letzter Gewißheit zu entnehmen, wer den entscheidenden Anstoß zur Versöhnung gegeben hat. Man geht aber wahrscheinlich nicht fehl in der Annahme, daß Mathilde bei all ihrer Hochachtung für Gregor doch sehr stark in den mittelalterlichen Vorstellungen von der Würde hochgeborener Abkunft lebte. Ihre nahe Verwandtschaft zum salischen Kaiserhaus mag ein entscheidender Grund dafür gewesen sein, daß sie sich für die Würde und Ehre des Königs – mehr noch als für die Person Heinrichs – beim Papst eingesetzt hat.

Für Mathilde als einer Verwandten der Salier hatte ein großer Kirchenbau in Deutschland, gestiftet von Heinrich III. und Heinrich IV., besondere Bedeutung: Es ist der Dom zu Speyer, die Hauskirche und Familiengrablege des salischen Geschlechts. Dort sind die beteiligten Gestalten an dem Buß- und Lossagungsdrama von Canossa heute in einem modernen Kunstwerk dargestellt. Für den wieder hergestellten Dom zu Speyer, eines der großartigsten erhaltenen romanischen Bauwerke, beauftragte die Landesregierung Rheinland-Pfalz vor einigen Jahren Professor Toni Schneider-Manzell mit der Gestaltung der Türen am berühmten Westportal. Diese Domtüren zeigen uns in eindrucksvoller Weise – fast wie eine romanische Plastik – die Szene von Canossa im Jahr 1077 und rufen uns die damaligen Vorgänge ins Gedächtnis. Auf der Innenseite der neuen Domtüren hat der Künstler drei Personen des Geschehens von Canossa dargestellt: den Abt Hugo von Cluny als redlichen Vermittler; über ihm ist König Heinrich IV. abgebildet, wie er mit gesenktem Haupt in die Buße einwilligt und vergeblich an das Burgtor pocht; darüber erblickt man Papst Gregor, auch er gebeugt, ebenfalls letztlich ein Nachgebender.

Kehren wir von Speyer und vom Rhein über die Alpen in die Lombardische Tiefebene zurück. Im Kloster San Benedetto ließ sich Mathilde ihr eigenes Grabdenkmal errichten. Sie wollte nicht bei ihren Vorfahren oben auf der Burg Canossa bestattet sein und hat als ihre Grablege das große Benediktinerkloster in der Po-Niederung gestiftet. Die alte Frau, ohne leibliche Erben und nahe Verwandte, die ein Alter von fast siebzig Jahren erreichte, hat ihr ganzes restliches Vermögen ihrem Lieblingskloster vermacht und es sehr reich ausgestattet. Es wird überliefert, Mathilde habe am Ende ihres Lebens nicht einmal mehr ein Bahrtuch gehabt, weil sie das letzte goldene Tuch ihrem Neffen geschenkt habe. Diese Handlung wurde zum Motiv des Gedichts »Das goldene Bahrtuch« von Conrad Ferdinand Meyer. Mathilde starb im Jahre 1115 und wurde in San Benedetto beigesetzt. Das Grabmal, das später mehrfach umgearbeitet worden ist, birgt in seinem Kern einen Schrein mit ihren Überresten. Darüber befindet sich das berühmte Bild, das in der italienischen Volkssage eine große Rolle spielt: Wie eine Königin in roten Purpur gekleidet, reitet sie auf einem Zelter – so wie sie bis heute als Sagengestalt durch die Geschichten der Bergbevölkerung Italiens geistert. Ihre letzte große Stiftung ist es auch, die, neben ihrer Rolle beim Bußgang des deutschen Königs nach Canossa, die Erinnerung an sie wachhält.

Im 17. Jahrhundert hat Papst Urban VIII. im Stil des Barock von Gian Lorenzo Bernini ein prunkvolles Grabmal im Petersdom in Rom schaffen lassen. Es ergänzt als Gegenstück das dortige Grabmal für Königin Christine von Schweden, der zum Katholizismus übergetretenen Tochter des berühmten Vorkämpfers für den Protestantismus, Gustav Adolf von Schweden. Den beiden bedeutenden Frauen, die zum Ruhm und Triumph der katholischen Kirche beigetragen hatten, dankten die Päpste des 17. Jahrhunderts mit diesen kostbaren Gedächtnisbauten. In dem von Bernini geschaffenen Grabmal sind heute ein Teil der Reliquien Mathildes aufbewahrt, einige davon besitzt das Kloster San Benedetto, und andere befinden sich verstreut in verschiedenen Kirchen Italiens.

Fragt man sich, was von einem solchen Leben ohne Kinder, ohne Enkel, eigentlich – sieht man von ihrem Freund Gregor ab – auch ohne Freunde und Gefährten, wie es Mathilde von Tuszien geführt hat, geblieben ist, so kann man nur auf einen merkwürdig starken Nachhall im Bewußtsein und in den Überlieferungen in der italienischen Bevölkerung verweisen.

Blickt man noch einmal hinauf zur Burg Canossa, drängt sich einem unwillkürlich die Frage auf: Was ist von der ganzen Kraft, den energiereichen Kämpfen und Leistungen des Mittelalters geblieben? Hier steht eine Ruine, die fast einzustürzen droht. Nach dem Zusammenbruch des Stauferreiches haben die Einwohner von Reggio für immer verhindern wollen, daß sich hier im Gebirge nochmals eine Macht festsetzt. Sie haben die Burg im Jahr 1255 zerstört und geschleift. Seitdem ist sie Ruine, in der die Herzöge d'Este im Jahr 1502 den Dichter Ludovico Ariosto nur deshalb als Burgvogt einsetzten, weil er sonst keine Bleibe hatte. Bald nach seiner kurzen Amtszeit auf Canossa hat Ariosto das berühmte Ritterepos »Der rasende Roland« verfaßt, das im literarischen Europa des 16. Jahrhunderts einen hohen Rang einnimmt.

Als Erinnerung an das dramatische Ereignis des mittelalterlichen Investiturstreites ist außer den Mauern der Burg Canossa nur eine starke gefühlsbedingte Empfindung in Deutschland mit dem Bild dieser Ruine bis ins 20. Jahrhundert hinein geblieben. Schon die Reformatoren haben

Canossa – die heutige Burgruine im Abendlicht.

ihre Abneigung gegen das Papsttum auch mit diesem historischen Ereignis begründet, und nicht nur Luther hat davon geredet, wie hart und ungerecht die bösen Päpste unsere guten Herrscher behandelt haben. Für Luther bedeutete der Gang Heinrichs IV. nach Canossa die Unterwerfung unter einen machtbesessenen Papst. Die Dichter, die diesen dramatischen Stoff immer wieder behandelt haben – von Friedrich Rückert bis Erwin Guido Kolbenheyer –, haben je nach Neigung und Gefühl mehr der einen oder der anderen Seite zugeneigt. In neuerer Zeit ist Canossa aber durch ein Zitat berühmt geworden, das von keinem Geringerem als dem Reichskanzler Bismarck stammt; es kam zwar auf eigenartige Weise zustande und beruht auch auf einem Mißverständnis.

Bismarck selbst hatte wenig Zeit zum Lesen, aber er hatte treue und ergebene Freunde und Freundinnen, die für ihn gelesen und ihm darüber berichtet haben. Eine seiner vertrauten Informantinnen war die ihrerzeit bekannte Baronin Hildegard von Spitzemberg, geborene Varnbüler zu

Hemmingen, eine schwäbische Diplomatentochter, die, jung verwitwet, als jahrelange Freundin des Hauses Bismarck den Reichskanzler immer wieder auf literarische Neuerscheinungen hinwies. Die glänzend geschriebene und vielbesprochene »Geschichte der Deutschen Kaiserzeit« von Friedrich Wilhelm von Giesebrecht hatte sie damals gelesen und Bismarck darüber informiert.

Aus ihren Tagebüchern wissen wir, wie sehr sie die Beschreibung des Geschehens in Canossa im Jahr 1077 bewegt und innerlich ergriffen hat, wie sie darüber nachdachte und schließlich dem Reichskanzler in einer Sitzungspause des Parlaments davon erzählte. Bismarck ergriff nur das Wesentliche der Handlung, und so entstand aus Giesebrechts abwägender Darstellung und der gefühlsbetonten Schilderung der Baronin bei Bismarck die Vorstellung der Unterwerfung, zu der er sich, in der Zeit des beginnenden »Kulturkampfes«, nicht zwingen lassen würde. Und in der großen Debatte des Reichstags am 14. Mai 1872, als der Konflikt mit der katholischen Kirche schwelte und ein guter Deutscher selbstverständlich gegen das Papsttum Stellung bezog, sprach Bismarck, dem ein politischer Rückzieher nahegelegt wurde, die berühmten Worte: »Nach Canossa, meine Herren, nach Canossa gehen wir nicht!« Das war so richtig ein Zitat für den deutschen Oberlehrer von 1872. An diesen zum geflügelten Wort gewordenen Ausspruch denken noch heute viele zuerst, wenn sie den Namen Canossa hören. Aber gerade dieses »Nach Canossa gehen wir nicht!« im Sinne von: wir unterwerfen uns nicht, wir lassen uns nicht demütigen! würdigt die große Selbstdisziplin Heinrichs IV. nicht, der seinen jugendlichen Eifer und Stolz im Winter des Jahres 1077 vor dem Burgtor von Canossa zügelte, bis er den sicheren Erfolg heimtrug, der ihm erst durch Einsicht, Umkehr und Geduld zufiel.

Das Tal von Rieti

Franz von Assisi

»Die Stigmatisierung des Heiligen Franziskus«;
Gemälde von Albrecht Altdorfer.

Wenige Städte sind durch die Jahrhunderte bis auf den heutigen Tag so von einem einzigen Menschen geprägt wie das in Umbrien gelegene Assisi durch den heiligen Franz, der in dieser Stadt 1181 oder 1182 geboren und 1226 begraben worden ist. Hier und in den kleinen Klöstern der Umgebung war auch der Schwerpunkt seines Wirkens.

Franz wurde als Sohn des Pietro di Bernardone, eines Kaufherrn und wohlhabenden Mitglieds des Patriziats von Assisi, geboren und war somit schon nach seiner Herkunft ein Angehöriger der städtischen Oberschicht. Seine Mutter Pica war keine Italienerin, sondern Französin aus der Provence. Franz war von kleiner, graziler Gestalt, die meisten – allerdings nicht zeitgenössischen – Darstellungen zeigen Franz mit dunklen Augen und bräunlicher Hautfarbe. Der große, so viele Menschen beeindruckende Heilige war, wie uns sein frühester Biograph, Thomas von Celano, berichtet, »von mittlerer Größe, eher klein«. Getauft war er auf den Namen Giovanni; Francesco war ein Zuname, der ihm – so berichtet wenigstens ein Teil der Überlieferungen – deshalb gegeben wurde, weil der Vater sich gerade auf einer Handelsreise in Frankreich aufhielt, als sein Sohn zur Welt kam. Wenn sich Ritter auf Kriegszügen oder Kaufleute auf Handelsreisen befanden, wurden nach damaliger Sitte in vielen Fällen die Söhne nach dem jeweiligen Aufenthaltsort ihres Vaters benannt. Als Folge des späteren Ruhmes des Heiligen wurde Francesco, also eigentlich der »Kleine Franzose«, zu einem der häufigsten Vornamen in der ganzen Welt.

Bei solch günstigen Voraussetzungen – einem reichen Elternhaus und einer gesicherten Laufbahn – mag der Vater schon überlegt haben, daß sein Sohn über einen Ritterschlag in den Adelsstand aufsteigen könnte. Was zur Ausrüstung nötig war, wie Pferde, Knappen und Diener, konnte ihm sein Vater bereitstellen. Der jugendliche Francesco nahm daher auch an einem Kriegszug der Stadt Assisi gegen Perugia teil. Allerdings konnte er dabei keine militärischen Lorbeeren ernten, sondern geriet in Gefangenschaft. Als er nach mehr als einem Jahr entlassen wurde, erkrankte er anschließend zu Hause. Er war kaum zwanzig Jahre alt, als er sich die Lebensfrage stellte: Was will ich eigentlich?

Nun folgte jene ganz persönliche Entwicklung, bei der er zu einem »Aussteiger« wurde, wie wir heute sagen würden. In einer berühmten Szene sagte er sich öffentlich von seinem Vater los, von dem reichen Haus, der sicheren Laufbahn, von den Freunden, Verwandten und Gönnern. Nichts mehr wollte er mit Familie, Stand und Reichtum zu tun haben. Auf dem Marktplatz von Assisi soll er alle Kleider von sich geworfen haben, um sozusagen in heiliger Nacktheit vor aller Augen zu demonstrieren, daß er keinen Faden mehr von dem weltlichen Besitz seines Vaters an sich trage, und um anschließend vom Bischof in einer feierlichen Handlung neu eingekleidet zu werden. Damit wollte er jedermann zeigen, daß er im Sinne seiner großen religiösen Wandlung einen völlig neuen Menschen angezogen habe.

Bevor wir den Lebensweg dieses neuen Menschen Francesco betrachten, wollen wir noch einen kurzen Blick auf seine Jugendzeit werfen. Unter einer Burg, die deutsche Adelige im Dienst der Staufer errichtet hatten, berührten sich fast die frühen Lebenswege zweier Menschen, die zu den bedeutendsten Gestalten des 13. Jahrhunderts gehören. Ohne daß direkte Begegnungen zwischen ihnen nachgewiesen sind, prägte jeder der beiden das gemeinsame Zeitalter und die Nachwelt stark.

Zwölf Jahre nach dem heiligen Franz wurde nämlich ganz in der Nähe von Assisi, in Jesi, dem abwesenden Kaiser Heinrich VI. von seiner normannischen Gemahlin Konstanze unter ungewöhnlichen Umständen der langerwartete Sohn geboren. Man zweifelte, ob die vierzigjährige Konstanze, die für die damalige Zeit schon als alt galt, noch ein Kind bekommen könne, und deshalb wollte oder mußte sie vor aller Augen gebären: In einem Zelt auf dem Marktplatz von Jesi wurde der letzte große Stauferkaiser Friedrich II., der später seinen Zeitgenossen als *stupor mundi* – das Staunen der Welt – erschien, zur Welt gebracht. Aus diesem Grund hat Friedrich später den Ort Jesi »sein Bethlehem« genannt.

Aber schon bald nach der Geburt ließ Kaiser Heinrich seinen Sohn nach Foligno bei Assisi bringen. Auf dieser neuerbauten Burg residierte und herrschte als Stellvertreter des Kaisers über das ganze Umland ein schwäbischer Adeliger vom oberen Neckar, Herzog Konrad von Urslingen. Seine Frau stammte gleichfalls von einer schwäbischen Herzogsfamilie, den Herzögen von Teck, ab. Sie war die Pflegemutter und Erzieherin des kleinen Kaisersohns. Bis zum Jahr 1198, als nach des Kaisers plötzlichem Tod sich in Italien ein Aufstand erhob und Konrad von Urslingen vertrieben wurde, wuchs Friedrich hier unter dessen Aufsicht und Obhut auf. Während der Kaisersohn nahe Assisi seine ersten Kindheitsjahre verbrachte, lebte Franz als Jugendlicher in der Stadt. Da sein Vater zur städtischen Oberschicht zählte, reich war und ein großes Haus am Marktplatz bewohnte, ist es nicht auszuschließen, daß Franz den kaiserlichen Knaben gesehen und gekannt hat.

Wie merkwürdig verschieden waren doch diese beiden Persönlichkeiten! Hier der stolze, gutgewachsene Staufer Friedrich, der sich ein Leben lang keinen Wunsch versagt hat, der Macht und Reichtum in Fülle besaß und sie mit größter Energie und Entschlossenheit verteidigte, der Willens- und Tatkraft mit Härte und Wendigkeit vereinigte, der geradezu freisinnig in seinem Denken war, Luxus und weltliche Freuden liebte – dort Franz von Assisi, zwar auch in einen vornehmen Stand hineingeboren, der ihm Ansehen und Reichtum verbürgte, der sich aber alle Wünsche versagte, der so arm sein wollte, daß er wirklich gar nichts sein eigen nennen konnte, und der alle Energie, Entschlossenheit, Willens- und Tatkraft nur in den Dienst der Armut und eines Lebens in der Nachfolge des Begründers der christlichen Religion stellte.

Für dieses unbedingte, uneingeschränkte Armutsideal mögen zwei der überlieferten Geschichten als Beispiel dienen. Einmal flocht Franz sich einen Korb, weil er für ihn als Wanderprediger nützlich war. Als er die fertige Arbeit sah, warf er den Korb wieder weg. Er hätte damit ja wieder etwas besessen. Auf einer Wanderung durch Sturm und Regen, als Hunger und Müdigkeit sich zeigten, dachte er sich zusammen mit einem seiner Gefährten aus, was jetzt die höchste aller Glückseligkeiten wäre. Ist es große Gelehrsamkeit? Ist es die Predigtgabe? Ist es die Bekehrung der Menschen? »Nein«, sagte Franz, »die schönste und herrlichste aller Freuden wäre, wenn wir heute abend drunten im Kloster der Portiuncula

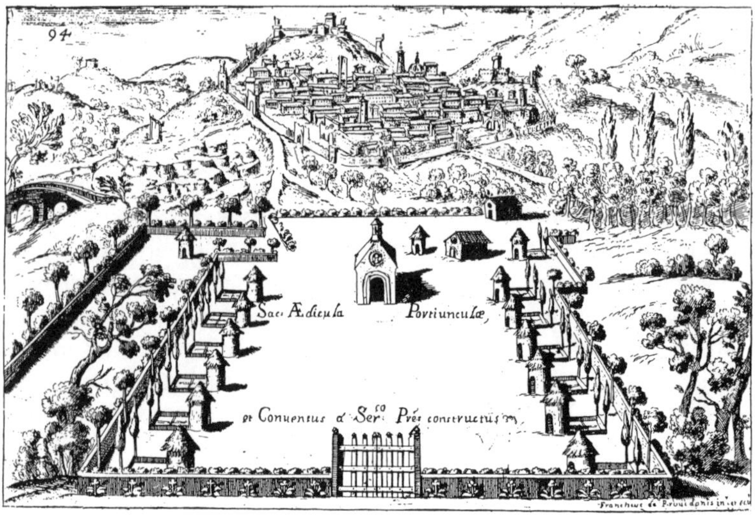

Die Portiuncula-Kapelle bei Assisi, in der Francesco di Bernardone sein entsagungsvolles Leben begann; Stich aus dem 18. Jahrhundert.

ankämen – und der Pförtner würde uns abweisen. Wir stünden naß und frierend da und hätten nichts zu essen; wenn wir dann nicht böse oder zornig, auch nicht ergrimmt wären, sondern Gott fröhlich dafür loben könnten, so wäre das die höchste Freude.«

Franz von Assisi hatte verhältnismäßig jung, mit vierundzwanzig Jahren, die Umkehr seines Lebens beschlossen. Das neue Leben nahm für ihn einen anderen Sinn an, es wurde zudem mit praktischem Tun erfüllt. So bezog der Kaufmanns- und Patriziersohn zunächst eine kleine, verfallene Kapelle in der Ebene von Assisi, die Portiuncula, setzte sie wieder instand und begann, die äußerste Armut als Lebensprinzip zu verwirklichen. Das Merkwürdige ist, daß dieses Armutsideal bei manchen Hochgeborenen jener Tage Anklang fand. Etwa zur gleichen Zeit war die heilige Elisabeth von Thüringen unabhängig von Franz in ähnlichem Sinne tätig und pflegte Arme und Kranke bis zur Selbstaufopferung. Die Königstochter, die sogar Kaiserin hätte werden können, nahm dann die Gedanken von Franz von Assisi auf, als sich diese bald auch jenseits der Alpen verbreiteten.

Eine ähnliche Frauengestalt der Zeit wurde zur Jüngerin und Gefährtin des heiligen Franz. Es ist die heilige Klara, die nicht nur wie Franz aus einer patrizischen Familie stammte, sondern sogar im gleichen Ort, in Assisi, zwölf Jahre nach diesem geboren wurde. Ihr Vater war Favarone di Offreduccio; ihre Mutter Ortolana war vermutlich eine standesgleiche Dame aus der Region. Die hochgeborene, reiche und schöne Tochter sollte mit achtzehn Jahren einen Ritter vornehmer Herkunft heiraten. Klara war eine begehrte Partnerin, denn sie war auch, was damals selten war, eine gelehrte Frau: Sie verstand Latein und hatte die Freien Künste studiert. Als Achtzehnjährige war sie für die damalige Zeit im üblichen Heiratsalter. Klara lehnte die Ehe mit dem vornehmen Ritter ab und bat ihre Eltern um die Erlaubnis, in ein Kloster gehen zu dürfen. Sie kannte den heiligen Franz damals noch nicht persönlich, doch diese Bitte um ein Leben im Kloster verweist schon auf den Einfluß der Gedanken des Heiligen.

Klaras Eltern, die außer ihr nur noch eine Tochter hatten, widersetzten sich diesem Wunsch. Sie dachten und hofften wohl, es werde sich um eine vorübergehende Überspanntheit des Mädchens handeln. Doch Klara blieb fest bei ihren Absichten, und als die Eltern ihr die Zusage weiterhin verweigerten, bereitete sie heimlich ihre Flucht aus dem Vaterhaus vor. Als die Tochter dieser angesehenen und vornehmen Familie mit dem Segen des Bischofs und in Absprache mit den Brüdern des heiligen Franz in der Palmsonntagnacht aus dem Elternhaus floh und alles zurückließ, als sie noch in der gleichen Nacht ihr Gelübde ablegte und ihr am nächsten Morgen durch den Heiligen in einer sinnbildhaften Handlung ihre schönen langen Haare abgeschnitten wurden, da erregte dies selbstverständlich großes Aufsehen.

In Assisi war Franz schon bald ein Verfemter und Ausgestoßener, er galt als Narr. Wer seinen ererbten Besitz weggeschenkt hatte, den wollte man nun nicht mit Almosen unterstützen. Deshalb mußte Franz für sich und seine ersten Weggefährten einen neuen Lebens- und Wirkungsort suchen. Er fand ihn etwa 80 Kilometer südlich von Assisi im Tal von Rieti, das von steilen, bewaldeten Berghängen umsäumt ist. Hier konnte

Die Einsiedelei »Eremo delle Carceri«, in der Franziskus und seine Gefährten häufig meditierten.

er sein Bedürfnis nach Einsamkeit, nach Stille und Ruhe am besten verwirklichen. Die vielen kleinen Höhlen, Felsspalten und Grotten, die dichten Wälder und die Wildnis gaben ihm die Möglichkeit, sich immer wieder in jene Stille zurückzuziehen, die er für seine Gebete brauchte, die aber auch zur inneren Sammlung nötig war, um dann bei den Menschen in den belebten Orten wirken zu können.

Er hatte das Glück, daß er in dem Bischof von Rieti einen Freund und Gönner fand, der seine schützende Hand über ihn hielt. So kam es in den Waldtälern zu einer Fülle kleiner und kleinster geistlicher Gründungen: hier eine Eremitenzelle, dort eine Höhle, dann wieder ein kleiner Garten, in dem die ganze Naturliebe des Heiligen und seine Brüderlichkeit zu allem Geschaffenen einen Rahmen fand. Die kleinen armseligen Gärtlein der Franziskaner sind ja nicht mit den berühmten Klostergärten, etwa der Benediktiner oder der Zisterzienser, zu vergleichen. Diese bescheidenen Gärten waren höchstens geeignet, einer kleinen Kapelle etwas Schmuck zu geben. Franz fand an der Landschaft und Wildnis der Talhänge von Rieti solchen Gefallen, daß er hier über ein Dutzend Höhlenheiligtümer, Gebetsstätten und Klosterzellen gründete. Manche davon sind im Laufe der Jahrhunderte wieder verschwunden, andere sind geblieben. Einige sind sehr berühmt geworden, wie das Kloster Santa Maria della Foresta, ein Heiligtum mitten im Wald.

Vier Klöster im Tal von Rieti, die sich zu Wallfahrtsorten entwickelt haben, zeugen heute noch vom starken Nachwirken des *Poverello*. Sie bilden in ihrer Anordnung fast ein Kreuz in den Wäldern und Felsen um Rieti. Eines davon ist die noch heute vielbesuchte Kapelle Fonte Colombo, und es gehört dazu vor allem Greccio, das in bestimmter Hinsicht als das berühmteste Kloster im Tal von Rieti gelten kann. Neben dem Kloster San Damiano bei Assisi, das er besonders oft besuchte, hat der heilige Franz vorwiegend in den Klöstern, Kapellen und Zellen des Tals von Rieti Einkehr gehalten und dort längere Zeit gelebt.

Um die schwere Krankheit zu bezwingen, die ihn überfiel und fast zu seiner Erblindung geführt hätte, mußte bei Franz von Assisi 1225 ein Eingriff vorgenommen werden, den in Fonte Colombo ein besonders erfahrener Bruder ausführte. Der Erfolg war jedoch gering, das Augenleiden des Heiligen verschlimmerte sich weiter, und eine zweite Operation wurde notwendig. Es kam nun zu der rührenden Szene, die in seiner

Biographie geschildert ist: Die Brüder geleiteten den kranken Franz, der kein Licht ertragen konnte, den jede Helligkeit störte, auf einem Esel von Santa Maria della Foresta nach Fonte Colombo. Dort mußte man aber tagelang auf einen günstigen Zeitpunkt für die Operation warten. Schließlich war nach der Ansicht des Arztes der richtige Augenblick gekommen. Die Eiseninstrumente wurden glühend gemacht. Da zeigte der Heilige einen besonders menschlichen Zug: Er war kein Held, der mit stummer Verachtung erträgt oder in mutigen Wendungen redet, sondern er sprach vor dem Eingriff jenes berühmte Gebet, das uns überliefert ist:

Mein Bruder Feuer,
so vornehm und so gewaltig
unter allen anderen Geschöpfen,
die der Höchste erschuf,
Sei in dieser Stunde gütig zu mir!
Innig bitte ich dich
im Namen des Herrn und des Schöpfers:
Mäßige deine Hitze so,
daß ich sie ertragen kann.

Es ist tröstlich, daß der Heilige wie ein leidender Mensch empfand.

Ebenfalls in Fonte Colombo mußte Franz eine andere schwere Bewährungsprobe durchstehen. Sie war nicht körperlicher, sondern geistiger Art. Sein Beispiel hatte zu einer großen Anzahl von Nachfolgern und Mitbrüdern geführt. Für diese »Minderen Brüder« verlangten Papst, Amtskirche und kirchliche Hierarchie eine Regel, damit die neue Gemeinschaft in die bestehende Ordnung und das Dogmengebäude der christlichen Kirche eingegliedert werden konnte, um nicht etwa wie manche andere fromme Bewegung in Gegensatz zur Amtskirche zu geraten. Der kirchentreue Franz wurde durch diese Forderung tief in seinem Gewissen gequält, denn er wollte das Gesetz der Liebe nicht durch Regeln einengen.

Um seine Vorstellungen von seiner Gemeinschaft mit der berechtigten Forderung der kirchlichen Hierarchie nach einer Regel für den Orden in Einklang zu bringen, mußte Franz eine Lösung finden. An dieser Aufgabe zerbrach er fast: Lange arbeitete er in Fonte Colombo an der Fassung dieser *Regula bullata*, die er schließlich drei Jahre vor seinem Tod in eine gültige Form bringen konnte.

Nach dieser Anstrengung zog sich der Heilige nach Greccio zurück. Franz hatte sich in etwa 1100 Metern Höhe in den Sabiner Bergen eine Zelle eingerichtet. Von dort oben geht der Blick bis zum Soracte, der schon die Nähe Roms ahnen läßt. Aber in dieser Bergregion war es selbst für den abgehärteten Asketen zu unwirtlich und unerträglich. So stieg er tiefer hinab und fand, gegenüber Greccio, unter einem überhängenden Fels einen von Bäumen und Büschen gegen Regen und Wind geschützten kleinen und schmalen Platz. In dieser Höhle schuf nun Franz mit Mörtel, Steinen, Flechtwerk und Matten eine notdürftige Unterkunft, zunächst nur für sich, dann auch für die ersten und engsten seiner Mitbrüder.

Greccio ist neben Assisi der bedeutendste Ausgangspunkt für die franziskanische Bewegung. Betroffen von seiner Bescheidenheit und Armut stehen die Besucher von Greccio, beeindruckt von den geringen Ausmaßen des Wohn- und Schlafraums. Der Schlafsaal für die ersten Brüder verdient den Namen »Saal« wirklich nicht: Es ist ein schmaler und enger Steinflur von nicht einmal zwei Metern Breite. Man konnte auf dem harten Boden nur unbequem liegen, und die Brüder mußten wohl übereinander hinwegsteigen. Auch die Stelle, die man heute als Lager des heiligen Franz bezeichnet, ist nur nackter Stein, auf den vielleicht ein Brett gelegt wurde und im Winter bestenfalls noch ein Tuch. Das Refektorium ist ebenfalls kleiner als ein gewöhnliches Zimmer. Hier hat man offenbar ganz eng gesessen, wenn man die kargen Mahlzeiten einnahm. Das Oratorium für Franz und seine Brüder ist so klein und so schlicht, daß man es nur ärmlich nennen kann, alles ist so einfach und bescheiden, wie überhaupt irgend möglich.

Die Keimzelle des Klosters, wofür Greccio berühmt wurde, ist die Grotte. Sie ist der Ort, an dem der Heilige uns in spontaner Menschlichkeit begegnet. Die berühmte Krippenfeier des Jahres 1223 fand in der kleinen Grotte von Greccio statt. Dem heiligen Franz genügten die gemalten oder geschnitzten Darstellungen des Weihnachtsgeschehens nicht. Er schuf eine ganz neue Form der Weihnachtsdarstellung im Spiel, in der persönlichen Mitwirkung der Gemeinde. In dieses Spiel war nicht nur das liturgische Geschehen der Weihnachtsmesse einbezogen, sondern auch der volkstümliche Gesang der Hirten und Bauern, sogar die Tierwelt nahm Anteil, für die der heilige Franz ein für die damalige Zeit ungewohntes Verständnis und Mitgefühl empfand.

Eine Meßfeier gemeinsam mit Ochs und Esel war damals nach dem kirchenrechtlichen Verständnis undenkbar, selbst unter seinen Ordensmitgliedern ist dieser Vorgang später als peinlich empfunden worden. Deshalb wird die Krippenfeier von 1223 auch unterschiedlich geschildert, da nach dem Tod des heiligen Franz darüber Streit ausbrach, welche der verschiedenen Lebensbeschreibungen gültig sein sollte. Vielen, besonders den der Amtskirche Näherstehenden, ging diese Form der Christmesse zu weit. Am liebsten hätten sie wohl die ganze Krippenfeier mit der ländlichen Bevölkerung, mit Ochs und Esel, aus der Vita des heiligen Franz gestrichen. So verzichtete sogar der heilige Bonaventura in seiner Biographie auf die Schilderung dieser Begebenheit; später wurde dann sein Text von der Kirche zur verbindlichen, zur glaubwürdigen Vita erklärt. Bonaventura wandte sich sogar gegen die ältere Lebensbeschreibung, die Thomas von Celano verfaßt hatte, und verbot ihre Verbreitung. Erst in unserem Jahrhundert ist Thomas von Celanos Vita des heiligen Franz wieder aufgetaucht.

In späteren Zeiten – bis zur Gegenwart – haben Krippe und Grotte viele Wandlungen erfahren. Die erste Krippenfeier des heiligen Franz in der Grotte von Greccio ist in der oberen, neuen Kirche von Greccio von Luigi Venturini in einer großen Krippenszenerie aus Keramik nachgebildet worden. Sie zeigt das Geschehen, wie es in der *vita prior*, der so lange verschollenen und verbotenen Lebensbeschreibung, durch Thomas von Celano berichtet wird. Mit der tätigen Hilfe eines gewissen Giovanni Velita wurde die erste Weihnachtsfeier als Versammlung um eine Krippe begangen. Thomas berichtet:

> In jener Gegend lebte ein Mann mit Namen Johannes. Ihm war der selige Franz in besonderer Liebe zugetan: Diesen ließ nun der selige Franz zu sich rufen, etwa vierzehn Tage vor der Geburt des Herrn, und sprach zu ihm: »Wenn du wünschest, daß wir bei Greccio das bevorstehende Fest des Herrn feiern, so gehe eilends hin und richte sorgfältig her, was ich dir sage. Ich möchte nämlich das Gedächtnis an jenes Kind begehen, das in Bethlehem geboren wurde, und ich möchte

die bittere Not, die es schon als kleines Kind zu leiden hatte, wie es in eine Krippe gelegt wurde, an der Ochs und Esel standen, und wie es auf Heu gebettet lag, so greifbar als möglich mit leiblichen Augen schauen.«

Als der gute und treuergebene Mann das hörte, lief er eilends hin und rüstete an dem genannten Ort alles zu, was der Heilige angeordnet hatte. Es nahte aber der Tag der Freude, die Zeit des Jubels kam heran. Aus mehreren Orten wurden die Brüder gerufen. Männer und Frauen jener Gegend bereiteten, so gut sie konnten, freudigen Herzens Kerzen und Fackeln, um damit jene Nacht zu erleuchten, die mit funkelndem Sterne alle Tage und Jahre erhellt hat. Endlich kam der Heilige Gottes, fand alles vorbereitet, sah es und freute sich.

Nun wird eine Krippe zurechtgemacht, Heu herbeigebracht, Ochs und Esel herzugeführt. Zu Ehren kommt da die Einfalt, die Armut wird erhöht, die Demut gepriesen, und aus Greccio wird gleichsam ein neues Bethlehem. Hell wie der Tag wird die Nacht, und Menschen und Tieren wird sie wonnesam. Die Leute eilen herbei und werden bei dem neuen Geheimnis mit neuer Freude erfüllt. Der Wald erschallt von den Stimmen, und die Felsen hallen wider von dem Jubel. Die Brüder singen und bringen Gott gebührende Loblieder dar, und die ganze Nacht jauchzet auf in hellem Jubel. Der Heilige Gottes steht an der Krippe, er seufzt voll tiefen Wehs, von heiliger Andacht durchschauert und von wunderbarer Freude überströmt. Über der Krippe wird ein Hochamt gefeiert, und ungeahnte Tröstung darf der Priester verspüren. Da legt der Heilige Gottes die Levitengewänder an – denn er war Diakon – und singt mit wohlklingender Stimme das heilige Evangelium. Und zwar lädt seine Stimme, seine starke Stimme, seine sanfte Stimme, seine klare Stimme, seine wohlklingende Stimme alle zum höchsten Preise ein. Dann predigt er dem umstehenden Volk von der Geburt des armen Königs und bricht in lieblichen Lobpreis über die kleine Stadt Bethlehem aus. Oft, wenn er Christus »Jesus« nennen wollte, nannte er ihn, von übergroßer Liebe erglühend, nur »das Kind von Bethlehem«, und wenn er »Bethlehem« aussprach, so klang es wie von einem blökenden Lämmlein … Endlich beschließt man die nächtliche Feier, und ein jeder kehrt in seliger Freude nach Hause zurück.

(Nach der Übersetzung von Corinna Christiansen)

Wenn wir heute Weihnachten feiern, hören wir vielleicht auch die Weihnachtsgeschichte, gehen in die Kirche und freuen uns anschließend unserer Gaben und Geschenke, sitzen behaglich in der warmen Stube, lauschen der Musik auf neuen Schallplatten, sind fröhlich und gönnen uns ein gutes Essen.

Für den heiligen Franz ist Weihnachtsfreude die kalte, ungeheizte Grotte, der Lobpreis Gottes, der Gesang der Gemeinde und der Brüder. Danach kehrten sie zu ihrem kalten Lager auf den Steinplatten zurück, sie stärkten sich mit Brot und Wasser, bestenfalls vielleicht mit einer Suppe. Der Unterschied in der Art von Freude offenbart sich selten so eindrücklich, wie wenn man die Grotte von Greccio betrachtet und sich die Weihnachtsfeier der Jahres 1223 dort vorstellt. Zur Weihnachtsfreude in Greccio gehörten ein Ochse, ein Esel, eine Krippe, in der vielleicht eine Puppe lag (so legen es die ältesten Darstellungen von Greccio nahe), und das ungeübt jauchzende Singen von Bauern und Franziskanerbrüdern. Daß der Franziskanerorden aus den späteren Weihnachtsfeiern Ochse und Esel wieder verbannt hat, mag uns als Widerspruch zu den Vorstellungen und Gedanken seines Gründers erscheinen. Aber wir müssen bedenken, daß im Mittelalter nach dem Kirchenrecht Tiere, besonders die großen, außerhalb des heiligen Geschehens zu bleiben hatten. Eine Messe in Anwesenheit eines Esels und eines Ochsen bedeutete fast ein Sakrileg, war anstößig und ein Verstoß gegen die Kirchenzucht und das Kirchenrecht. Der heilige Franz dürfte sich dessen bewußt gewesen sein; daher rührten wohl auch das spätere Verschweigen der tatsächlichen Krippenfeier von Greccio und die geänderten Darstellungen. Betrachten wir doch die Wirklichkeit dieser Feier: Ein Ochse und ein Esel, die von der *Missa in nocte* über die *Missa in aurora* bis hin zur *Missa in die*, also vier bis fünf Stunden lang, neben dem Felsen stehen oder liegen, die misten auch einmal, das ist ganz natürlich. Den heiligen Franz störte das zwar nicht, aber die Würdenträger der Amtskirche, die über die Liturgie zu entscheiden und zu wachen hatten, mußten an solchen unheiligen Vorgängen doch Anstoß nehmen.

In der Grotte von Greccio ist eines der ältesten und glaubwürdigsten Zeugnisse des ganzen Geschehens überliefert. Denn über dem Stein, auf dem das Kind in Windeln in der Krippe auf Heu lag, wurde später ein Altar errichtet, an dem noch heute die Messe gelesen wird. Darüber wurden an der geglätteten Felswand – der Altarwand also – zwei Fresken angebracht: die wirkliche Geburt Jesu in Bethlehem und links daneben die Weihnachtsfeier von 1223 mit den Bauern und ihren Frauen aus dem Tal von Rieti, mit dem heiligen Franz, der vor der Krippe kniet, mit seinen Ordensbrüdern und auch, wie es die Gemäldereste erkennen lassen, mit Ochs und Esel. Es gibt aber noch weitere Darstellungen dieser ersten Krippenfeier, die als zuverlässige Zeugen gelten können. Dazu gehört vor allem das berühmte Bardi-Retabel in der Kirche Santa Croce in Florenz. Kunstgeschichtliche Gründe und Ergebnisse der Vita-

San Francesco in Assisi, 1253 durch Papst Innozenz IV. geweiht, ist der erste Kirchenbau der Franziskaner.

Das Kloster Fonte Colombo im Tal von Rieti, heute ein beliebter Wallfahrtsort.

Forschung lassen eine Datierung dieses Altaraufsatzes zwischen 1231 und 1239, spätestens aber für das Jahr 1241 zu. Er muß also wenige Jahre nach der Weihnachtsfeier von Greccio und somit auch kurze Zeit nach dem Tod des Heiligen entstanden sein, als sich noch viele Menschen gut an ihn haben erinnern können, und als es noch Zeugen gab, die an der Feier in Greccio teilgenommen hatten. Jedenfalls ist diese Darstellung in Santa Croce noch vor dem Streit um die gültige Biographie des Heiligen entstanden. Die Entscheidung über die Vita ist wohl die Ursache, warum die Tradition der inhaltlich getreuen Bildwiedergabe abriß. Bereits Giotto ist in Assisi davon abgewichen. Bei ihm werden Ochs und Esel etwas abgerückt und nur noch ganz klein und nebensächlich dargestellt, während sie auf dem Bardi-Retabel in Florenz deutlich und groß unmittelbar links und rechts neben dem Altar erscheinen, auf dem die Weihnachtsmesse gefeiert wird.

Ein weiterer Beweis dafür, daß im Tal von Rieti die ursprüngliche Überlieferung von Greccio lebendig blieb, ist ein Triptychon im Museo Civico in Rieti, das aus dem benachbarten Kloster Fonte Colombo stammt. Auf dem Innenflügel ist die Kreuzigung dargestellt zusammen mit Heiligen des Franziskaner- und des Klarissenordens. Die Außenflügel zeigen die wichtigsten Geschehnisse aus dem Leben des Heiligen, darunter auch die Krippenfeier von 1223 in Greccio. Sie zeigt – ganz so wie in der Grotte von Greccio – den heiligen Franz im Levitengewand, also in priesterlicher Kleidung, vor der Krippe kniend. Auch das erregte Anstoß, denn der Heilige war ja kein Priester mit vollen Weihen. Nun war er in der Weihnacht von 1223 so sehr von der eigenen Freude überwältigt, daß er Diakonsgewänder trug und das Weihnachtsevangelium sang, was ihm eigentlich gar nicht zustand.

An diesem Bericht hat man später herumgedeutelt und die Lebenszeugnisse zurechtgebogen. Selbst Thomas von Celano, dessen Biographie als die älteste schriftlich erhaltene und wohl glaubwürdigste gilt, behauptet ja, Franz sei Diakon gewesen. Franz von Assisi hat sich aber aus grenzenloser Demut nicht einmal zum Priester weihen lassen. Beim heiligen Bonaventura findet sich dann in der Lebensbeschreibung des Franz von Assisi noch einmal der Versuch einer kirchenrechtlichen Entschuldigung. Die ganze Art der Krippenfeier war ja neu, war geradezu eine tiefgehende Umgestaltung der Weihnachtsliturgie und der Vorstellung des Weihnachtsgeschehens. So hat Franz den Ausdruck »das Kind von Bethlehem« anstelle des im liturgischen Text stehenden Namens Jesus gebraucht. Bonaventura versuchte in seiner Lebensbeschreibung des heiligen Franz das Geschehen dieser ersten Krippenfeier als im Einklang mit der kirchlichen Ordnung darzustellen: Das Andenken an die Geburt Jesu sollte nach dem Wunsch des Franz von Assisi besonders feierlich begangen werden. Damit aber diese Art von Feier nicht als Neuerung verurteilt werden könnte, habe er sich vom Papst die Erlaubnis dazu erbeten, die ihm auch gewährt worden sei. Das war zeitlich unmöglich. Denn Thomas von Celano berichtet nämlich, daß der heilige Franz die erwähnte Bitte um Mithilfe an Giovanni Velita erst vierzehn Tage vor dem Festtermin geäußert habe. Der Einfall kam ihm

Blick von den Hügeln über Assisi auf die Stadt.

also ganz spontan. Es blieb damit gar keine Zeit, einen Bittbrief nach Rom zu schicken. Wie hätte der auch lauten sollen, und wie hätte der Papst so rasch darauf antworten können?

Ein tief frommer Mann bildet sich sein Weihnachtsgeschehen um und will seine nächsten Mitmenschen daran teilnehmen lassen. Er formt das Nötige neu, bildhaft und schlicht und voller Freude. Er trägt sein Bild den anderen vor, und siehe: es zündet, stark und dauernd, steckt an, ergreift immer weiter. In Greccio wurde das Weihnachtsgeschehen durch Franz in einem heiligen Spiel gefeiert. Und von da an hat sich die Sitte der Krippendarstellung mit Holzfiguren und als Spiel in der ganzen christlichen Welt verbreitet. Besonders in Schlesien – ja, in ganz Osteuropa – waren viele Weihnachtsbräuche mit Krippenspielen üblich. In polnischen Frauenklöstern trugen die Nonnen am Fest die Krippenfiguren singend zu ihrem Platz. An der Spanischen Treppe in Rom stellten sich im Barock während der Adventszeit Hirten aus den Abruzzen mit ihren Familien zu Krippenbildern zusammen und musizierten. Manche italienischen Adelsfamilien luden solche Volksgruppen zu Aufführungen in ihre Salons ein, und ihre Orchester spielten weihnachtliche Musik dazu. Für eine solche *Praesepe* ist Arcangelo Corellis berühmtes Weihnachtskonzert komponiert worden.

Schließlich ist der Krippenbrauch in den verschiedensten Ländern der Welt heimisch geworden, selbst in protestantischen Kirchen, wenn auch meist erst in diesem Jahrhundert. Meine Mutter hat als Pfarrersfrau in meinem Heimatdorf Oberjettingen 1921 eine Weihnachtskrippe in der Kirche aufgebaut. Da hieß es dann: »D'Pfarrere will aos katholisch macha!« Aber bereits nach drei Jahren gehörte auch in diesem kernwürttembergischen Dorf, das damals noch fast rein evangelisch-lutherisch war, die Weihnachtskrippe fest zum kirchlichen Leben.

Umgekehrt gab es aber auch in katholischen Regionen immer wieder Bewegungen gegen die Krippendarstellungen und die Krippenspiele, und zwar immer dann, wenn man am Volkstümlichen und an der Kultur der einfachen Leute keinen amtlichen Gefallen mehr fand. Schon in Österreich unter Kaiser Joseph II. hat man in der zweiten Hälfte des 18. Jahrhunderts viele solcher religiösen und volkstümlichen Bräuche kritisch und argwöhnisch betrachtet. In jenem Zeitalter der Aufklärung wurden solche Formen des Volksglaubens als Ausdruck des Aberglaubens bezeichnet.

In der fränkischen Reichsstadt Dinkelsbühl hat sich damals etwas geradezu Bewegendes ereignet: Die Stadt mit ihrer langen stolzen Geschichte war im 18. Jahrhundert verarmt. Aus der Barockzeit besaß sie noch eine schöne Weihnachtskrippe, die zur Freude vor allem der Kinder an jedem Weihnachtsfest aufgestellt wurde. Als Dinkelsbühl in den Napoleonischen Kriegen 1802 seine alte Freiheit und Selbständigkeit verlor und bayerisch werden mußte, verbot ein hochamtlicher Federstrich aus München zum Leidwesen der Kinder die Krippenaufstellung. Christoph von Schmid, ein gebürtiger Dinkelsbühler, damals Schulinspektor in Thannhausen an der Mindel und ein vielgelesener Jugendschriftsteller, hörte von dem Verbot. Er schilderte dem bayerischen König die Trauer der Kinder von Dinkelsbühl und erreichte gegen das Votum des Ministers Graf Montgelas und selbst gegen das des Königs bei der Königin die Erlaubnis zur Wiederaufstellung der Krippe. So feierte man das nächste Weihnachtsfest wieder mit einer Krippe. Christoph von Schmid hat das bekannte weihnachtliche Kinderlied gedichtet:

Ihr Kinderlein kommet. O kommet doch all!
Zur Krippe her kommet in Bethlehems Stall.
Und seht, was in dieser hochheiligen Nacht
Der Vater im Himmel für Freude uns macht.

Da lag also das Kindlein wieder vor den leuchtenden Augen der Dinkelsbühler Kinder, und hoch oben schwebten die Engel, wie es im Lied heißt. Die schöne barocke Krippe von Dinkelsbühl ist heute nicht mehr erhalten; im letzten Jahrhundert ging sie doch noch verloren. Aber die dankbaren Dinkelsbühler, denen damals ihre Weihnachtsfreude wiedergeschenkt wurde, haben Christoph von Schmid in seiner Geburtsstadt später ein Denkmal errichtet.

Es ist merkwürdig, daß die Vorstellung von der Krippe, von der Höhle und dem Glanz, der in ihr aufstrahlt, die Franz von Assisi so bewegt hat, in der Zeit des frühen Pietismus auch vom Protestantismus aufgenommen worden ist. In einem Weihnachtslied des evangelischen Pastors Kaspar Friedrich Nachtenhöfer (1624–1685) wird dies geradezu bildhaft ausgedrückt:

Dies ist die Nacht, da mir erschienen
Des großen Gottes Freundlichkeit;
Das Kind, dem alle Engel dienen,
Bringt Licht in meine Dunkelheit,
Und dieses Welt- und Himmelslicht
Weicht hunderttausend Sonnen nicht.

Laß dich erleuchten, meine Seele,
Versäume nicht den Gnadenschein;
Der Glanz in dieser kleinen Höhle
Streckt sich in alle Welt hinein;
Er treibet weg der Höllen Macht,
Der Sünden und des Kreuzes Nacht.

In diesem Lichte kannst du sehen
Das Licht der klaren Seligkeit;

Wenn Sonne, Mond und Stern vergehen,
Vielleicht noch in gar kurzer Zeit,
Wird dieses Licht mit seinem Schein
Dein Himmel und dein Alles sein.

Laß nur indessen helle scheinen
Dein Glaubens- und dein Liebeslicht;
Mit Gott mußt du es treulich meinen,
Sonst hilft dir diese Sonne nicht.
Willst du genießen diesen Schein,
So darfst du nicht mehr dunkel sein.

Drum, Jesu, schöne Weihnachtssonne,
Bestrahle mich mit deiner Gunst;
Dein Licht sei meine Weihnachtswonne
Und lehre mich die Weihnachtskunst,
Wie ich im Lichte wandeln soll
Und sei des Weihnachtsglanzes voll.

Von Greccio, vom Tal von Rieti, ging der Brauch der Krippendarstellung und der Krippenfeiern in die ganze Welt hinaus. Es ist der Ort, von dem der heilige Franz gesagt hat, er sei ihm deshalb so lieb, weil er so reich an Armut sei.

Cotignola

Der Condottiere Muzio Attendolo Sforza

Das Familienwappen der Sforza in Cotignola.
Unten der Löwe, der eine Quitte (cotogna), das Symbol von Cotignola, in seiner Pranke hält.

Schwermütig wirkt die Romagna mit den häufigen Nebeln und dem herben Charakter, eine Landschaft weitgedehnt und fruchtbar östlich des Apennin, nicht so freundlich und fröhlich wie die Toskana im Westen und nicht so durchsonnt wie Umbrien im Süden. Auch die Menschen dort gelten eher als schwermütig und ernst, aber als zuverlässig, als feste Charaktere, beständiger als sonstwo in Italien. Gleich einem Abbild solcher Eigenschaften liegen die Weingärten in den Ebenen seit den Zeiten der Römer. Hier wurden über den langen Zeitraum des Mittelalters hinweg Reben angepflanzt und Wein gekeltert; und noch immer werden wie einst die Weinstöcke an Ulmen, Ahorn- und Weidenbäumen hochgezogen.

In dieser Landschaft, im Dorf Cotignola, hat sich vor mehr als sechshundert Jahren eine Geschichte ereignet, die heute noch in den Dörfern der Umgebung lebendig ist und weitererzählt wird.

In Cotignola wohnte ein armer Taglöhner, der mit seiner ganzen Familie im Weingut seines Herrn, eines englischen Adligen, des berühmten John Hawkwood, der sich als Feldherr in Italien verdingt hatte, arbeiten mußte. Zweiundzwanzig Kinder hatte die Taglöhnersfrau geboren, und einundzwanzig davon waren Knaben. Die Kinder führten ein hartes Leben: bei geringer Nahrung, einem Schlaflager auf Streu und Arbeit im Weinberg verlief ihr Alltag. Einer der einundzwanzig Brüder, der zwölfjährige Giacomo, genannt Muzio, arbeitet an einem Tag des Jahres 1381 wie immer im Weinberg und schneidet die Reben, wie er das von den Älteren gelernt hat.

Da sieht er plötzlich auf der einsamen Landstraße einen prachtvoll geschmückten und bewaffneten Reiterzug, der sich dem Schloß des Feldherrn John Hawkwood nähert. Die Söldner reiten auf prächtigen

Rössern, tragen silberbeschlagene Rüstungen und sind von Knechten und Troßbuben begleitet. Giacomo in seinem armseligen Hemd als Taglöhner im Weinberg ist fast geblendet von dieser Erscheinung wie aus einer anderen Welt. Könnte er doch auch einmal so eine kostbare Kleidung tragen und so stolz auf einem Reitpferd sitzen! Der Gedanke läßt ihn nicht los, wird übermächtig. Warum sollte er nicht auch so ein Troßbub sein? Warum soll er nicht mit den Soldaten ziehen? Wenn er jetzt heimliefe und seine Eltern darum bitten würde, so würden sie ihm nie die Erlaubnis dazu geben, das weiß der kleine Muzio. Aber wenn er jetzt Vater und Mutter, sein Dorf verläßt und in die Welt hinauszieht, so muß das irgendwie mit dem »Einverständnis des lieben Gottes« geschehen, meint er. So nimmt er sein wohlvertrautes Rebmesser, schaut nach oben zu der großen Ulme und sagt sich: Ich werfe das Messer in das Gezweig hinauf. Fällt es zurück auf die Erde, ist das ein Zeichen zum Bleiben und dem Vater als Weingärtner nachzufolgen. Bleibt das Messer aber mit seiner gebogenen Spitze in der Ulme hängen, dann ist es der Wille des lieben Gottes, daß ich Troßbub werde. Das Wunder Gottes geschieht – im Gezweig hängt sein Rebmesser. Er hat also das Einverständnis des lieben Gottes, läßt das Messer in der Ulme hängen und schwingt sich auf das Pferd seines Vaters, reitet den Soldaten nach und holt sie noch ein. Er hat eine schicksalhafte Entscheidung getroffen und wird Troßbub.

Zwanzig Jahre später reitet ein kostbar ausgerüsteter Herr aus Mailand mit einer eindrucksvollen Begleitung in das Dorf Cotignola. Niemand erkennt ihn. Als Gemahl einer reichen, schönen Fürstin führt er zwanzig goldgezäumte Pferde mit sich, die für seine zwanzig Brüder bestimmt sind; auf Packeseln bringt er eine reiche Aussteuer für seine Schwester. Seinen armen Eltern Attendolo errichtet er ein Schloß, für die Dorfgemeinschaft von Cotignola eine großartige Kirche, und alle Brüder und Vettern werden reiche und mächtige Herren. Auf der alten Ulme entdeckt man noch das Rebmesser, das seit zwanzig Jahren, inzwischen verrostet, in ihrem Gezweig hängt, und der mächtige Herzog nimmt es als Andenken an seine Kindheit als Taglöhnersbub mit.

Mancher kundige Leser wird sich hier fragen, ob das nun eine zufällige Parallele zu einer anderen Geschichte ist oder ob es sich um eine »Motivausleihe« handelt. Ist das nicht die fromme Parabel pietistischer

Erbauungsliteratur, wie der liebe Gott sich Arbeiter für sein Werk holt, ausgeführt am Beispiel des württembergischen Prälaten Rieger? Der seinerzeit berühmte Kanzelredner und theologische Schriftsteller des 18. Jahrhunderts hatte angeblich einst als armer Weingärtnersbub keine Aussicht, studieren zu dürfen. Zu seinem Vater sagte er eines Tages: »Jetzt werfe ich das Messer in den Baum hinauf; wenn es oben hängenbleibt, darf ich Theologie studieren und im Weinberg des Herrn arbeiten.« Gesagt, getan – das Messer blieb zwischen den Zweigen hängen. Der Vater, der nun überzeugt war, daß Gott durch die Tat gesprochen hat, erlaubte dem Sohn daraufhin das Theologiestudium.

Der Biograph Riegers im 19. Jahrhundert hat zweifellos die Geschichte von Muzio Attendolo gekannt und sich vielleicht gedacht, sie sei im protestantischen Deutschland unbekannt, aber als ein anschauliches biographisches Versatzstück gut zu gebrauchen. Weil sie ein so geschicktes Motiv für die Weichenstellung in der Lebensbeschreibung seines Helden darstellte, hat er sie vollkommen frei hineingemogelt.

Die Geschichte von Muzio Attendolo dagegen hat sich wirklich ereignet, vielleicht im einzelnen etwas anders, und man fragt sich unwillkürlich, wie es dem Taglöhnerbub gelang, in der großen Welt nicht nur zurechtzukommen, sondern auch zu solchen Ehren aufzusteigen. Am Anfang seiner Laufbahn steht tatsächlich jener Messerwurf, den man fast als Märchenmotiv deuten könnte und der deshalb lange Zeit von vielen Forschern nicht ernst genommen wurde. Wir haben Anlaß, dieses Dorf als Heimat eines Feldherrn zu betrachten, der im Umbruch vom späten Mittelalter zur frühen Neuzeit eine außergewöhnliche Laufbahn beschritt, selbst wenn die Nachfahren als Herrscher das Dorf Cotignola zu einer Stadt erhoben, um nicht sagen zu müssen, der Gründer ihres Geschlechts sei nur in einem kleinen Dorf aufgewachsen. Hier in Cotignola und seinen alten Gärten kann man vielleicht das merkwürdige Zusammenspiel von Bedingungen, Ereignissen und Kräften in dieser Lebensgeschichte nachempfinden; hier begann der Aufstieg des kleinen, armen Taglöhnerbuben durch seinen eigenen Entschluß, in dem Augenblick, als er mit zwölf Jahren sein Leben selbst in die Hand nahm. Als er das Messer so geschickt warf, daß er das gewünschte Gottesurteil erhielt, sein Heimatdorf verließ und sich als Troßbub den fremden Soldaten anschloß, war das eigentlich nichts anderes als die freiwillige Entscheidung für ein höchst ungewisses, kaum beeinflußbares Schicksal, er riskierte sogar seinen frühen Tod. Denn damals im Jahre 1381 bedeutete mit zwölf Jahren Troßbub zu sein: mit größter Wahrscheinlichkeit zugrunde zu gehen, erschossen zu werden, auf einer Flucht oder einem gewaltsamen Marsch zusammenzubrechen oder verlorenzugehen, von Pferden zertrampelt oder von einer Seuche hinweggerafft zu werden – die Möglichkeiten eines frühen Todes waren groß genug. Dagegen war ein berittener und gerüsteter Krieger besser geschützt. Muzio wurde einem Soldaten zugeteilt, der ein besonders schlimmer Patron war und dem er harte Dienstarbeit leisten mußte, aber mit seiner gesunden Bauernnatur überstand er die Schwierigkeiten und Anstrengungen der ersten Dienstzeit. Mit vierzehn Jahren war er in der militärischen Rangordnung schon etwas vorgerückt und hatte nun auch einen besseren Patron. Man merkte, daß der Bursche etwas konnte, und wenn er auch nicht lesen und schreiben gelernt hatte, so erwies er sich doch als blitzgescheit und dazuhin noch unglaublich mutig; er handelte äußerst geschickt, stürzte sich nicht blind in Gefahr, konnte mit Bedacht seine Lage abschätzen und das geeignete Vorgehen klug erwägen.

Nach vier Jahren kehrte er erstmals als Söldner wieder nach Cotignola zurück. Er war zwar erst sechzehn Jahre alt, aber doch schon ein erprobter Soldat, der nun durch die finanzielle Hilfe seines Vaters zum *uomo d'arme* aufsteigen konnte. Seinen Brüdern und Vettern, die noch immer in gleicher Weise im Dorf lebten, schlug er vor, mit ihm zu ziehen in ein ruhmreiches und erfolgversprechendes Leben. Zwei seiner Brüder und einige seiner Vettern entschlossen sich, ebenfalls in Kriegsdienste zu treten, und so konnte Muzio seinem Feldherrn sechs neue Söldner aus seiner Familie zuführen. Unter ihnen war auch jener Michele Attendolo, der später als fast gleichrangiger Kampfgenosse Muzios bekannt wurde. Wie es in Italien üblich ist, hielten die Verwandten zusammen. So war es auch hier: Muzio wurde der Anführer seiner ihm am nächsten stehenden Kameraden. Verwandtschaft, gemeinsamer Beruf und die gemeinsame Gefährdung festigten ihren engen Zusammenhalt.

Bereits zwei Jahre später war Muzio Attendolo in seiner militärischen Laufbahn so weit aufgestiegen, daß er von seinem Sold und dem Gewinn an den kriegerischen Unternehmungen schon die Eltern unterstützen konnte. Bevor wir seinen weiteren Lebensweg als einen der berühmtesten Condottieri des 15. Jahrhunderts betrachten, drängt sich die Frage auf: Wie war es möglich, als Taglöhnerkind, des Schreibens unkundig, direkt von der mühseligen Arbeit im Weingarten eines Dorfes weg binnen kurzer Zeit zum bedeutenden und mächtigen Feldherrn zu werden, um dessen Dienste sich bald alle größeren italienischen Staaten, Venedig, Florenz, Mailand, Neapel und der Papst bemühten? Dazu gehörte sicherlich weit mehr als nur Tapferkeit. Weltkenntnis, strategische Künste, militärischen Sachverstand und militärisches Urteilsvermögen lernte er besonders von einem merkwürdigen Freund, dem er sich anschloß, obwohl dieser von anderer Wesensart als Muzio Attendolo war.

Andrea Braccio da Montone war ein Adliger, der sich als Söldner verdingt hatte. Er stammte aus einer reichen Familie in Perugia, die dort immer wieder versucht hatte, die alleinige Führungsrolle zu übernehmen – so wie es den Medici in Florenz gelang –, die aber nun infolge eines politischen Umsturzes aus Perugia vertrieben worden war. So blieb dem jungen, anspruchsvollen und gebildeten Aristokraten kaum etwas anderes übrig, als – wohl oder übel – in Kriegsdienste zu treten, um auf diese Weise Ruhm, Erfolg und Macht zu erringen. Der hochgeborene junge Mann aus Perugia war also von oben herab zum Kriegsdienst gekommen, der Taglöhnersohn aus der Romagna dagegen von unten herauf. Sie lernten sich kennen, als ihr gemeinsamer Feldhauptmann sie einander als Zeltkameraden zuteilte; Braccio war damals achtzehn, Muzio siebzehn Jahre alt. Zwei Jahre lang wohnten sie beisammen und wurden in dieser Zeit enge Freunde; aber es war eine Partnerschaft von gegensätzlichen Charakteren. Der Aristokrat war feingliedrig und nervös; der Taglöhnersohn war robust und hatte einen sehr realistischen Sinn. Die politischen Pläne, denen Braccio später nachhing, waren oft überspannt, während der Aufstieg Muzios zur Übernahme der Herrschaft im wesentlichen stetig auf gesicherter Grundlage verlief. Der Bauernsohn Attendolo lernte von Braccio, wie man sich in der feinen Gesellschaft zu benehmen hat, wie man die Kunst der Unterhaltung pflegt und wie man sie, wenn man Talent und Geschick dazu besitzt, mit Geist und Scharfsinn würzen kann. Denn Muzio Attendolo kannte aus dem kleinen Bauern- oder Taglöhnerhaushalt seiner Eltern nur ein gemeinsames Strohlager, auf dem alle im Wechsel schliefen, über dem Herd hing

Muzio Attendolo Sforza;
nach einem zeitgenössischen Fresko von
Bernardino Luini.

wahrscheinlich immer nur ein einziger großer Kessel mit Polenta. In solchem Umfeld ist Muzio aufgewachsen, und nun erfuhr er, wie ein zukünftiger Feldherr und Fürst sich beim Essen und Trinken, im Gespräch, mit Untergebenen und Vorgesetzten zu benehmen hat. Zwei Jahre lang beeinflußten sich die beiden Freunde mit ihren unterschiedlichen Kenntnissen und Fähigkeiten wechselseitig und sie hielten durch dick und dünn zusammen. Dann trennten sie sich, gingen eigene Wege; ihre Lebensbahnen jedoch kreuzten sich in späteren Jahren öfter wieder.

In der Zeit, als der jugendliche Muzio in der Georgskompanie diente, die man vielleicht mit einer heutigen Offiziersschule vergleichen kann, wurde ihm auch jener Name zuteil, der weltgeschichtliche Bedeutung bekam. Dies soll sich angeblich auf folgende Weise zugetragen haben: Als Muzio Attendolo einmal mit anderen jungen Offizieren Streit hatte, griff der Feldherr schlichtend ein. Muzio aber fühlte sich im Recht und widersprach auch seinem Vorgesetzten, worauf dieser erstaunt fragte:

»Was – du willst mir trotzen? Ich werde dich künftig *Sforza* (= Trotz) nennen!« So bekam Muzio Attendolo unter den Soldaten seinen Übernamen, in dem neben der Bedeutung von Trotz auch noch die Begriffe Kraft, Gewalt, Macht mitschwingen. Im Heer wurde Attendolo nun bald nur noch *il sforza* genannt, und der eigentliche Familienname Attendolo wurde kaum mehr erwähnt und geriet schier in Vergessenheit. Die von Muzio begründete Dynastie behielt den Namen Sforza als neuen Familiennamen. Eine Linie, die von Muzios Sohn Bosio abstammt, trägt bis zum heutigen Tag diesen Namen, es sind die Herzöge von Sforza-Cesarini. Bedeutenderen Klang erhielt der Name Sforza aber von Muzios fähigstem Sohn, Francesco, dessen Linie allerdings bereits 1535 mit dem unglücklichen Francesco II. erlosch.

Der inzwischen dreißigjährige Muzio Sforza war nun ein bedeutender, einerseits begehrter, andererseits gefürchteter Söldnerführer; er konnte sich seine Dienstherren selbst aussuchen und dabei deren Politik beeinflussen. Zwei Jahre lang kämpfte er für die Este von Ferrara, dann wechselte er für etwa den gleichen Zeitraum in das Lager der Visconti von Mailand. Es folgte eine ebenso lange Zeit, in der er für Perugia Kriegsdienst leistete, bis er schließlich längere Zeit für die Fahnen von Florenz seine Scharen ins Feld führte. Bei diesen Verträgen, *condotta*, mit verschiedenen italienischen Staaten und Machthabern entfernte er sich politisch und menschlich von seinem ehemaligen Zeltkameraden Braccio immer mehr. Selbst in der Art der Kriegsführung unterschieden sie sich, sie waren fast wie die Vertreter zweier verschiedener Kriegsschulen. Das italienische Militärwesen im 15. Jahrhundert war von diesen beiden unterschiedlichen Condottieri, den ehemals engen Freunden und späteren militärischen Gegnern bestimmt: Die Braccisten waren die Verfechter der Taktik nach den Richtlinien des Andrea Braccio, die anderen waren Anhänger der Kriegsführungstheorie des Muzio Sforza. Uns erscheint heute die Art ihrer Kriegsführung nicht so unterschiedlich wie wohl damals. So gehörte es in besonderer Weise zu den Grundsätzen Sforzas, daß er in die Kämpfe die Dörfer nicht mehr als nötig hineinzog und die Landbevölkerung darunter leiden ließ, sondern daß er in gewissem Maß noch humane Rücksichten walten ließ, die der Aristokrat nicht kannte.

Der junge Truppenführer Sforza war auch in anderer Hinsicht von blühender Vitalität. Er hatte schon eine ganze Reihe von Liebesverhältnissen hinter sich, als er nun im Alter von rund dreißig Jahren eine Frau fand, die ihm gefiel: Lucia Terzani oder Terzago. Später, als die Sforza mit Fürsten, ja Königen verschwägert und verwandt waren, hat man diese Lucia zur Florentinerin von Adel hochstilisiert. Hätte man sie auch nur als Handwerkerstochter bezeichnet, wäre schon das eine ihr nicht zukommende Standeserhöhung gewesen. Schön dürfte die Geliebte des Condottiere Sforza gewesen sein, außerdem war sie anhänglich, treu und schließlich die Mutter von acht Kindern. Wie gerne wollte sie die Lebensgemeinschaft mit dem Vater ihrer Kinder durch den kirchlichen Segen für ihr ganzes Leben abgesichert wissen. Sforza aber, der noch mehr als ein Feldherr werden wollte, dem als Ziel vor Augen stand, einst Landesherr und Gründer einer Dynastie zu sein, wollte sich nicht durch eine unvorsichtige Heirat seine Aufstiegschancen mindern. Er heiratete also nicht die schöne und ihm treu ergebene Lucia, wenn sie ihn auch noch so sehr drängte. Die Kinder und Enkel Sforzas haben ihre Begabung sicher nicht nur von ihm geerbt, sondern auch von ihrer Mutter, die eine fähige Frau gewesen sein muß. Am berühmtesten wurde ihr Sohn Francesco Sforza, eine Persönlichkeit von geschichtlichem Rang, geboren am 23. Juli 1401 in San Miniato Fiorentino. In der Volksüberlieferung ist er mit Muzio, seinem Vater, zu einer einzigen Gestalt verschmolzen. Dieser war zwar ein großer Feldherr, der sich schließlich zum Politiker entwickelte, Francesco aber war es, der Herzog wurde, Herr und Fürst des bedeutenden mailändischen Staates.

Im Geburtsjahr Francescos befand sich gerade der neugewählte deutsche König Ruprecht, Kurfürst von der Pfalz, auf den man sich als Nachfolger des wegen Unfähigkeit abgesetzten Königs Wenzel des Faulen im Reich geeinigt hatte, auf dem Weg nach Italien, um sich dort zum Kaiser des Römischen Reiches vom Papst krönen zu lassen. Wie bei den meisten deutschen Herrschern wurden seine finanziellen Mittel den hohen Ansprüchen nicht gerecht, und so hat er durch reichliche und gnädige Verleihung von Würden, Ehren und Urkunden teilweise die Kosten seines Aufwandes bei der Italienfahrt zu bestreiten gesucht. Aber trotz aller Mühen erreichte er die Kaiserkrönung nicht. Unter Sforzas Schutz reisten die Gesandten der Republik Florenz zu König Ruprecht nach Padua.

Dabei versäumte Sforza nicht, auch für seine eigenen Interessen zu sorgen und die Gelegenheit beim Schopf zu fassen, mit dem deutschen König und – wie zu erwarten war – zukünftigen Kaiser zusammenzutreffen. Sforza nahm nun bereits eine so wichtige Stellung ein und hatte genügend Geld, daß er sich durch die Kanzlei des Königs – gegen gute Goldgulden wohlgemerkt – einen Wappenbrief ausstellen lassen konnte. Der König erlaubte ihm sogar huldvoll, die Wappenfigur seines eigenen Geschlechtes, der Kurfürsten von der Pfalz, zu führen, und so wurde der Pfälzer Löwe auch zum Wappentier der Sforza, der späteren Herzöge von Mailand. Sforza hatte bisher, auf Grund seiner niederen Herkunft, kein eigenes Wappen führen können; als Feldherr trug er als ein persönliches Abzeichen eine Quitte, weil man Cotignola mit Quittendorf übersetzt hat. In seiner Heimat wurden Quitten angebaut, und er hat diese schöne Frucht, die man zu so wohlschmeckenden Gerichten verwenden kann und die mit etwas Phantasie an archaische Venusdarstellungen erinnert, wohl mit Vergnügen zu seinem persönlichen Kennzeichen erkoren. So kam es zu einer sonderbaren Wappengestaltung, da Sforza am Zeichen der Quitte festhalten und sich damit zu seiner dörflichen Herkunft bekennen wollte. Er schämte sich nicht eines Abzeichens, das auf ländliche Arbeit hinwies.

Aber er strebte zugleich nach mehr Würde: Der Löwe des Königs ist für sein neues Wappen eine ruhmvolle Zierde. Verbundenheit mit der ländlichen Heimat und der Wunsch nach Aufwertung seines Standes durch ein Wappen führten deshalb zu einer witzigen heraldischen Kombination: Der Löwe hält eine Quitte in seiner rechten Vorderpranke; sein Blick scheint Erstaunen über diese seltsame Beute auszudrücken.

Der Pfälzer Löwe war eigentlich das Wappentier der Staufer; im Laufe der Jahrhunderte wanderte er in viele verschiedene Wappenfelder. Ein Halbbruder Kaiser Friedrich Barbarossas, der erste Pfalzgraf bei Rhein, hatte ihn der pfälzischen Dynastie und weiterhin den Wittelsbachern vererbt; und danach lebte er im neuen Wappen des italienischen Condottiere heraldisch weiter, und er steht heute, wie einst im Hochmittelalter, verdreifacht im Wappen des Bundeslandes Baden-Württemberg.

Stolz, wie ein Neugeadelter nun eben mal ist, ließ Sforza sein Wappen an dem Palast anbringen, den er sich in Cotignola, seinem Geburtsort, hatte errichten lassen. Dieser schöne Bau, der trotz starker Bombardierung im Jahr 1944 im Kern noch wohlerhalten ist, steht mitten an der Hauptachse der Kleinstadt Cotignola auf dem Grund des Bauernhauses der Attendolo, des Geburtshauses von Muzio Sforza. Seinen Eltern, die in dem ärmlichen Anwesen gehaust hatten, sollte durch ihren erfolgreichen und tüchtigen Sohn das Leben im Alter erleichtert werden. Das Dorf wurde zur Stadt erhoben, und deshalb trägt die Hauptstraße von Cotignola noch heute stolz den Namen Corso Sforza. Sie führt vom Marktplatz mit der Kirche und den Grabmälern der Familie Sforza zum Schloß. Heute haben sich an ihrem Verlauf die kleinen Gewerbebetriebe Cotignolas angesiedelt.

Neben dem Herrschaftssitz der Sforza gab es in Cotignola noch ein anderes Schloß, das einem der früheren Condottieri, dem Engländer John Hawkwood, als Alterssitz diente – die Herrenburg als Generalspension. Dieser Feldherr war nach wechselnden Diensten für Mailand, Venedig und den Papst schließlich wegen seiner langjährigen erfolgreichen Feldherrndienste für das Oberhaupt der Christenheit mit einem Adelsgut in Cotignola beschenkt oder ausbezahlt worden – die Romagna gehörte ja zum Kirchenstaat. Das Schloß, das sich Hawkwood dort errichtet hat, wurde im Zweiten Weltkrieg bis auf einen Turm zerstört. Die Laufbahn des Condottiere Hawkwood, die sich wahrscheinlich Muzio Attendolo zum Vorbild nahm, hat mit dessen Lebensweg eine überraschende Ähnlichkeit. Das gilt selbst für die Wahl der Gattin: Hawkwood brachte es so weit, daß er eine der unehelichen Töchter des Herzogs von Mailand heiraten konnte. So rauhbauzig und fürchterlich der englische Haudegen den Italienern erschienen sein mochte, so fürchterlich war auch für sie die Aussprache seines Namens. Mit »John Hawkwood« sind ihre flinken Zungen nicht zurechtgekommen, und so haben sie diesen Namen mit dem flotteren »Giovanni d'Acuto« ihrer Sprache anverwandelt. Unter diesem Namen ist er in Italien berühmt geworden, aber auch der englische König hielt diesen selbständig in Italien Militärpolitik und Krieg betreibenden Landsmann für Englands Ruhm so wichtig, daß er seinen Leichnam zu einer großartigen Begräbnis- und Ruhmesfeier nach England zurückholte. Deshalb ist das schöne Grab von John Hawkwood im Dom von Florenz heute leer.

Für Muzio Attendolo war also der Condottiere Giovanni d'Acuto

Vorbild gewesen, denn Muzios Vater hatte als Taglöhner für ihn gearbeitet. Als Feldherr und Politiker übertraf er schließlich die Erfolge Hawkwoods; er wurde reich und auch mächtig genug, um gleichfalls in eine adelige Familie einheiraten zu können. Diese auserwählte Ehefrau war eine Gräfin Salimbeni, deren Familie die Stadt Cortona bei Arezzo gehörte. Ihr gemeinsamer Sohn Bosio Sforza ist der Stammvater der noch heute blühenden Linie Sforza-Cesarini. Obwohl Bosio als ehelicher Sohn der rechtmäßige Erbe gewesen wäre, wurde der uneheliche Sohn Francesco der eigentliche Nachfolger Muzios; er glich seinem

Szene aus einem Heerlager Ende des 14. Jahrhunderts; Zeichnung eines Renaissance-Künstlers.

Vater am meisten nach Tatkraft und Begabung. Seine erste Ehefrau verlor Sforza bald wieder durch den Tod.

Es folgten nun gefährliche Verwicklungen und Mißerfolge für Muzio Sforza. Der Sieg, den der im Auftrag Papst Johannes' XXIII. und des französischen Herzogs von Anjou gegen König Ladislaus von Neapel kämpfende Sforza im Mai 1411 erfocht, führte zu einer völligen Umkehrung der militärischen Koalition. Sforzas Mitstreiter Paolo Orsini fühlte sich bei der Siegerehrung nicht nach Gebühr gewürdigt.

Die aus der Eifersucht zwischen den beiden päpstlichen Feldherren entsprungene Feindschaft wurde durch eine Abwerbungsgeschichte verstärkt. Da der Papst sich hinter Orsini stellte und die Soldgelder für die Truppen knapp wurden, nahm Sforza Dienste bei dem soeben noch bekämpften König Ladislaus, für den er nun zwei Jahre lang ins Feld zog und dabei so nebenher auch verschiedene Orte seiner eigenen Herrschaft unterwarf. Mit dieser Tätigkeit in eigener Sache war Sforza gerade beschäftigt, als er vom Tod des Königs erfuhr. Er zog daraufhin nach Neapel, wo auf Ladislaus dessen Schwester Johanna auf den Thron gefolgt war. Giovanna II. von Neapel war eine nicht mehr junge, leicht angewitterte Witwe, deren wechselhafte Zuneigung zu Männern aber trotz ihres Alters eher zunahm.

Als Sforza im Herbst 1414 in Neapel eintraf, war der damalige Günstling der Königin ein Mann von sechsundzwanzig Jahren namens Pandolfello Alopo, der zwar nach Aussagen der Chroniken von niederer Herkunft war, aber auf die Königin, die sich hemmungslos in ihn verliebt hatte, maßgebenden Einfluß ausübte. Das Erscheinen Muzio Sforzas am Hof von Neapel blieb auf den schwankenden Charakter der Königin nicht ohne Wirkung. Wäre Sforza der neue Günstling geworden, hätte sich ihm vielleicht die erträumte politische Chance geboten; in einer sagenhaften Überlieferung heißt es, er habe die Königin geliebt und geheiratet. Mag sein, daß er sie geliebt hat, aber geheiratet hat er sie nicht, dafür war er jedenfalls zu klug, denn in dem brodelnden Chaos von politischen Verbindungen, Parteiungen und Ränken in Neapel mitzumischen, das war geradezu selbstmörderisch und für einen stetigen Fortgang der Laufbahn nicht förderlich. Der um seinen Einfluß bei der Königin bangende Liebhaber Alopo ließ den vermeintlichen Rivalen Sforza in den Kerker werfen: Vom Spätherbst bis zum Februar lag Sforza im Castello dell' Ovo in Haft. In diesen vier Monaten hat der Analphabet Sforza gelernt, seinen Namen zu schreiben. Eigentlich ein etwas mageres Ergebnis für eine Lernzeit von vier Monaten, meint sein englischer Biograph. Doch wenn die glänzend formulierten Briefe, die man noch heute mit Spannung lesen kann, von Sforza selbst stammen und von ihm so diktiert worden sind, so hatte er es nicht unbedingt nötig, selbst schreiben zu können.

Die Befreiung Muzios aus dem neapolitanischen Gefängnis verdankte er neben den Unruhen, die das Königreich Johannas erschütterten, den starken Banden der Verwandtschaft. Eine Burg, die er von der Königin Johanna als Lehen erhalten hatte, hatte er seiner Schwester Margaritha geschenkt. Sie war zwar ebenfalls Analphabetin und einfachster Herkunft, aber doch so mutig und energisch, daß sie im Verlauf einer Unterhaltung, bei der es neben verschiedenen anderen Punkten auch um die Gefangenschaft ihres Bruders ging, die Unterhändler der beiden Parteien in ihrer Burg einfach festnehmen und ins Gefängnis sperren ließ. Als die Eingekerkerten darauf verwiesen, daß Muzios Vetter Michele Attendolo ihnen einen Freibrief und Giovanni Piero einen Geleitbrief ausgestellt habe, gab sie sinngemäß folgende bündige Klarstellung: »Hier gilt nicht Hans und gilt nicht Michel, ich bin Margaritha, und die Freibriefe gehen mich nichts an. Ihr bleibt so lange im Gefängnis, bis mein Bruder frei ist, oder ich lasse euch alle umbringen.« Die feinen adligen Herren und Diplomaten befürchteten, daß die Bauerntochter ihr Wort halten könnte, und so kam Sforza durch den Mut seiner Schwester wieder aus dem Kerker frei.

Im Königreich Neapel waren Unruhen und Aufstände ausgebrochen, dies veranlaßte eine erneute Annäherung des Hofes an den Capitano Sforza, den man dringend zur Niederwerfung der Aufstände im Inneren und zur äußeren Abwehr der antineapolitanischen Liga brauchte. So war ihm Johanna II. wieder zugeneigt, und selbst Alopo war ihm so wohlgesonnen, daß er ihm seine Schwester Caterina Calelda als Ehefrau anbot. Sie war zwar von niederer Herkunft, aber Sforza heiratete sie und sicherte sich somit sein politisches Überleben in der Zeit seiner Condotta mit Neapel. Keines der Kinder aus dieser Ehe ist besonders hervorgetreten, und die Mutter selbst lebte nicht sehr lange. Als nächste Ehefrau Sforzas erscheint eine Maria Marcani, von der noch weniger bekannt ist.

Richtig geliebt und gefördert hat er vielleicht nur die Kinder aus seiner Verbindung mit Lucia Terzani, die er übrigens, als er sich von ihr trennte, um seine Laufbahn nicht zu gefährden, mit einem seiner Hauptleute verheiratete. Das war die damals übliche Art, um von einer Frau »in Ehren« loszukommen und sie zugleich vor dem sozialen Abgleiten zu schützen.

Die wechselhaften politischen und persönlichen Verbindungen der unberechenbaren Königin Johanna nährten stets neue Konflikte und damit auch Sforzas Kriegsruhm. Die unaufhörlichen Kriege der Fürsten und Machthaber, für die das Volk zahlen und bluten mußte, ruinierten das Land, keiner der Konfliktparteien brachten sie schließlich den erhofften Gewinn, aber die Söldner waren nie arbeitslos, und vielen Bauernsöhnen schien das Lanzenstechen einträglicher als die mühselige Arbeit auf den Feldern – um so mehr, wenn ein beliebter und erfolgreicher Capitano wie Muzio Sforza die Werbetrommeln schlagen ließ. Denn dessen Feldherrnruhm breitete sich inzwischen in ganz Italien aus. Sein Gegenspieler war jetzt der einstige Kamerad aus Jugendzeiten, Braccio da Montone. Auch er trat zuweilen in den Dienst der Königin Johanna von Neapel, dann nämlich, wenn sich Sforza mit deren jeweiligem Günstling entzweit hatte und sich veranlaßt sah, seine Truppen gegen die Stadt zu führen, deren Gegner er soeben noch bekämpft hatte. Dies geschah alles vor dem Hintergrund der wechselnden Bündnisse Johannas mit dem französischen Königshaus der Anjou und den Aragon aus Spanien, die Sforzas Stellung gewissermaßen internationalisierten. Sforza war dabei mehrmals im Kampf gegen Braccio erfolgreich. Auf einem dieser Feldzüge gegen ihn im jahrelangen militärischen Ringen zwischen Neapel, Anjou und Aragon auf dem blutgetränkten Boden Mittel- und Süditaliens erreichte Muzio der Tod – jedoch nicht beim Waffengang.

Was Muzio Attendolo begonnen hatte, setzte sein unehelicher Sohn Francesco Sforza erfolgreich fort. Er heiratete 1418 in erster Ehe eine Hocharistokratin aus dem Hause Ruffo, in zweiter Ehe – um 1428 – eine fast unbekannte Dame namens Caldora. Es gelang ihm, in dritter Ehe die Erbin des letzten Visconti – Bianca Maria – zu heiraten. So wurde er schließlich Herzog von Mailand.

Francesco war in Florenz aufgewachsen, als dort sein Vater in Dien-

Andrea Braccio da Montone,
zunächst Freund Muzio Attendolos, später
rivalisierender Condottiere.

sten stand. Nach Muzios militärischem Vertrag mit Neapel kam Francesco als Elfjähriger an den Hof König Ladislaus'. Daß dies nicht nur zur Ehre seines Vaters geschah, sondern zugleich eine Art Geiselstellung bedeutete, läßt sich daraus erkennen, daß bei der zweiten Gefangensetzung von Muzio Sforza 1415 in Neapel durch Jakob von Bourbon der damals vierzehnjährige Francesco ebenfalls die etwa einjährige Haft mit seinem Vater teilen mußte. Bereits als Sechzehnjähriger nahm Francesco am Zug seines Vaters gegen Rom teil, der das neapolitanische Heer befehligte, um Braccio aus der Stadt zu vertreiben und den von Neapel unterstützten Papst Martin V. dort einzusetzen. Bald danach reiste der siebzehnjährige, zum Grafen erhobene Francesco nach Kalabrien, wo er aus politischen Gründen eine reiche Prinzessin heiratete. Seine Braut Polissena Ruffo gehörte dem ältesten und vornehmsten unteritalienischen Adel an. Die Familie der Ruffo di Calabria blüht übrigens noch heute, aus ihr stammt die Mutter des künftigen belgischen Königs. Die Heirat Francesco Sforzas mit Polissena Ruffo ist die entscheidendste

Eheschließung der Sforza, mit der die Aufsteigerfamilie in den alten Adel einheiratete.

Muzio Sforza war inzwischen beinahe fünfzig Jahre alt, für die damalige Zeit eigentlich ein alter Mann. Trotzdem war er weiterhin wie in den Jahren zuvor in militärischen Diensten für Neapel tätig. Sein Gegner war dabei sein alter Freund Braccio, der sich für kurze Zeit in den Dienst Königin Johannas gestellt hatte, als Sforza wieder einmal mit ihr im Streit lag. Eine Versöhnung Sforzas mit ihr und ihrem neuen Günstling Caracciolo brachte Braccio zuwege. Er wollte sich nämlich von Johanna lösen, da der kurz zuvor erreichte Frieden ihn arbeitslos zu machen drohte. Braccio belagerte 1424 das neapolitanische Aquila in den Abruzzen, worauf Muzio Sforza zum Entsatz und zur Befreiung Aquilas mit seinen Truppen aufbrach. Der Krieg um Aquila hat beiden gegnerischen Feldherren das Leben gekostet. Braccio strebte nach der Herrschaft über Perugia: Er ordnete dieser Absicht alle seine Bemühungen unter, doch er erreichte nicht wie Sforza sein Ziel. Dieser hielt sich klug aus manchen Verwicklungen heraus; er geriet zwar mehrmals in große Gefahr, besonders in Neapel, aber bei ihm ist doch letztlich außer dem Kriegsglück auch mehr ruhige Zielstrebigkeit festzustellen. Braccio wollte immer zuviel, alles oder nichts und ging daran zugrunde. Sforza gelang es, nach einem stetig und zäh verfolgten Plan eine anerkannte Herrschaft aufzubauen.

Fünf Monate nach Sforzas Tod wurde Braccio in der Schlacht vor Aquila am 2. Juni 1424 tödlich verwundet. Vor der Schlacht ließ er seiner Frau etwas Merkwürdiges schicken: Es war eine kleine Truhe, die ihr nur dann zum Öffnen übergeben werden durfte, wenn er in der bevorstehenden Schlacht fallen sollte. Beim Öffnen der Truhe fand Braccios Witwe zwei Gegenstände: eine Königskrone und einen Trauerschleier. Mit der Krone wollte Braccio sie zur Königin von Perugia krönen, wenn ihm der Sieg gelungen wäre. Den Trauerschleier sollte sie nach seinem Tod tragen. Diese Geschichte wurde lange angezweifelt, soll jedoch als wahr nachgewiesen worden sein.

Muzio Sforza fiel nicht in einer Schlacht. Beim Marsch auf Aquila, Anfang Januar 1424, führte der Fluß Pescara, der überquert werden mußte, Hochwasser. Der Vetter Michele Attendolo und der Sohn Francesco kommandierten die Vorhut beim Übergang über den Fluß. Das

Heer hatte schon fast übergesetzt, nur ein kleiner Teil war noch auf dem rückwärtigen Ufer. Das reißende Wasser schwoll an. Sforza ritt noch einmal zurück, um die restlichen Leute zu holen und ihnen vor dem gefährlichen Übergang Mut zu machen; sein Page begleitete ihn dabei. In diesem Augenblick riß das Hochwasser den Buben weg, und der gleiche Mann, der ohne Hemmungen und Gewissensbisse den Tod vieler Menschen verursacht, sogar als Geschäft betrieben hatte, versuchte nun, den Burschen aus dem Wasser zu ziehen; die Strömung riß aber beide mit. In seiner Todesangst klammerte sich der Junge an den älteren Mann, doch dieser konnte in seiner Rüstung nicht schwimmen. So fand der berühmte Feldherr mit seinem Pagen einen, wie man urteilen könnte, sinnlosen Tod; beide Leichen wurden nicht mehr gefunden. Der Ahnherr vieler europäischer Fürsten hat keine prächtige Bestattung in einer Grabanlage erhalten, die Naturgewalt hat ihn, wie man urteilen könnte, den Aufsteiger, weggeschwemmt und damit eines fürstlichen Grabmals zum Gedächtnis der Nachwelt beraubt.

Was ist nun von diesem Mann, dem Bauernbuben Giacomo Attendolo, der in der Familie »Muzio«, von seinem Feldherrn »Sforza« genannt wurde, geblieben?

Viele Zeitgenossen, sogar Historiker, meinen noch immer, im Mittelalter sei jeder Mensch streng seinem Stand, in den er hineingeboren wurde, verhaftet und verbunden geblieben, er habe die Schranken des durch die Geburt bestimmten Standes, die Leibeigenschaft oder die bäuerliche Gebundenheit an die väterliche Scholle, den Zwang von Zunft oder Gilde, nicht abwerfen können, es habe keine Aufstiegsmöglichkeiten gegeben. Die Geschichte der Familie Sforza ist ein Beispiel eines nahezu kometenhaften gesellschaftlichen Aufstiegs aus eigener Leistung. In Mailand wurde im Kastell der Sforza das kleine Rebmesser des Muzio Attendolo, das man später aus der Ulme bei Cotignola heruntergeholt hatte, wie eine kostbare Familienreliquie aufbewahrt, in einer Zeit, als die Nachkommen des Tagelöhnersohnes und Söldnerführers von sich sagen konnten – wie es vom Enkel Ludovico il Moro überliefert ist –, der Papst sei ihr Kaplan, der Kaiser ihr Condottiere, Venedig ihr Kämmerer und der König von Frankreich ihr Kurier, der kommen und gehen müsse, wie es ihnen beliebe. Diese stolze Überheblichkeit des letzten selbständigen Mailänder Herzogs mußte er schon nach wenigen Jahren mit seinem tiefen Sturz büßen, aber sie spiegelt die beherrschende Stellung des Hauses Sforza im Jahr 1496 wider. Mit Pietät, vielleicht auch mit einem gewissen Stolz, hatte man sich damals des alten, wohl längst verrosteten Messers wieder entsonnen und als Erinnerung an das Gottesurteil und den Beginn des Aufstiegs der Attendolo in den Mailänder Fürstenstand zur Schau gestellt. Es gibt eine Miniatur in Frankreich, die auch einen kleinen Putto im Wappengewand der Sforza zeigt, der ein schwarzes Futteral, wahrscheinlich mit diesem Messer, in den Händen hält.

Aus eigener Kraft und Leistung in die oberste Schicht der europäischen Fürsten aufgestiegen zu sein, erfüllte die Nachkommen mit Stolz. Die Urenkelin des Taglöhnersohnes Muzio Attendolo, Bianca Maria Sforza, wurde als zweite Gemahlin Kaiser Maximilians deutsche Herrscherin. Aus dem Geschlecht der Sforza stammen französische und spanische Könige und ein großer Teil des europäischen Hochadels. Diese standesbewußte Gesellschaftsschicht hat also unter ihren Vorfahren die Taglöhnerfamilie aus der Romagna, und man kann sich fragen, ob nicht manches von der Kraft dieser Häuser durch die Sforza hineingebracht worden ist.

Manche Leute wissen noch, daß man einst im Haus der Fugger nach Tisch ein kleines Stück Leinwand herumgehen ließ, von dem nur die Eingeweihten wußten, was es bedeutete. Es war das Gesellenstück des Webers Hans Fugger aus Graben am Lechfeld aus dem 14. Jahrhundert, das in der Familie mit Andacht aufbewahrt wurde, um sich bewußt zu bleiben, aus bescheidenem Stand durch Leistung und Tüchtigkeit aufgestiegen zu sein. Ähnliche Gedanken liegen der Überlieferung des Sforza-Messers zugrunde. Schon seinen Zeitgenossen fiel auf, welch starken Familiensinn Sforza walten ließ, um seine Brüder und Nachkommen an seinem Aufstieg zu beteiligen, wie er ihnen Stellungen verschaffte und ihnen zu Ehren verhalf. Nicht nur ein Schloß errichtete er für seine Familie in Cotignola, sondern, fürstlichem Brauch entsprechend, eine prächtige Ruhestätte für die verstorbenen Angehörigen, ein für seine Verhältnisse aufwendiges Grabmal. An ein altes Franziskanerkloster ließ er einen Portikus anbauen, eine Kapelle mit Vorraum, und bestimmte diesen Platz zur Grabstätte seiner Vorfahren beider Seiten. Es war nicht nur ein Zeichen seines Ruhmes und seiner Macht, sondern auch der Verbundenheit mit seinen Eltern und dem Dorf. So hart Muzio Sforza als Kriegsheld war, so war er doch seinen Eltern ein guter Sohn. Er war auch bestrebt, Frauen und Kinder möglichst aus dem Kriegsgeschehen herauszuhalten.

Der Familiensinn der Sforza zeigte sich natürlich besonders im Umgang mit den Angehörigen der Sippe. Wenn auch Ludovico il Moro seinen Neffen der Herrschaft über Mailand beraubte, Exzesse der Grausamkeit und Morde in der Familie, wie bei den Visconti oder den della Scala, gab es bei den Sforza nicht. Sie haben ihr Heimatdorf zur Stadt erhoben und mit Schloß und Mausoleum ausgestattet. Vom Palazzo Sforza in Cotignola ist immerhin noch so viel erhalten, daß man ihn sich in der ursprünglichen Form gut vorstellen kann. Das »Stammbett« einer so bedeutenden Familie – um einen bekannten Ausdruck zu zitieren – war ein Strohlager in einer Stubenecke. Vom Bauernhaus Attendolo ist nichts mehr zu sehen, aber der Palazzo Sforza an seiner Stelle und das Kapitell mit dem Wappenbild eines Löwen, der die Quitte in seiner Pranke noch immer nachdenklich und erstaunt betrachtet, sind erhalten. Sie erinnern uns an das bemerkenswerte Los einer Familie, an die Geschichte ihres Aufstiegs, der durch ihren Namen zu erklären ist: Sforza – der Trotz, und Sforza – die Kraft.

Das heutige Wappen der Stadt Cotignola.

Pienza

Humanist und Papst: Enea Silvio de Piccolomini

Dichterkrönung Enea Silvio Piccolominis 1442 durch König Friedrich III.;
Fresko von Pinturicchio im Dom von Siena.

In der südlichen Toskana, einem der heitersten Landstriche Italiens, steht eine einsame, verlassene Kirche. Das zu ihr gehörende Dorf ist längst verschwunden. Um diese Kirche, die Pieve von Corsignano, liegen die Weiden und Güter, die einst einer Sieneser Adelsfamilie gehört haben. Diese Familie hat in der Kirchen-, Militär- und Kunstgeschichte einen bekannten Namen: Es sind die Piccolomini aus Siena, der kaisertreuesten aller italienischen Städte, der durch viele Generationen hindurch verläßlichsten Stütze der kaiserlichen Politik in Italien. Unter den großen Sieneser Geschlechtern, die grundsätzlich die ghibellinische Partei vertraten, gehörten wiederum die Piccolomini zu den bedeutendsten. Ihre wichtige Rolle in Siena läßt der Palazzo Piccolomini auf dem berühmten großartigen Campo in unmittelbarer Nähe des Rathauses erahnen. Dieser Standort bildet den beherrschenden Platz in der Stadt, und ebenso hat einst auch die Burg und der Geschlechterturm der Piccolomini in den mittelalterlichen Stadtkämpfen Sienas eine entscheidende Rolle gespielt.

Als die Piccolomini bei einem politischen Umsturz zu Ende des 14. Jahrhunderts aus Siena vertrieben wurden, flohen sie in das kleine Corsignano. Neben ihren Ämtern und ihrem politischen Einfluß büßten sie dabei auch ihre wirtschaftliche Kraft ein. Sie verarmten und besaßen schließlich nur noch wenig außer ihren Weidegründen und Weinbergen, um deren Erhalt sie sich Mühe geben mußten. Diese Güter in Corsignano wurden zu Anfang des 15. Jahrhunderts von einem vertriebenen Stadtadligen namens Enea Silvio de Piccolomini bewirtschaftet.

Der Unterhalt seiner vielen Kinder wird ihm wahrscheinlich Sorgen und Mühe bereitet haben. Nach der späteren Biographie des ältesten Sohnes durch Antonius Campanus sollen es zweiundzwanzig Kinder

Die alte Dorfkirche von Corsignano.

gewesen sein, nach anderer Überlieferung achtzehn. Dieser älteste Sohn hieß wie sein Vater Enea Silvio (latinisiert: Aeneas Silvius), und damit war die große Tradition der Familie, wie man sie damals pflegte, bei der Namensgebung verwirklicht worden: Man glaubte, wie Rom sei auch Siena eine Gründung des Äneas nach seiner Flucht aus dem eroberten Troja. Der Name des ältesten Sohnes des vertriebenen Sieneser Patriziers, der auf dem Landgut Corsignano aufwuchs, kennzeichnet somit die politische Tradition und das historische Bewußtsein der Familie Piccolomini.

Der Sohn der verarmten Familie hatte – wie seinen eigenen späteren Zeugnissen zu entnehmen ist – als Kind die Dorfjugend von Corsignano zu Spielkameraden. Wie die Kinder der einfachen Leute dort mußte auch er Schafe hüten und barfuß über die Weiden laufen. Die Neider des später großen Mannes wiesen verächtlich auf seine Herkunft hin und spotteten darüber, daß er als Kind auf dem Land Schafe, Rinder und Geißen gehütet habe. Enea Silvio de Piccolomini, der als Kind Hirtenarbeit geleistet hatte, wurde später der oberste Hirte des christlichen Abendlandes, und in Erinnerung an die Landschaft um Corsignano hat er den Spott seiner Feinde mit dem einfachen und großartigen Wort zurückgewiesen: »Ja, ich habe die Schafe geweidet. Ich weiß, wie man gut ist zu einer Herde.«

Zu den späteren großen politischen Leistungen Piccolominis gehört die Wiederheranführung Friedrichs III. und damit des Deutschen Reiches und des Kaisertums an die Kirche, die Beendigung des Schismas mindestens im Verhältnis zwischen Friedrich und dem Papst. Aber nicht das ist es, was uns angesichts der Wiesen von Corsignano so stark bewegt, sondern es ist die Frage: Wie wird ein weltoffener Diplomat, ein humanistischer Dichter, zum frommen und sittenstrengen Papst? Es war für Enea Silvio de Piccolomini noch weit bis dahin, und er mußte sich in seinem Leben vielen Mühen unterziehen. Immerhin hatte es der Vater erreicht, daß der Sohn in der Stadt seiner Herkunft, in Siena, wenigstens ein Studium aufnehmen durfte. In Siena erlebte er sicherlich auch die Pferdewettkämpfe zu Ehren der Jungfrau Maria, den Palio. Unter den jungen Männern, die dort mitreiten durften, waren vermutlich auch Vettern und Freunde des Enea Silvio. Wahrscheinlich wußte er von seinem Vater, daß dieser zu seiner Jugendzeit in der Contrada Aquila, der am stärksten kaiserlich gesinnten Reitertruppe, mitgeritten war, und daß schon sein Großvater einmal im Palio gesiegt hatte. Aber er selbst, Enea Silvio, war so arm, daß er sich kein eigenes Roß halten konnte, um in einer Contrada, die beim Palio in Siena um den Sieg stritt, mitzuwirken; er blieb ausgeschlossen.

Er konnte nicht viel mehr für die Sicherung seiner Zukunft tun, als seinen reichen, wachen Verstand und seine Begabung zu nutzen. Denn er war ein ungewöhnlich gescheiter Junge und hatte zudem noch das Glück, von zwei Lehrern unterrichtet zu werden, die damals zu den berühmtesten in Italien gehörten. Der eine dieser beiden Lehrer war der Jurist Socini, ein großer Fachmann für die kaiserlichen Rechte; der andere, Filelfo, gehörte zu den frühen Wegbereitern der humanistischen Wissenschaften, zu den Erweckern der Begeisterung für die klassische Antike. Diese beiden Meister wurden Vorbilder des jungen Enea Silvio de Piccolomini. Das zeigte sich noch später, als er immer wieder in rührender Weise das Lob seiner akademischen Lehrer verkündete und ihnen Dankbarkeit bezeigte. Er wurde nicht müde, zu betonen, daß er alles, was er erreicht habe, der Universität und den dort vermittelten neuen Bildungsgehalten zu verdanken habe.

Es war somit fast schon natürlich, daß der junge Mann die Laufbahn eines Gelehrten und stilistisch geschulten Schreibers einschlug, das heißt, die Voraussetzungen zu einer frühen Humanistenlaufbahn erfüllte. Praktisch wurde dies durch Tätigkeiten im diplomatischen Dienst verwirklicht, damals am besten im Gefolge eines geistlichen Fürsten, und so trat Enea Silvio in die Dienste bei Kardinal Capranica.

Es war die Zeit der großen Konzile von Konstanz (1414–1418) und Basel (1431–1449). Im Gefolge des Kardinals kam Enea Silvio im April 1432 als dessen Sekretär nach Deutschland und in die Bischofsstadt am Hochrhein. Die Fähigkeiten und Kenntnisse des jungen Sekretärs blieben nicht verborgen. Doch gelehrt und geschickt zu sein, gewandt und flüssig zu schreiben, das waren Fähigkeiten, die auch andere aufweisen konnten. Bei ihm kam noch etwas hinzu: Enea Silvio zeigte darüber hinaus – wohl als Erbe seiner Kindheit auf dem Dorfe – eine große Natürlichkeit, Freundlichkeit und Offenheit. Er besaß eine *humanitas*, die nicht einstudiert und anerzogen war, sondern aus dem Wesen kam. Fast aus jeder seiner Briefzeilen kann man herauslesen, daß er nicht nur ein Mann von Geist und Wissen war, sondern auch Humor hatte und weitherzig war. Enge und Beschränktheit des Denkens waren ihm fern. Deshalb konnte es nicht ausbleiben, daß er eine »Bilderbuchkarriere« machte, wie wir heute sagen würden. Die zehn wichtigsten Stationen dieser steilen Laufbahn hat nach seinem Tod der Maler Pinturicchio in der Biblioteca Piccolomini am Dom von Siena dargestellt.

Bezeichnend für Enea Silvio, der in seiner Kindheit und Jugend ein eigenes Pferd hatte entbehren müssen, ist, daß er später ein großer Pferdeliebhaber wurde, der gut mit diesen Tieren umgehen konnte. Er war ein kühner Reiter, der außergewöhnliche Abenteuer bestanden hat. Aus der kleinen Welt der engen Heimat in Corsignano wuchs er heraus zum beliebten Gesprächspartner an vornehmen Höfen weithin in ganz Europa. Er verkörperte vollkommen das, was das Zeitalter der italienischen Renaissance einen *uomo universale* nannte, und er übte auf seine

Umgebung den entsprechenden Eindruck aus. Ja, er gewann schließlich die Freundschaft bedeutender Kirchenfürsten und sogar die des deutschen Königs und späteren Kaisers Friedrich III., des Vaters Maximilians I. Am Hofe Friedrichs, der finanziell bescheiden, aber geistvoll war, verkehrten Böhmen und Italiener, Bayern, Schwaben und Österreicher und vermittelten dort die vielfältigen kulturellen Einflüsse. Mit 37 Jahren wurde Enea Kanzleisekretär des deutschen Königs.

Aus dieser Zeit gibt es einen reizenden Brief des Gelehrten, mit dem er einem schwäbischen Freund, den er am Hof des Königs kennengelernt hatte, Michael von Pfullendorf, die Freundschaft mit der folgenden Begründung wieder aufkündigte: »Du ißt gerne, und ich faste. Du schläfst gern in den Morgen hinein, ich stehe gerne morgens frühe auf. Du säufst zuviel, ich bin nüchtern. Wir passen eigentlich doch nicht zusammen.« Eine elegante Form, um eine Freundschaft zu beenden. Was wüßte man heute noch von Michael von Pfullendorf ohne den Brief des Enea Silvio?

Der einflußreiche Diplomat verfaßte amüsante Novellen; erhalten blieb die schöne Geschichte vom Reichskanzler Kaspar Schlick. Wenn heute ein Autor sagt: »Alle Parallelen zu lebenden Personen sind rein zufällig«, so weiß man, daß damit gerade das Gegenteil gemeint ist. Und so hat seinerzeit auch Enea Silvio gehandelt und eine verschlüsselte Geschichte geschrieben, die sich in Wirklichkeit in Siena abgespielt hat: Als Kaiser Sigismund nach Siena kam, befand sich in seiner Begleitung der Burggraf von Ehlenbogen und Eger, Kaspar Schlick, als sein Reichskanzler. Dieser verliebte sich Hals über Kopf in eine der schönsten und vornehmsten, aber verheirateten Sieneser Frauen. Die sich hieraus ergebende bittersüße Liebesgeschichte hat Enea Silvio als Zeitzeuge mit stark erotischen Ausmalungen geschildert, aber auch mit sehr drolligen und manchmal bizarren Szenen vermischt, im wesentlichen jedoch ohne die Personen und Umstände zu verschleiern. Diese Erzählung widmete er sogar dem Reichskanzler und bat ihn – entweder aus Scheinheiligkeit oder aus Kenntnis des sensiblen und komplizierten Verhältnisses –, sie doch zu lesen und zu beurteilen. Schlick habe sicher auch von diesen Geschichten gehört und möge deshalb dazu Stellung nehmen, ob es eigentlich so gewesen sei, wie es hier geschildert werde.

Neben dieser Novelle »Euryalus und Lucrezia« mit traurigem Ende hat Enea Silvio auch ein Lustspiel mit dem Titel »Chrisis« verfaßt, dem man einfach zubilligen muß, daß es hübsch, aber auch stark erotisch ist. Zum Teil spielt es sogar in einem Bordell. Eigentlich war das kein literarischer Schauplatz für einen dichtenden künftigen Papst, aber Enea Silvio war eben zu jener Zeit noch nicht geistlicher Oberhirte. Das Stück ist weniger schlüpfrig als amüsant, geistvoll und witzig.

Für den jungen Sigismund, den späteren Kaiser, soll nach Aussage des deutschen Rechtsgelehrten und Humanisten Gregor von Heimburg Enea Silvio als Schreiber in der Wiener Kanzlei Liebesbriefe verfaßt haben, vermutlich als ein Zubrot. Neben solchen unterhaltsamen literarischen Leistungen müssen auch die ersten lebendigen Stadtbeschreibungen genannt werden, wie die Schilderung der Stadt Basel und ihrer Einwohner oder die feine Huldigung an die Kaiserstadt Wien.

Seine Reisebeschreibungen und Reiseberichte gehören zum Köstlichsten, was das 15. Jahrhundert als literarische Muster hinterlassen hat. Die Schilderung Basels durch Enea Silvio ist eine der frühen objektiv gehaltenen Beschreibungen deutscher Städte, und der italienische Diplomat fand fast durchweg nur lobende und anerkennende Worte über die Stadt und ihre Bewohner. Es wollte schon etwas bedeuten, wenn er feststellte, was wir hier nach der deutschen Übersetzung durch den Basler Humanisten Christian Wurstisen von 1580 wiedergeben: »Der Burgern Häuser in die Gemach wunderbarlich abgetheilet/seind also schön und wol gebutzt, das es ihnen die Häuser zu Florenz nicht vorthuon. Sie seind alle geweißget, mehrtheils gemalet/schier ein jedes Hauß hat ein Garten/ Brunnen und Hofe ...«.

Aber noch ein weiteres Verdienst des Enea Silvio sei erwähnt. König Friedrich III. wollte für seine Kaiserkrönung eine neue, dem geänderten Geschmack angepaßte Kaiserkrone anfertigen lassen. Die Kaiserkrone war nach dem Vorbild der oströmischen Kaiser in Konstantinopel geschaffen worden, deren Reich übrigens kurz darauf dem türkischen Ansturm endgültig zum Opfer fiel. Aus diesem Grunde wollte Friedrich die alte Kaiserkrone als zu altmodisch und schwergewichtig einschmelzen lassen. Enea Silvio war es, der Friedrich nahelegte, ein so ehrwürdiges und jahrhundertealtes Zeugnis der Herrlichkeit des Heiligen Römischen Reiches nicht einfach zu ersetzen oder gar zu vernichten; er solle doch bedenken, daß kein anderer Herrscher in Europa eine Krone von solchem Rang und mit solcher Tradition trage. So ist es Enea Silvio zu verdanken, daß die aus der Zeit des ersten Salierkaisers Konrad II. stammende Kaiserkrone bis auf unsere Tage erhalten blieb und noch heute in Wien bewundert werden kann. Der als Viehhüter in Corsignano aufgewachsene Sohn eines verarmten italienischen Patriziers kann als Retter der alten deutschen Reichskrone gelten.

Aber Enea Silvio war auch ein charmanter Mann und den weiblichen Reizen gegenüber aufgeschlossen. Als er bereits ein erfahrener Diplomat war, lernte er in Straßburg eine Engländerin mit dem Namen Elisabeth kennen. Sie war jung und hübsch, wie Enea Silvio andeutungsvoll mitteilte – kurz und gut: Nach neun Monaten schenkte sie ihm einen kleinen Enea.

Für einen Geistlichen mit diplomatischen Aufträgen, von Schottland bis zum Balkan, war ein solches Ereignis nicht gerade ein glückliches. Die Dame kehrte wieder in ihre englische Heimat zurück. Was sollte er mit dem kleinen Enea machen? Er erinnerte sich an seine Eltern in der Toskana, die dort in Corsignano noch lebten, und er hoffte, daß diese oder doch eines von seinen Geschwistern sich um den Kleinen annehmen würden. So schrieb er seinem Vater einen Brief und empfahl ihm den illegitimen Enkel zur Fürsorge an.

In den Briefsammlungen Enea Silvio Piccolominis lesen wir in der deutschen Übersetzung von Max Mell:

> Enea Silvio grüßt herzlich seinen Vater.
>
> Lieber Vater, Du schreibst, Du wüßtest nicht, ob Du Dich nun freuen oder ärgern sollst, daß mir der Herr einen Nachkommen geschenkt hat. Ich für meinen Teil sehe darin einen Anlaß zur Freude, aber keinen zur Betrübnis. Was ist süßer auf Erden, als ein Ebenbild zu zeugen, gleichfalls sein Blut zu verbreiten und jemanden zu haben, den man auf der Welt zurückläßt und was ist seliger auf Erden, als die Kinder seiner Kinder zu sehen? Mir ist es eine große Freude, daß mein Samen Frucht trug und daß bei meinem Tode doch etwas von mir übrig bleibt und ich sage Dank dem Herrn, daß er mir im Schoße des Weibes ein Söhnchen bildete und nun bei Dir und der Mutter ein kleiner Äneas spielen wird, mit seinen Großeltern, und ihnen alle die Freude gewährt, die ihnen sein Vater hätte machen müssen. Wenn Du

Dich, Vater, über meine Geburt gefreut hast, warum nicht auch über die meines Sohnes? Wird Dich das Antlitz des Knäbleins nicht entzücken? Wenn Du meine Züge in ihm wiederfindest, wird es Dir nicht lieb sein, wenn Dir der Knirps an Deinem Halse hängt und Dich in kindlicher Weise schmeichelt?

Dieser Brief verrät uns, daß der überraschte Großvater also gar nicht über den Familienzuwachs entzückt war und daß er zunächst schriftlich gefragt hat, ob Enea Silvio wirklich der Vater sei. Das ist etwas vom Delikatesten, was Enea Silvio geschrieben hat. Er schildert die Umstände, ohne die Frau in irgendeiner Weise bloßzustellen. Kein Schatten üblen Rufes fällt auf sie. Der Vater war trotzdem nicht sehr überzeugt, so daß Enea Silvio zuletzt derb wurde und – ganz wörtlich übersetzt – schrieb: »Also bitte: nimm jetzt das Kind! Ich weiß doch, was Du zu Deiner Zeit für ein Gockel gewesen bist!« Der alte Enea Silvio de Piccolomini war schließlich bereit, der Bitte stattzugeben; und so ist sein kleiner Enkel Enea, der Sohn des späteren Papstes Pius II. im Dorf Corsignano aufgewachsen und wie sein Vater auf den dortigen Weiden herumgesprungen. Leider wissen wir nicht, was später aus ihm geworden ist, er ist vermutlich früh gestorben. Wir dürfen aber nachträglich hoffen, daß sich die Großeltern an dem kleinen Buben gefreut haben. So können wir aus den literarischen Werken und vor allem aus den vielen erhaltenen Briefen den Lebensweg von Papst Pius II. nachvollziehen.

Eine andere Form der Darstellung des Lebens von Pius II. ist jener wundervolle Bilderzyklus, jene großartige Folge von Fresken, die Pinturicchio im Auftrag der Familie Piccolomini in der Bibliothek des Papstes am Dom von Siena gemalt hat. Als knapp vier Jahrzehnte nach dem Tod Pius' II. sein Neffe Francesco zum Papst gewählt wurde (1503) und dieser wiederum den Namen Pius annahm – ein Papst übrigens, der nur ganz kurz regierte, da er bereits zehn Tage nach seiner Krönung das Zeitliche segnete –, da wurde bereits der Plan ausgeführt, die großen, in ganz Europa fast einmaligen Bücherschätze dem Dom von Siena zu schenken und sie dort in einer ganz besonders würdigen Form aufzustellen und der Öffentlichkeit zugänglich zu machen. Pius III. hatte schon als Kardinal seit etwa 1495 in der Nordwestecke zwischen Langhaus und Querhaus des Domes die Biblioteca Piccolomini errichten lassen. Dieses

Gebäude wurde nun im ersten Jahrzehnt des 16. Jahrhunderts im Auftrag der Familie mit den bedeutendsten Szenen aus dem Leben von Pius II. ausgeschmückt. Pinturicchio, dessen eigentlicher Name Bernardino di Betto lautete, war für diese Aufgabe geradezu hervorragend geeignet, denn er war kein ganz moderner Maler, sondern eher ein Schilderer vieler kleiner Einzelheiten und szenischer Darstellungen, mit einer großen Treue gegenüber der Überlieferung. Er sammelte Porträts und Stadtansichten, und er konnte noch aus der Erinnerung schöpfen und Vorbilder verwerten. Zwanzig Jahre zuvor hatte er an der Ausmalung der berühmten Sixtinischen Kapelle in Rom mitgewirkt. So ist dann wesentlich zwischen 1503 und 1509 jene farbenfrohe, lebhafte und prächtige Folge von zehn großflächigen Wandbildern in der Biblioteca Piccolomini entstanden, die uns die Lebensgeschichte des Enea Silvio in ihren wichtigsten und glanzvollsten Ereignissen zeigt.

Sie beginnt mit einem Bild, das dem Kenner der Biographie Enea Silvios die Erinnerung an den Palio wachruft. Piccolomini, der sich als armer Junge einst kein Pferd hatte leisten können, wird hier als stolzer Reiter eines starken Schimmelhengstes vorgestellt, er ist der junge Begleiter des Kardinals Capranica beim Auszug aus Siena zum Konzil von Basel. Man spürt, wie es auch den Maler freute, Enea beim Zügeln und Meistern des ungebärdigen Pferdes darzustellen. Als zweite Szene aus seinem Leben folgt das erste große gesellschaftliche Ereignis, bei dem er als Diplomat aufgefallen war: der Empfang durch König Jakob I. Stuart von Schottland. Das Bild zeigt den weißbärtigen schottischen König auf seinem Thron sitzend, wie er sich dem vor ihm als Orator stehenden jungen italienischen Diplomaten lauschend zuwendet, der in seinen langen Lockenhaaren und mit gestikulierenden Händen ihm und seinen Räten offenbar einen eindringlichen Vortrag hält. Durch die offenen Arkaden fällt der Blick auf eine bewaldete hügelige Landschaft, die durch einen Fluß geteilt wird. Links erhebt sich im Hintergrund eine Burg; wahrscheinlich soll dies Edinburgh darstellen. Das Szenenbild war erst in der ein Jahrzehnt zuvor erschienenen Weltchronik des Hartmann Schedel aus Nürnberg dargestellt worden, und es wurde alsbald in Siena durch Pinturicchio übernommen.

Die weiteren Gemälde zeigen die Dichterkrönung Enea Silvios durch König Friedrich III.; seine Gesandtschaftsreise zu Papst Eugen IV.; die

Das königliche Brautpaar Friedrich III. und Eleonora von Aragón begegnen sich im Beisein von Bischof Enea Silvio zum erstenmal in Siena; Fresko von Pinturicchio in der Bibliothek des Doms von Siena.

erste Begegnung Friedrichs III. mit seiner zukünftigen Gemahlin Eleonora von Aragón vor den Toren Sienas; die Erhebung Enea Silvios zum Kardinal; seine Krönung zum Papst; die Einberufung des Konzils von Mantua zur Befreiung Konstantinopels von den Türken; die Heiligsprechung der Katharina von Siena und die Ankunft von Papst Pius II. in Ancona zur Aufstellung der Kreuzfahrerflotte. Selten ist eine Folge von Wandgemälden entstanden, die damals schon vierzig bis siebzig Jahre zurückliegende Ereignisse so treu in den historischen Einzelheiten, wie Kleidung und Personendarstellung, wiedergeben und die zugleich diesen eigenartigen Märcheneindruck vermitteln, wie er für Pinturicchios Werke kennzeichnend ist.

Enea Silvio hat in seinen späteren Jahren die bedeutendsten geschichtlichen Ereignisse seines Lebens in Erzählungen festgehalten, und daher wissen wir, daß seine Dichterkrönung zum *poeta laureatus*, die Auszeichnung durch den Kaiser mit dem Lorbeerkranz, für ihn ein Höhepunkt seines Lebens war. Die Verherrlichung des großen Dichters und seine Krönung mit dem Lorbeerkranz, in der Antike eine Zeitlang Brauch, hat Enea Silvio, ganz im Bewußtsein eines Wiedererweckers antiker Ideale, neu belebt. Er hat dem Kaiser diesen Gedanken zugespielt und war dann selbst der erste, der den Dichterlorbeer feierlich überreicht erhielt. Die deutsche Königshalle, die das dritte Bild aus dem Leben Enea Silvios in der Biblioteca Piccolomini vorstellt, entspricht sicher nicht der damaligen Wirklichkeit. Ob es in Aachen oder Frankfurt eine so großartige Halle gab, ist sehr zweifelhaft. Sicher ist, daß König Friedrich III. keine solche Halle besaß. Der typische Baustil der Renaissance war zur Zeit Pius' II. und auch zu Pinturicchios Zeit in Deutschland noch nicht anzutreffen. Die dargestellte Szene ist sehr eindrucksvoll und anschaulich: Das Bild vermittelt das freundschaftliche, fast herzliche Verhältnis zwischen dem König und seinem Sekretär. Die Zuschauer wissen natürlich nicht, was da eigentlich genau vor sich geht, daß nämlich hier die lange, bis in das 18. Jahrhundert fortgesetzte Kette der Dichterkrönungen begründet wird.

Das vielleicht bekannteste Bild zeigt jene berühmte Szene vor dem Stadttor Sienas, als der deutsche König Friedrich III., auf dem Weg nach Rom zur Kaiserkrönung, hier erstmals seine Braut, die Prinzessin Eleonora von Aragón, trifft. Diese Eheverbindung des künftigen Kaisers des

Römischen Reiches mit der portugiesischen Prinzessin war eine der großen diplomatischen Meisterleistungen des Enea Silvio. Er hatte am Hof von Neapel, wo eine Nebenlinie des Hauses Aragón regierte, verhandelt und die Heirat eingefädelt. Dies war einer der Höhepunkte der großen internationalen Heiratspolitik des Hauses Habsburg, das seine Weltmachtstellung nicht auf militärische Eroberungen, sondern auf bedeutende politische Verbindungen gründete: *Bella gerant alii, tu felix Austria, nube!* – Laß andere Kriege führen, du, glückliches Österreich, heirate! Der aus späterer Zeit stammende Spruch faßt in ein lateinisches Bonmot, was bereits durch die erfolgreiche Ehediplomatie des Enea Silvio gerechtfertigt wurde.

Er war ja damals nicht mehr Sekretär, sondern, nachdem er 1445 von der weltlichen Laufbahn zur geistlichen gewechselt hatte, mit Hilfe seines königlichen Gönners Bischof seiner eigenen Heimatstadt Siena geworden. Das bedeutete die Rückkehr der ehemals vertriebenen Familie Piccolomini mit erhöhtem Glanz und Rang. Es wird erzählt, damals sei die berühmte Inschrift »Siena öffnet dir seine Tore und, mehr noch: es öffnet dir sein Herz« an der Porta Camollia angebracht worden.

Vor der Porta Camollia feierte bald darauf die Diplomatie Enea Silvios ihren großen Erfolg: Hier führte der Bischof von Siena dem künftigen Herrscher des Römischen Reiches seine Braut zu. Das königliche Brautpaar wurde von Pinturicchio gemalt: Züchtig senkt Eleonora den Blick, freundlich ergreift der König ihre Hand. Auch die zwischen dem König und dem Bischof Enea Silvio bestehende herzliche Zuneigung ist durch die Haltung ihrer Köpfe ausgedrückt. Beinahe als Bildachse wirkt die dargestellte Säule mit dem Ehewappen des deutschen Reichs und Portugal im Verbund.

Diese Säule ließ Kaiser Friedrich III. zur Erinnerung errichten, und sie ist bis heute erhalten. Daß Pinturicchio sie aber schon in das Bild der Begegnung von Friedrich und Eleonora hineinnahm, bedeutet einen zeitlichen Vorgriff, der entweder auf der Unkenntnis des Malers vom chronologischen Ablauf beruht oder aber bewußt Tatsachen abänderte. Der Bedeutungscharakter war vorrangig, und deshalb bildet die Säule vielleicht auch mit Absicht eine Verbindungsachse vom Kopf des Bischofs über das kaiserliche Ehewappen zur Stadt Siena. Diese stellt sich im Hintergrund unverkennbar mit ihren vielen hohen Geschlechtertürmen und dem Campanile mit seinen freihängenden Glocken dar. Wie Geschlechtertürme rahmen auch eine südländische Palme und ein mitteleuropäischer Laubbaum die Säule mit dem Ehewappen.

Sechs Jahre später wurde Enea Silvio zum Papst gewählt. Für seine Wahl dürfte auch die Unterstützung des Kaisers ausschlaggebend gewesen sein, dem er schon so lange als Freund, Vertrauter, Helfer und Berater zur Seite gestanden hatte. Enea Silvio bekleidete im Jahr 1458 – nur dreizehn Jahre nach seinem Wechsel zum geistlichen Beruf – das höchste Amt, das ein kirchlicher Würdenträger erreichen konnte. Er war der zweite Papst (nach dem 1455 verstorbenen Nikolaus V.), der die neuen Wissenschaften und die neue Geisteshaltung, die man heute mit dem Begriff des Humanismus belegt, am päpstlichen Hof eingeführt hat.

Mit Papstwahl, Einzug in Rom und Krönung hatte Enea Silvio den Höhepunkt der Ehren erlangt. Unter einem Thronhimmel wird der neue Papst von den höchsten geistlichen Würdenträgern in die alte Peterskirche geleitet, der Prozessionszug hält kurz an, als dem Papst das Weihwasser gespendet wird. Diesen Augenblick des kurzen Verweilens hat Pinturicchio in seinem Gemälde festgehalten. Er hat damit nicht nur ein wundervolles Porträt von Pius II. geschaffen, sondern auch die beste Innenansicht der ehrwürdigen, mehr als tausend Jahre alten Peterskirche von Rom überliefert.

Auch als Papst ist Pius der Stadt Siena treu verbunden geblieben. So war eine seiner fördernden Maßnahmen für die Vaterstadt die Heiligsprechung der großen Seherin, Mystikerin und kirchenpolitischen Ratgeberin Katharina von Siena. Als Tochter des Färbers Giacomo Benincasa geboren, hat sie Päpsten und Fürsten Rat erteilt, und ihre Briefe gehören zum bedeutenden literarischen Schriftgut des 14. Jahrhunderts. 81 Jahre nach ihrem Tod wurde sie 1461 heiliggesprochen. Weil man ihre Heiligsprechung zu den bedeutenden Handlungen im Leben Pius' II. zählte, wurde dieses Ereignis ebenfalls in die Bilderfolge in der Biblioteca Piccolomini aufgenommen. Das Bild ist in einen feierlichen Hintergrund und in einen Vordergrund gegliedert, der als Kulisse die zuschauende Bevölkerung von Siena zeigt. Unter den Zuschauern sieht man zwei Männer in der Prozession, mit Kerzen in den Händen. Das Bild des rechts stehenden älteren der beiden gilt als Selbstbildnis Pinturicchios, das des jüngeren auf der linken Seite könnte ein Porträt

Raffaels sein, vielleicht sogar ein Selbstporträt. Beide Maler waren miteinander befreundet, und der ältere Pinturicchio besaß die menschliche Größe, die überragende Bedeutung des Jüngeren anzuerkennen und ihm den Vortritt zu lassen, ja ihn sogar verehrungsvoll anzuschauen.

Wir können hier nicht die ganze Gemäldefolge schildern und deuten. Nur dem letzten Bild wollen wir uns noch intensiver zuwenden. Die Hauptbeschäftigung in den letzten Monaten und Wochen des Lebens von Pius II. waren seine Bemühungen um einen Kreuzzug gegen die Türken, die das christliche Europa zunehmend bedrohten. Das abschließende Bild der Reihe stellt die Apotheose von Pius II. dar. Rechts oben ist der Dom von Ancona abgebildet; dort sollte sich die Kreuzfahrerflotte treffen. Pinturicchio zeigt, wie sich die Fürsten Europas um den Papst scharen, der auf einem Thron sitzt und auf den Hafen von Ancona hinausblickt, wo sich auf der Reede schon viele Schiffe versammeln. So dürfen wir uns die venezianischen Schiffe vorstellen, die damals im östlichen Mittelmeer verkehrten. Auch zwei orientalische Fürsten erscheinen im rechten Bildvordergrund; vielleicht wollte Pinturicchio damit das Ziel der Reise andeuten, vielleicht hat er aber auch in einer der beiden Figuren den türkischen Sultanssohn Dschem verewigt, der sich seinerzeit an italienischen Höfen halb als Gefangener, halb als Diplomat aufhielt.

Die Wirklichkeit war nicht ganz so großartig, wie uns Pinturicchio glauben lassen will. Den bereits schwer fieberkranken Papst beförderte man auf Sänften nach Ancona. Zu seiner tiefen Enttäuschung und Verbitterung war der größte Teil der zugesagten Kreuzfahrer bei seiner Ankunft in Ancona am 18. Juli 1464 noch nicht eingetroffen. Nur zwei päpstliche Galeeren lagen einsam vor Anker; erst am 12. August liefen zwölf Schiffe des Dogen von Venedig im Hafen von Ancona ein. Es war zu spät. Pius starb am 15. August. Der Kreuzzug fand nicht mehr statt.

Dieses letzte Bild von Pius II., auf dem ihn Pinturicchio als alten Mann gemalt hat, ist wohl das eindrücklichste Porträt des Papstes geworden. Es scheint uns, als ob sogar noch in der Darstellung dieses kranken, alten Mannes etwas von der heiteren Fröhlichkeit und dem Charme des Humanisten eingefangen sei.

Enea Silvio ist als Papst ein anderer Mensch geworden und in gewisser Weise doch der gleiche geblieben. Schon durch die Wahl des Papstnamens hat er seine Wandlung den Zeitgenossen mitgeteilt. Es ist ja bis heute üblich, daß der neugewählte Papst einen anderen Namen annimmt und die Namenswahl etwas über die Absichten oder die Art der geistigen Haltung des künftigen Papstes aussagt. Auch Enea Silvio tat dies in deutlicher Form. Er knüpfte an die alte Sieneser Stadttradition vom trojanischen Gründer Äneas an und berührte damit etwas, was den humanistisch gebildeten Zeitgenossen sofort verständlich war. Äneas ist ja nach antikem Begriff der *pius Aeneas*, der fromme Äneas. Die *pietas* des Äneas, seine Frömmigkeit oder Ehrfurcht, bestand darin, daß er aus dem brennenden Troja nicht seine Schätze rettete, sondern seinen alten Vater. Er trug ihn auf den Schultern und floh mit ihm und seinem kleinen Sohn.

Die christlich interpretierte *pietas*, die Hingabe an den Nächsten, wird dann durch den Humanismus zur Herrschertugend erklärt. Die *pietas austriaca* wird zu einem Begriff im Tugendkatalog der römisch-deutschen Kaiser aus dem Haus Habsburg. Dieses hohe Kaiserideal wurde gerade auch durch Enea Silvio an Kaiser Friedrich III. und seinen Sohn Maximilian vermittelt und gehörte von da an zu den Leitvorstellungen der deutschen Herrscher.

Mit der Wahl des Papstnamens Pius hat Enea Silvio sich also den Beinamen seines antiken Namenspatrons zugelegt. Aber er nahm diesen Papstnamen zugleich im christlichen Sinn, und darin drückt sich das Neue in Pius' Leben aus. Er wandte sich von seinem früheren Lebenszuschnitt ab und einem neuen zu. Auf elegante und doch deutliche Weise brachte er dies zum Ausdruck: Er war früher der Äneas, der glatt und auch schlüpfrig schreibende Autor und Novellist, der Nachahmer des Catull, das fröhliche Weltkind, der weltlich gebildete und gefesselte Humanist – aber jetzt ist er ein *pius* geworden. Er bedauerte nun sehr, und es war ihm äußerst unangenehm, daß seine früheren erotischen Schriften und Gedichte noch im Umlauf waren. Bis in sein vorletztes Lebensjahr fand er sich genötigt, seine eigenen früheren Arbeiten zu verwerfen: »*Scriptum et semel emissum volat, irrevocabile verbum – utinam latuissent quae sunt edita!* – Es ist geschrieben worden, und nachdem es einmal hinausgegeben ist, fliegt unwiderruflich das Wort! Wäre doch nur im Verborgenen geblieben, was verbreitet worden ist!« Und geradezu schlagwortartig formuliert er seinen Wunsch: *Aeneam reicite, Pium recipite!* – Verwerft den Enea Silvio von damals, nehmt den Pius von jetzt auf und glaubt ihm!

So kurz sein Pontifikat auch war, so war es doch von erheblicher Wirkung. Nach ihm konnte es sich kaum mehr ein Papst leisten, in den schönen Künsten ungebildet zu sein. Humanistische Denkformen und Interessen brachen sich Bahn an der päpstlichen Kurie. So hat Pius II. nicht nur sein Jahrhundert, sondern auch das Papsttum auf eine ganz besondere Weise geprägt. Es ist kein Zufall, daß so viele Päpste nach ihm immer wieder den Namen Pius bevorzugt haben, bis zu dem 1958 verstorbenen Pius XII.

Ähnlich wie die mythologischen Stadtgründer der Antike hat auch Pius II. versucht, eine neue Stadt zu schaffen, und vielleicht wollte er damit eine weitere glorreiche Tradition der frühesten Zeiten wieder zum Leben erwecken. Sein Geburtshaus in Corsignano war nicht sehr ansehnlich oder gar großartig. An seiner Stelle ließ Pius ab 1459 den Palazzo Piccolomini errichten. Dieser besitzt eine durchgehende, den Baukörper gliedernde Mittelachse; die eine Fassade ist der Stadt zugewandt, die andere bildet eine wunderschöne Gartenfront mit drei Reihen von Arkaden. Sie öffnet sich gegen das angrenzende Umland, und der Blick kann von hier in die toskanische Hügellandschaft hinausgehen. Diese architektonische Idee einer kunstvoll geplanten Stadtanlage mit einer Mittelachse, die von der Stadt her über das Schloß als Zentrum, dann durch den Garten hinaus auf das freie Land zuläuft, ist uns durch viele derartige Stadtgründungen bis ins 18. Jahrhundert hinein (vor allem auch in Süddeutschland) heute so vertraut, daß wir schon gar nicht mehr wissen, daß bereits ein Papst des 15. Jahrhunderts sie verwirklicht hat. Pius hat diese stadtarchitektonische Idee auch theoretisch ausgeführt. Ferner ordnete er an, daß der zum Palazzo Piccolomini gehörende Garten nicht verändert werden dürfe. So wie er sich uns darbietet, so – oder fast so – sah er auch zur Zeit seines Gründers aus. Mit Einfühlungsvermögen können wir in ihm noch etwas vom Geist des Enea Silvio Piccolomini spüren.

Nicht nur sein Geburtshaus in Corsignano hat er in einen Palast verwandeln lassen, sondern das ganze Dorf Corsignano sollte zu einer glanzvollen Stadt umgewandelt werden. Das war sein großer, vielleicht ein zu großer Plan. Diese Stadt sollte Mittelpunkt eines neuen Bistums werden. Aber nur indem man andere verkleinerte, konnte ein neues Bistum gebildet werden. Als ersten Bischof dieser neuen Stadt setzte Pius 1462 den Bischof von Chiusi, den Sienesen Johann Chinugius, ein.

Um den Gründungsakt und die damit beginnende neue Epoche zu kennzeichnen, brauchte die neue Bischofsstadt einen neuen Namen. Wie antike Stadtgründer – nach der Annahme der damaligen gebildeten Welt – ihren Schöpfungen auch ihre Namen verliehen, so fühlte sich Pius berechtigt, seinem umgewandelten Geburtsort Corsignano seinen Papstnamen zu geben: Pienza – die Pius-Stadt. Sie sollte, der ihr zugedachten Bedeutung entsprechend, würdevoll gestaltet werden. Zwischen dem Palazzo Piccolomini und dem Palazzo Comunale wurde die Kathedrale Santa Maria Assunta erstellt. Der Dom von Pienza weist kunstgeschichtlich sehr bemerkenswerte Beziehungen zu süddeutschen Kirchen jener Zeit auf. Pius war ja mehr als zwanzig Jahre lang Diplomat in Deutschland gewesen. Er muß die neuen Hallenkirchen in Österreich, in Böhmen und in Schwaben gesehen haben. Er kannte Prag, Kolin, Schwäbisch Gmünd und andere Städte, die schon Kirchen jenes neuen Bautyps besaßen, der mit der fast gleichen Breite von Seitenschiffen und Nebenschiffen und mit gleicher Höhe aller drei Schiffe wie eine Halle wirkte, durch die das Licht beinahe ungehindert fließen konnte. Pius selber sprach davon, wie herrlich es sei, wenn das Licht von allen Seiten hereinströmen könne und der Kirchenraum gewissermaßen nicht aus Stein, sondern aus Glas und Licht bestehe.

Der Papst trug seinem Baumeister Bernardo Rossellino auf, den Dom von Pienza nach seinen Vorstellungen von einer Hallenkirche zu errichten. Das Problem war nur, daß der arme Rossellino noch nie einen solchen Bau gesehen hatte. Der Papst mag ihm Skizzen gegeben haben, und er hat ihm sicher auch ausführlich seine Wünsche erklärt. Der Architekt hat also nachvollzogen, was der Bauherr geplant und entworfen hat: eine helle, von Licht durchströmte Kirche, die sich an die großen Hallenkirchen-Tradition in Mitteleuropa anschließt. Die feingliedrige und komplizierte Gotik des Nordens in der Gestaltung der Pfeiler, Kreuzrippen und Fenster fehlt aber dieser Kirche, sie ist im Grunde doch ein Renaissancebau. Auch am Dom von Pienza ist seit seiner Erbauung bis zum heutigen Tag, gemäß der testamentarischen Verordnung Pius' II., nichts Wesentliches mehr verändert worden.

Der Dom von Pienza wurde 1462 nach dem Vorbild der süddeutschen Hallenkirchen erbaut.

Nicht nur als Bauherr ist Pius II. in die Geschichte eingegangen. Seine große Begabung, die ihm schon in seiner Jugend Ruhm eingetragen hatte, sein glänzender Stil, seine großartige Kunst im Briefeschreiben und seine Bedeutung als Historiker und Verfasser von Stadt- und Landesbeschreibungen büßten durch das Pontifikat nichts ein. Auch als Papst blieb Pius ein Darsteller seiner Zeit und ein Historiker mit wachem Interesse für die Fragen seiner Gegenwart. So versuchte er über die Rechtmäßigkeit der rund dreißig Jahre zurückliegenden Verurteilung und Hinrichtung der Jeanne d'Arc Unterlagen zu erhalten und sich über die Tatsachen klarzuwerden. Er verfaßte Kommentare zur Kirchengeschichte und zur Papstgeschichte seiner Zeit. Ganz im Sinn der aufkommenden Naturwissenschaften (Geographie, Botanik, Astronomie) plante er die Abfassung einer großen Weltbeschreibung, in der auch eine erste Schilderung Asiens enthalten sein sollte.

Pius sah das Neue auf die Welt zukommen, und er pflegte das zu überliefernde wertvolle Traditionsgut der alten Zeit. Manche Menschen, die an der Schwelle eines Zeitalters zu einem neuen stehen, haben ein inneres Ohr, ein Sensorium für beide Epochen und sind wie die Gestalten des altrömischen Januarius beiden Richtungen zugewandt. Deshalb waren die letzten Jahre Pius' II. auch in kultureller Hinsicht fruchtbar.

Vorrangig erschien ihm in seiner letzten Lebenszeit eine Aufgabe, die seine Vorgänger und auch die vielen weltlichen und geistlichen Fürsten des christlichen Abendlandes bisher sträflich vernachlässigt hatten. Weil sie im Widerstreit ihrer Machtinteressen, ihrer Habsucht und Eitelkeit sich gegenseitig unaufhörlich bekämpft hatten, war es dem türkischen Sultan gelungen, Konstantinopel, die Hauptstadt und letzte Bastion des Oströmischen Reiches, im Jahr 1453 zu erobern. Der letzte aus der Antike stammende Staatsrest hatte ein bitteres Ende gefunden und mit ihm das von Kaiser Konstantin dem Großen mehr als 1100 Jahre zuvor zur ersten christlichen Reichshauptstadt erhobene Byzanz. Der Fall Konstantinopels war für die christliche Welt ein Menetekel. Für Pius II. als Humanisten und als oberster Hirte der christlichen Kirche mußte er doppelte Betroffenheit auslösen. Die Verteidigung des christlichen Abendlandes, der humanistischen Kultur, aber auch die Sicherung der vor allem in Griechenland noch bewahrten antiken Überlieferungen, gegen die jetzt gefährlich und bedrohlich heranrückende Flut der Türken drängten sich als Forderung der Zeit auf. Das Pontifikat Pius' II. wurde wesentlich von der Vorbereitung zu dem geplanten Kreuzzug gegen die Türken und einer Abwehr dieser Bedrohung Europas aus dem Südosten erfüllt.

Pius versuchte seine guten und zahlreichen diplomatischen Beziehungen, worin er vielen seiner Vorgänger überlegen war, zu nützen, um eine große christlich-abendländische Koalition für diesen Kreuzzug zu erreichen. Es war indessen nicht mehr an einen Angriffskreuzzug zu denken, wie man ihn vor 300 und 200 Jahren geführt hatte, sondern nur noch an einen Verteidigungskreuzzug. Im Hafen von Ancona war der Treffpunkt der europäischen Kreuzfahrerschiffe geplant. Zunächst war die Beteiligung zu kümmerlich, und als Venedig endlich die versprochene Hauptflotte – weil diese Republik auch politische und wirtschaftliche Interessen mit dem Kreuzzug verbinden konnte – schickte, lag Pius schon auf dem Sterbelager. Die Feldherren des persönlich friedfertigen Papstes waren in dem sechsjährigen Pontifikat von Pius II. bei fast allen militärischen Verwicklungen des Kirchenstaates erfolgreich geblieben; sein einziges großes militärisches Ziel blieb Pius aber versagt. Den toten Papst brachte man zur feierlichen Beisetzung nach Rom, die Teilnehmer der Kreuzfahrerflotte kehrten in ihre Heimat zurück.

In der Reihe der Päpste des 15. Jahrhunderts gehörte Pius II. zu den ganz wenigen, die allgemein geehrt und beliebt waren, selbst bei den Römern, erst recht aber bei den Sienesern. Dankbar war ihm vor allem Pienza, das ehemalige Corsignano. Pius' II. Tod hat Pienzas weiteren Ausbau verhindert – ja, es fiel wieder in eine gewisse Bedeutungslosigkeit und fast dörfliche Stille zurück. Doch die heitere Kleinstadt der Toskana mit ihren Sehenswürdigkeiten strahlt noch heute etwas vom Geist des Enea Silvio Piccolomini aus; Pius II. ist bis heute der wahre *genius loci* von Pienza geblieben; das erfährt der Besucher noch am Ende des 20. Jahrhunderts.

Eine gewisse Schwäche für den Nepotismus des vortridentinischen Papsttums kann man wohl auch Pius II. vorwerfen: Er förderte die Mitglieder seines Geschlechts, auch wenn die Piccolomini mit ihm in der direkten Manneslinie ausgestorben sind. Seine Schwestersöhne nahmen den Namen Piccolomini an und trugen ihn weiter. So gingen aus der Nachkommenschaft dieser Neffen noch eine Anzahl von Bischöfen und

Der Palazzo Comunale in Pienza.

Kirchenfürsten in Italien hervor. Einen Zweig davon bilden die in Österreich und Deutschland bekannten Piccolomini, die in der Geschichte des Dreißigjährigen Krieges eine große Rolle spielten. Dem Namen Piccolomini hat im deutschsprachigen Raum sicherlich Friedrich Schiller mit seinem Schauspiel »Wallenstein« zur größten Bekanntheit verholfen. Die von ihm ideal gezeichneten Gestalten von Octavio und Max Piccolomini sind allerdings mit viel dichterischer Freiheit behandelt.

Der letzte Namensträger Piccolomini ist im Zweiten Weltkrieg als junger Flieger abgestürzt. Noch vor etlichen Jahren konnte man seinen alten, kinderlos und hoffnungslos gewordenen Vater durch den Park von Pienza gehen oder vom Altan des Palazzo in den Garten herunterschauen sehen.

Rimini

Sigismondo Pandolfo Malatesta, Herr der Romagna

Das Castello Sigismondo in Rimini, 1446 von Sigismondo Malatesta auf den Grundmauern des alten Familiensitzes erbaut.

Bereits vor hundertundfünfzig Jahren war Rimini einer der beliebtesten Badeorte des Reiselandes Italien. Wo heute die vielen Betonkästen der Hotels die Landschaft verschandeln, erstreckte sich damals ein breiter Pinienstreifen am Meeresstrand entlang, von dem die Reisenden schwärmten. So kam unter vielen anderen in jener Zeit auch ein junger, gerade an der Schwelle seines Ruhmes stehender französischer Komponist in diese schon vielbesuchte, aber doch noch unzerstörte Naturlandschaft.

Georges Bizet war für seine ersten musikalischen Erfolge mit dem französischen Staatspreis ausgezeichnet worden und hielt sich nach seiner dreijährigen Ausbildung in Rom 1860 auf der Rückreise nach Frankreich in diesem berühmten Badeort auf, wo er seinen Dank an Italien mit einer musikalischen Widmung abstatten wollte. Schon damals waren wohl zu viele Besucher in Rimini, denn es war dem Komponisten zu laut, und so zog er in das ansteigende Hügelland hinauf, denn hier, in den »Gärten der Malatesta«, sollte es, wie ihm ein Freund mitgeteilt hatte, ruhige Plätze, stille alte Städtchen und Burgen geben. Sein bereits begonnenes Werk vollendete Bizet im Hügelland bei Rimini; er gab ihm jedoch schließlich nicht den vorgesehenen Namen »Riminiana«, sondern »La Roma«, weil er erfahren hatte, daß bereits vor ihm Franz Liszt mit einem Thema über Rimini zu arbeiten begonnen hatte.

Die Landschaft, in der sich Bizet aufhielt, als er seine Suite »La Roma« komponierte, war Schauplatz vieler düsterer Geschehnisse gewesen. Das berühmteste, das Bizet eigentlich auch vertonen wollte, handelt von jener Liebschaft, die schon zu Dantes Zeit die italienische Bevölkerung bewegt und erregt hat: die verbotene Liebe zwischen Paolo Malatesta und seiner Schwägerin Francesca. In seiner »Divina Commedia« spricht

Dante in der Hölle Francesca von Rimini an, und sie gesteht ihm, wie alles gekommen sei: Paolo und Francesca lasen einen Ritterroman jener Zeit, den bekannten Lancelot, und wurden sich beim Lesen auf einmal ihrer Liebe bewußt: »An jenem Tage lasen wir nicht weiter«, heißt es bei Dante. Georges Bizet konnte hier aber noch eine andere Liebesgeschichte erfahren: nämlich die Geschichte von der Liebe zwischen dem Tyrannen und Gewaltherrscher Sigismondo Pandolfo Malatesta und der schönen Bürgerstochter Isotta degli Atti von Rimini.

Die Liebschaften der Malatesta aber dürfen in unserem Bewußtsein nicht den düsteren Hintergrund ihres Charakters verdecken. Es war eine Herrscherfamilie, die Angst und Schrecken verbreitete durch Grausamkeit, Terror und Gewalttätigkeit, und die Mauern ihrer Burgen und Schlösser haben viel Trauriges und Böses gesehen. Fast jedem Hügel, den sie bebauen konnten, haben sie eine Burg aufgesetzt, und so entwikkelte sich allmählich aus den »Gärten der Malatesta« eine von Wehranlagen strotzende Landschaft, in der sich dann viele Schreckenstaten dieser gewalttätigen Familie abgespielt haben. Es ist aufschlußreich, daß die Untertanen, die vor dieser Sippe Angst hatten, sozusagen nach einer Entschuldigung suchten und ihr den Namen Malatesta verliehen, was soviel bedeutet wie »böser Kopf«, »Wirrkopf«, »Querkopf«. Es sind Leute, die nicht berechenbar sind, vor denen man mit Recht Angst hat. In jeder Generation des Geschlechts geschah etwas Schauerliches und Unnatürliches. Das geht bis zu der Sage von einer Mutter, die gezwungen worden sein soll, das Herz ihres Sohnes zu essen.

Die Italiener haben sich von dieser historischen Belastung zu befreien versucht, indem sie vorgaben, die Malatesta seien keine Einheimischen, sondern unkultivierte, barbarische Leute gewesen, wohl Deutsche, die mit den salischen Kaisern hierhergekommen seien. Zeitlich könnte das vielleicht zutreffen. Der erste feststellbare Malatesta lebte unter den Staufern, als Friedrich Barbarossa wiederholt Kriegszüge nach Italien unternahm. Möglicherweise war ein Stammvater der Malatesta mit deutschen Heeren hierhergelangt und seine Nachkommen waren geblieben und wurden später zum Schrecken dieser herrlichen Gegend, die sie in eine mauern- und waffenstarrende Festung umwandelten.

Weit über das Adriatische Meer kann von den Höhen bei Rimini der Blick schweifen, und diese Lage bot den Malatesta den Anreiz, sich hier oben bei Verucchio festzusetzen, wo sie sowohl ihren Erbfeind San Marino als auch die Straßen bis zur Küste und ihr entlang beobachten konnten. Besonders wichtig war die alte Straße von Rom nach Venedig, die sich in der Tiefe dahinzieht. Man konnte sie hier geschickt sperren, nach Belieben Zölle erheben, den Verkehr kontrollieren und überhaupt von hier aus eine Machtstellung aufbauen, um sich in den fortwährenden Kampf um die Herrschaft in Oberitalien erfolgreich einzumischen; und so haben die Malatesta von dieser günstigen Lage aus ihre Gewaltherrschaft aufgebaut. Zwar wurden sie nie so mächtig, daß sie alle ihre Gegner überragt hätten, aber ohne ihre Beteiligung waren weiterreichende politische Maßnahmen in Oberitalien nicht zu treffen; sie bildeten eine Art von Sperrminorität. In fast alle Streitigkeiten und Fehden waren sie verwickelt; sie brachen Kriege vom Zaun und beendeten sie wieder, sie wechselten die Bündnisse schneller als die Hemden. So waren sie als treulos berüchtigt, heute mit diesem verfeindet und jenem verbündet – und morgen umgekehrt. Die Bündnisse und Gegenbündnisse wechselten ständig und waren in ihren Beweggründen nicht immer leicht zu durchschauen.

Einer aus der Sippe, der zum Gebiet von Rimini noch Brescia und Fano hinzugewann, war Pandolfo Gianotto Malatesta, der außer drei Ehefrauen auch vier Geliebte hatte. Aus diesen sieben Verbindungen stammt eine große Zahl ehelicher und unehelicher Kinder. Der begabteste Sohn aus einer der illegitimen Verbindungen war Pandolfo. Seine Mutter war eine Magd aus dem Gebiet von Brescia gewesen, also lombardischer Abstammung. Pandolfo sollte der bedeutendste und der bekannteste der Malatesta und zugleich einer der berüchtigtsten Condottieri seiner Zeit werden. Er ist unter dem Namen in die Geschichte eingegangen, den er sich wohl aus politischen Gründen bereits mit sechzehn Jahren zugelegt hat: Sigismondo (auch: Sismondo) Malatesta. Als er 1417 geboren wurde, nahm man ihn gleich seiner Mutter weg. Mutterliebe hat er also vermutlich nie erfahren. Eine der Stiefmütter, legitime Frau seines Vaters, zog ihn mit auf. Als er den Vater mit neun Jahren aber verlor, wurde einer der Brüder seines Vaters sein Vormund. Doch dieser Oheim starb bereits zwei Jahre später, worauf eine entfernte Verwandte, eine Prinzessin aus dem mailändischen Haus Sforza, die mit einem Malatesta verheiratet war, sich des Jungen als Pflegemutter an-

Isotta degli Atti, Geliebte und dritte Gemahlin Sigismondo Malatestas; Medaillon von Matteo dei Pasti.

nahm. Trotzdem war er immer einsam und wuchs ohne Nestwärme als ein Herumgestoßener auf.

Mit sechzehn Jahren wurde Pandolfo für mündig erklärt. Zu dieser Zeit zog der deutsche und ungarische König Sigismund auf dem Weg nach Rom zur Kaiserkrönung durch Oberitalien. Ihm schloß sich Pandolfo Malatesta an, nach ihm nannte er sich jetzt auch Sigismondo, von ihm erhoffte er sich Rückhalt und Hilfe auf dem Weg zur Macht.

Sigismondo Malatesta heiratete früh eine Prinzessin von Este, aus einem vornehmen italienischen Haus also, dem ältesten überhaupt, von dem auch die Linie der jüngeren Welfen abstammte. Sie hatten zwar Kinder, doch scheint es keine gute Ehe gewesen zu sein, denn am Tod der jungen Frau soll er, der erst Einundzwanzigjährige, schuld gewesen sein; er habe sie erdolchen lassen oder gar selbst umgebracht, hieß es; die wahren Umstände sind ungeklärt und umstritten geblieben. Auch seine zweite Ehefrau Polissina Sforza hat er nicht gerade ritterlich behandelt. Im Jahr 1446 lernte er eine schöne und hochgebildete Bürgerstochter aus Rimini kennen, Isotta degli Atti. Sie wurde seine Geliebte. Voller

Sigismondo Malatesta.
Relief aus seinem Grabmal; von einem
Schüler Agostinos di Duccio.

Hingabe an seine Geliebte und voller Zahlengläubigkeit – er war geradezu ein Zahlenmystiker – erklärte er die Zahl »46« zur gemeinsamen Glückszahl, da er zum Zeitpunkt ihres Kennenlernens gerade 29 Jahre, Isotta aber 17 Jahre alt war. Zudem ergab die Summe ihrer Lebensjahre die gleiche Zahl, die das Jahrhundert damals zählte, und von diesem Jahr 1446 an rechnete er erst sein eigentliches Leben.

Zunächst hielt er seine Beziehung zu Isotta vor seiner Ehefrau und deren Familie geheim, auch vor der Bevölkerung von Rimini. In seiner Festung hauste er mit der Geliebten, während Polissina im Stadtschloß von Rimini wohnte. Isotta degli Atti muß eine ungewöhnliche Frau gewesen sein, brachte sie es doch fertig, daß sich der treulose Gewaltherrscher und rohe Krieger, der Militärtechniker und machtgierige Despot zu einem gebildeten Mann wandelte. Da ihr Vater reich war, hatte er ihr eine geistige Bildung ermöglicht, so daß Isotta mit den *artes liberales*, den Freien Künsten, also Grammatik, Rhetorik, Dialektik, Arithmetik, Geometrie, Musik und Astronomie, vertraut war. Ihr Wissen, ihre Neigungen und Interessen brachte sie ihrem Geliebten näher,

Die Kirche San Francesco in Rimini ließ Sigismondo Malatesta 1447 zur Gedächtnisstätte seiner Familie, zum »Tempio Malatestiano«, umgestalten.

und er wurde dafür aufgeschlossener. Natürlich gab er sein Kriegshandwerk und sein Machtstreben nicht auf, er war noch immer Feldherr, Condottiere, Stadttyrann, ein Leuteschinder und brutaler Unterdrücker, der die eroberten Städte und Dörfer gnadenlos und unbarmherzig plünderte und auch Gefangene auf grausame Weise töten ließ. Wie für die italienische Renaissancezeit geradezu kennzeichnend, war er ein rücksichtsloser, gewalttätiger, ruchloser Mensch – zugleich aber auch der zärtliche Liebhaber dieser schönen Frau und ein Förderer von Kunst und Dichtung. Vermutlich hat er später seine rechtmäßige Ehefrau umbringen lassen oder gar selbst ermordet, weil seine Geliebte ein Kind von ihm erwartete. Polissina kam wie die erste Ehefrau auf nie ganz geklärte Weise ums Leben, doch an Sigismondo Malatesta haftet bis heute der Verdacht des zweifachen Gattenmordes. Aber dieser Mann lebte unbehelligt mit seiner Geliebten als raffinierter Lebenskünstler oben auf der Festung Verucchio. Verwunderlich an diesem Verhältnis ist weniger, daß ein so brutaler und grausamer Mann einer so feinen, zarten und schönen Frau hörig sein konnte, sondern daß eine solche Frau freiwillig mit einem Mörder zusammenleben konnte.

Die Bergfestung Verucchio wurde durch Sigismondo und Isotta zu einem Ort der feinen Kunst, ja sogar zu einem der ersten Musenhöfe der Zeit. Sowohl Isotta als auch Sigismondo selbst dichteten, und sie sammelten einen Kreis von Dichtern und Musikern um sich. Sogar die ersten Anfänge einer Schauspielbühne lassen sich in Verucchio nachweisen. Man führte Singspiele auf, in denen Madrigale mit verteilten Rollen gesungen wurden. Sigismondo beherbergte und unterstützte Künstler und förderte sie. Sein ganzes Verhalten mit einem solch widersprüchlichen Charakter war typisch für seine Zeit. Isottas glänzendste Zeit begann aber erst, als der Herr von Rimini sich endlich öffentlich zu seiner Geliebten bekannte. Von da an diente Verucchio nur noch als Zufluchtsort in Gefahr und für Notfälle. Im allgemeinen wurde dieser windige Höhenort aber vorwiegend zur Zeit der Baumblüte, der Obsternte sowie zur Weinlese besucht, wenn die Gärten besonders einladend erschienen. Schauplatz der Geschichte von Sigismondo Malatesta und seiner Geliebten Isotta wurde von da an Rimini.

Das bedeutendste Baudenkmal, das heute noch den Besuchern von Rimini als Erinnerung an diese Geschichte ins Auge fällt, ist eines der merkwürdigsten Gebäude Italiens aus dieser Zeit, nämlich der sogenannte »Tempio Malatestiano«. Dieser Tempel der Familie Malatesta war ursprünglich eine Franziskanerkirche gewesen, in der sich die Grablege dieser Herren befand. Als Kirche im Stil der Bettelorden hatte sie einfache und schlichte Formen und war arm an Schmuck. Diesen kargen Bau in eine großartige, reichverzierte Kirche und in ein erhabenes Grabmal der Familie Malatesta umzuwandeln, in dem seiner Vorfahren und vor allem seiner selbst und seiner Geliebten gedacht werden sollte, suchte Sigismondo nun zu verwirklichen. Genau am ersten Jahrestag ihrer Verbindung, am 31. Oktober 1447, legte Sigismondo den Grundstein zum Tempio Malatestiano. Überall in Oberitalien ließ er Marmor von antiken Tempeln und anderen Baudenkmälern abbrechen, neu zuschleifen und am Tempio in Rimini anbringen. Eine großartige Marmorfassade wuchs dort vor den bewundernden Augen der Betrachter, aber sie war nur Blendwerk, denn sie täuschte einen großartigen Bau vor, in Wirklichkeit verdeckte eine ganz dünne Marmorschicht nur einen Gebäudekern aus Backstein. Diesen geplanten Ruhmestempel der Familie Malatesta – deren Geschichte ja eher mit Schrecken als mit Bewundernswertem verbunden war – wollte Sigismondo nun mit einem Pantheon italienischen Geistes verbinden. Das Äußere der Kirche sollte von gleichartigen, prächtigen Sarkophagen aller bedeutenden und berühmten Männer Italiens umsäumt werden. Im Innern aber, als dem verehrungswürdigsten Heiligtum, waren die Gedächtnisstätten der Familie Malatesta geplant. Das wies nicht nur Rimini eine übersteigerte Bedeutung zu, es war auch Selbstüberschätzung des Sigismondo Malatesta. Aber dieses lebenslange Streben nach dem ihm gemäß erscheinenden überragenden Platz in der Weltgeschichte war ein Wesensmerkmal des Bauherrn. Selbst für die Außenfassade des Tempio fehlte es an der genügenden Zahl großer Persönlichkeiten, weshalb er zweitrangige Ärzte zu bedeutsamen Heilkundigen hochlobte und verewigte. Was schufen die von Sigismondo beauftragten Architekten, Künstler und Handwerker, die Maler, Bildhauer, Holzschnitzer, Stukkateure und Vergolder wirklich? Der Bau der Kirche selbst blieb in seinem Kern wie zuvor. Obwohl für Sigismondo so bedeutende Künstler wie der in Florenz geschulte Agostino di Duccio oder der Architekt Leon Battista Alberti arbeiteten, wurde nur schon Vorhandenes prächtig ummantelt und verziert. So wie sein ganzes Leben einer großartigen Inszenierung glich, waren auch der Ausbau Riminis und seine dortige Hofhaltung nur Schaustellung; dies gilt besonders für die Umwandlung der Franziskanerkirche in einen Gedächtnis- und Ruhmestempel für die Malatesta.

Beim Beginn des Kirchenausbaus lebte die legitime Gattin Polissina Sforza noch und mußte erdulden, daß ihr Gemahl den Untertanen zu Rimini die Beziehung zu seiner Geliebten bekanntgab, daß er Isotta als die eigentliche Herrin der Stadt öffentlich anerkannte. Ihm war klar, würde Isotta vor einer legalen Eheschließung sterben, so hätte sie keinen Anspruch auf eine Bestattung im Ahnengrab der Malatesta; deshalb ließ er ihr ein besonders großartiges Grabmal neben seinem eigenen errichten.

Die gotischen Pfeiler in der Kirche wurden umgestaltet und mit Symbolen der Macht und der Kraft versehen. Das Sinnbild dafür war der Elefant; deshalb fand das Potenzgehabe des Sigismondo – er fühlte sich so stark wie zwei Elefanten – in überall doppelt dargestellten Figuren seinen Ausdruck. Die zarte Rose daneben steht für seine Geliebte, die Rose ist aber auch das Zeichen der Stadt Rimini. Die beiden Sinnbilder wurden nun miteinander verbunden und ineinander verschlungen, wobei der Herrscher von Rimini auf dem von Elefanten gezogenen Triumphwagen wie ein indischer Fürst wirkt, geschmückt mit dem Lorbeerkranz und der Stirnbinde des Kaisers und weiteren Herrschaftsabzeichen, die seiner Erhöhung dienen sollten. Über dieser Selbstdarstellung ist eine Fülle von Schmuck angebracht, der vielerlei Symbole und Anspielungen enthält, die man damals verstand.

Obwohl Sigismondo selbst nicht glaubte, was die Kirche forderte, obwohl er die Auferstehung und das Weiterleben für ein »Ammenmärchen« hielt, wie er sogar öffentlich bekannte, war er doch abhängig von einem mystischen Glauben an Zahlen und Maße, an Prophezeiungen und an Sterndeutung. Diese ihn bewegenden Gedanken ließ er im Tempio Malatestiano festhalten und darstellen. Sigismondo stattete seine Geliebte reich aus, damit sie die Kosten für ihre Grabkapelle selbst bezahlen konnte. So wurde hier seit 1447 alles gezeigt, was die Zusammenarbeit von Bauherrschaft und Architekt, Zeichnern, Bildhauern und Vergoldern nur leisten konnte. Die Grabkapelle der Isotta war schon deshalb für die Zeitgenossen des 15. Jahrhunderts ein Skandal und Anlaß zur Entrüstung, weil sie keiner Heiligen geweiht wurde. Für Sigismondo konnte man ja notfalls den heiligen Sigismund in Anspruch nehmen, Isottas Grabkapelle war aber nur die Isottakapelle. Die Geliebte des Sigismondo Malatesta erhielt schon zu ihren Lebzeiten ein aufwendigeres Grabmal als jede Fürstin errichtet; selbst die Grabdenkmäler der Medici waren zu jener Zeit noch wesentlich bescheidener gehalten. Der Sarkophag war mit den Bildnissen der Elefanten, den Rosen von Rimini, dem von Putten gehaltenen Wappenbild der Malatesta und mit dem gemeinsamen Monogramm von Sigismondo und Isotta geschmückt.

Einen weiteren Skandal stellten die Inschriften am Grabdenkmal der Isotta dar, rühmten sie doch – und das bei ihren Lebzeiten – die Schönheit und strahlende Wohlgestalt ihres Körpers; das mußte, auch wenn das Zeitalter der frühen Renaissance solche Vorzüge zu schätzen wußte, für die Kirche ein Ärgernis sein. Wie überall, wo Macht die Darstellungsformen und -inhalte bestimmen konnte, gab es auch hier Ausnahmen vom allgemeingültigen Recht. Der zuständige Bischof von Rimini war ein Vetter Sigismondos und schwieg zu dem Skandal, obwohl sich das Volk nicht nur in Rimini, sondern in ganz Italien über das protzige Grabdenkmal ereiferte. Offenbar nahm man aber doch so sehr Anstoß, daß sich der Bischof veranlaßt sah, auf einer Änderung der Inschrift zu bestehen: Ein neuer Text überdeckte schließlich den ersten. Vor einigen Jahren erst wurde unter diesem Text die ältere Inschrift mit dem Lobpreis von Isottas körperlichen Vorzügen wiederentdeckt. Diese zweite Inschrift ist etwas vorsichtiger und verschlüsselt gehalten, sie enthält Buchstabenzeichen, die unterschiedlich gedeutet werden können. Ein »D. ISOTTAE« liest man hier; das kann *Dominae Isottae* (der Herrin Isotta) heißen, aber es kann auch bedeuten – was Sigismondo wohl damit meinte – *Divae Isottae* (der göttlichen Isotta, der heiligen Isotta). Und wenn man dann weiter entziffert, so liest man: AD RIMINENSI BEATAE MEMORIAE SACRUM – das ist die Formel, mit der man das Gedächtnis für einen Heiligen ausdrückt! Für Sigismondo war Isotta also eine Heilige!

Da sich Sigismondo trotz seiner Macht und Rücksichtslosigkeit doch nicht erlauben konnte, Isottas Namen mit dem seinigen gemeinsam in Inschriften zu nennen, kam er auf eine glänzende Idee der Tarnung und brachte überall als Monogramm SI, als die ersten beiden Buchstaben seines Vornamens, an. Da dies aber etwas unüblich war, erklärte er, daß dieses Zeichen *Sigismondo Primo* (Sigismund I.) bedeute, weil er auf Nachfolger gleichen Namens hoffe. Natürlich waren jedoch die Namen von Sigismondo und Isotta gemeint, deren Initialen sich kunstvoll ineinander verschlingen, und dieses SI-Zeichen ließ der Herr von Rimini überall in der Kirche anbringen, er verwendete es auch sonst, ja er fügte es sogar seinem ererbten Malatesta-Wappen bei; so besessen war er von seiner Zuneigung zu Isotta und zugleich stolz auf diesen schlauen Gedanken der getarnten und doch offensichtlichen Ehrung seiner Geliebten. Es gibt das SI-Monogramm in Marmor und in Stuck, aus Holz geschnitzt und in Stein gehauen, in Gold und in Farbe; etwa siebenhundertmal ist es zu finden, so, als ob Sigismondo sich nicht satt genug hätte sehen können an der Vereinigung seines Namenszeichens mit dem seiner Geliebten.

Sigismondos legitime Gemahlin lebte noch, als er in der Kirche mit den Erbbegräbnissen seiner Familie der Geliebten in so deutlicher und anstößiger Weise eine Grabstätte schuf. Dies muß für Polissina Sforza nicht nur demütigend, sondern sogar beängstigend gewesen sein, denn sie kannte natürlich die Rechtslage, die einem Bastardsohn – Sigismondo war ja selbst der Bastard eines Malatesta und trotzdem zur Alleinherrschaft über Rimini gekommen – höhere Rechte einräumt, wenn beide Elternteile ledig sind, als wenn Vater oder Mutter in einer Ehe mit einem anderen Partner leben. Mit Angst hat Polissina deshalb einer Schwangerschaft Isottas entgegengesehen, und als die Nebenbuhlerin wirklich schwanger wurde, ahnte Polissina wohl, daß ihr Leben nun bedroht wäre. Sie flüchtete vor Sigismondo zunächst in das Kloster bei der Wallfahrtskirche Santa Maria della Grazia, fühlte sich aber dort bald nicht mehr vor den Nachstellungen ihres Ehemannes sicher genug und zog sich weiter in die Berge zurück, wo sie im Olivetanerkloster eine Zuflucht zu finden hoffte – allerdings vergeblich, denn auch dort hat sie schließlich der lange Arm ihres Ehemannes erreicht, der vor keiner Gewalttat zurückschreckte. Man zweifelt nicht daran, daß Polissina an jenem Ort, an dem zwei Jahre zuvor das Verhältnis zwischen Sigismondo und Isotta begonnen hatte, erwürgt worden ist.

Etwa sieben Jahre nach dem Ende Polissinas wurden Sigismondo und Isotta im Tempio Malatestiano getraut. Der Bau war zwar noch längst nicht fertig – und Sigismondo sollte die Fertigstellung auch nicht mehr erleben –, aber doch so weit vorangeschritten, daß er zum Schauplatz einer mit großer Pracht und festlichen Klängen begangenen Hochzeitsfeier wurde. Nicht das Bauwerk des Tempio Malatestiano an sich ist es, was die Betrachtung lohnt, sondern es sind die vielen großen und kleinen Kunstwerke, die sich an ihm finden. Man sieht hier die zarte Weiterentwicklung der florentinischen Kunst in Duccios Reliefs mit seinen zahllosen kleinen Putten, bei denen sich der Reichtum der Einfälle voll entfalten konnte: Die Putten musizieren, singen, tanzen, ziehen sich an den Haaren, bespritzen sich beim Baden; reicher Humor und spielerische Freude ist in diesen Reliefs zu erkennen, die alle nur in den zwei zarten Farben Weiß und Blau, unter sparsamer Zugabe von Gold, gehal-

Putto in der Kirche San Francesco, dem »Tempio Malatestiano« in Rimini, mit dem Monogramm SI, den Initialen für Sigismondo und Isotta.

ten sind. Die Pfeiler sind von unten bis oben mit diesem verspielten Puttenvölklein besetzt, aber dazwischen kehren die Rosen und Elefanten, das Malatesta-Wappen und das Monogramm von Sigismondo und Isotta immer wieder. Eigentlich ist es für eine Kirche ungehörig, was man in diesem Bilderschmuck alles erblicken kann: Allegorien der Sieben Freien Künste, Sibyllen neben Propheten, nackte spielende Putten und nackte Planetengötter; sogar eine große Venus sieht man, die mit Eleganz den Schwanenwagen besteigt. In dieser Gestalt ließ Sigismondo vermutlich seine Geliebte Isotta darstellen. Diese frivolen Abbildungen in einer Kirche waren nur durch die familiären Bande zwischen Bauherrn und Bischof möglich. Der elegante und sehr weltliche Kirchenschmuck hatte kunstgeschichtliche Auswirkungen weit über Rimini hinaus.

Sigismondo Malatesta hat mit seinem Kirchenumbau aber auch den Mann geehrt, dem er seine Machtstellung in Rimini wesentlich verdankte und der ihm vieles erst ermöglicht hat, nämlich den römisch-deutschen Kaiser Sigismund. Dies hat man in Italien bisher noch nicht wahrgenommen.

Wie sein Vater war Sigismondo auf den Namen Pandolfo getauft, der sich von dem langobardischen Namen Pandulf ableitet. Als Jugendlicher traf er eine grundlegende politische Entscheidung, als er sich entschloß, Parteigänger des deutschen und ungarischen Königs Sigismund zu werden. Dieser, der letzte Herrscher des Römischen Reiches aus dem Geschlecht der Luxemburger, zog im Jahr 1433 zur Kaiserkrönung nach Rom, und der junge Herr von Rimini wurde für seine Ergebenheitsbezeigung mit kaiserlichen Privilegien belohnt, so daß er, eigentlich ein Vasall des Papstes, nun eine ähnlich unabhängige Stellung einnahm wie ein deutscher Reichsfürst in seinem Land. So konnte er nun nach dem Grundsatz regieren und handeln: *Princeps est rex in territorio suo* – der Reichsfürst ist ein König in seinem Territorium. Das war auch wichtig für die Art, wie er sein Eheproblem löste, denn auf Grund dieser Stellung konnte er selbst – bei weitester Auslegung – seine Gattin hinrichten oder umbringen lassen, ohne reichsrechtliche Konsequenzen befürchten zu müssen. Diese rechtliche Absicherung seiner Macht und der Machtzuwachs durch gewaltsame Ausdehnung seiner Herrschaft waren für den jungen und ehrgeizigen Sprößling der Kleinfürstensippe der Malatesta so wichtig, daß er, um den Kaiser zu ehren und wohl auch, um sich selbst zu erhöhen, den Namen Sigismund, italienisch Sismondo, angenommen hat und die zum Ruhm- und Ehrentempel bestimmte Franziskanerkirche in Rimini nun dem heiligen Sigismund weihte. Den größten Künstler, den er gewinnen konnte, Piero della Francesca aus Arezzo, beauftragte Sigismondo Malatesta, in der Kirche das große Weihefresko zu malen. Sein Gemälde zeigt, wie Sigismondo, der Fürst von Rimini, vor dem heiligen Sigismund, seinem neuen Namensheiligen und Schutzpatron, kniet. Dieser heilige Sigismund von Burgund zeigt, und das ist das Überraschende, die Züge Kaiser Sigismunds, was sich bis in Einzelheiten des Bildes, wie der Bekleidung und der Barttracht, nachweisen läßt. Der

Kaiser pflegte, wie auch das bekannte Gemälde des Malers Pisanello im Kunsthistorischen Museum in Wien zeigt, eine große Pelzmütze mit hochgeschlagener Vorderkrempe zu tragen. Eine solche Pelzmütze trägt auch der heilige Sigismund in der Kirche in Rimini. Piero della Francescas Gemälde gibt uns nicht nur eine ausgesprochen gute Porträtstudie des Kaisers, sondern auch des Sigismondo Malatesta. Der Heilige, der Kaiser und der Kleinfürst von Rimini sind hier in eigenartiger Weise ikonographisch miteinander verbunden worden.

Im Louvre in Paris befinden sich die Entwürfe Pieros für die Reliefs und auch für das große Fresko in Rimini. Die dortige Porträtstudie zur Darstellung des Sigismondo Malatesta ist interessant. Sie zeigt einen bösartig und tückisch wirkenden Menschen, der mit halbgeschlossenem Auge hinterhältig, fast lauernd blickt, während die anderen Reliefs einen freundlicheren, entspannteren, wahrscheinlich eben mehr stilisierten Sigismondo zeigen. Nach etwa einem Jahrzehnt des Glücks mit dem Höhepunkt seines Erfolgs setzte der Niedergang der Laufbahn des Sigismondo Malatesta ein. Während dieses Jahrzehnts aber war Rimini ein kultureller Mittelpunkt Italiens. Die Künstler der frühen italienischen Renaissance in Dichtung, Malerei und Musik fanden hier ihren Förderer und Mäzen. Rimini erlebte eine kurze Zeit hoher Blüte, die es für damals in den ersten Rang europäischer Kulturzentren rückte. An der Piazza Cavour steht noch heute der alte Palast, der lange vor Errichtung der Burg, der »Arx Sismundea«, Wohnsitz der Malatesta gewesen war. Nach dem Mord an seiner Ehefrau Polissina ließ Sigismondo die Geliebte in diesen beiden alten, in gotischem Stil erbauten Gebäuden residieren.

Das rächende Geschick holte den Gewaltherrscher langsam ein. Mehr als die inneren, persönlichen Vorkommnisse, die Sigismondos moralisches Schuldenkonto in die Höhe brachten, waren es die außenpolitischen Winkelzüge und kriegerischen Einmischungen, die den Sturz des zeitweilig am meisten gefürchteten und gehaßten Condottiere Italiens zur Folge hatten. Entscheidend war seine Gegnerschaft zu Papst Pius II. (Enea Silvio Piccolomini, 1458–1464). Nachdem Sigismondo gegen einen anderen Vasallen des Kirchenstaats, den gleichfalls als Künstlermäzen berühmten Herzog von Urbino, Federigo da Montefeltro, wenig glücklich gekämpft hatte, kam es zur Auseinandersetzung mit dem Papst, der ihn exkommunizierte. Pius II. klagte Sigismondo der Ketzerei und anderer Verbrechen an, es kam zum Prozeß. *Monstro*, Ungeheuer der Ungerechtigkeit, nannte er den Herrscher von Rimini. Sigismondo hütete sich, nach Rom zu reisen und sich der Verantwortung zu stellen. Als erfahrener Feldherr setzte er auf seine militärischen Erfolge, doch diese blieben nun auch aus. Weil er nicht gefaßt werden konnte, wurde Sigismondo von Papst Pius II. öffentlich zur Hölle verdammt und *in effigie*, als puppenartige Nachbildung, verbrannt. Bald darauf unterlag Sigismondo in einer Schlacht seinen Gegnern, die der Papst in einem Bündnis vereinigt hatte. Er verlor nun einen wichtigen Teil seiner Herrschaft, nämlich Stadt, Burg und Gebiet von Gradara, an seine Todfeinde, die Sforza von Mailand. Das war ein geschickter Schachzug Pius' II., denn der bisher auf drei herrschaftlichen Schwerpunkten beruhende Staat der Malatesta war nun ziemlich geschwächt; zugleich war es eine gewisse Vergeltung für den Tod der Polissina Sforza.

Sigismondo blieb nun nichts anderes übrig, als aus dem bedrohten und von Gegnern nahezu eingeschlossenen Herrschaftsgebiet von Rimini zu entweichen. Er suchte sich überall in Italien als Condottiere mit einem Feldherrnauftrag zu verdingen, doch fast alle Staaten hielten sich zurück. So wurden seine Forderungen geringer und bescheidener. Er mußte auf militärische Auftraggeber warten, während allmählich seine finanziellen Mittel schwanden. Nun war er sogar gezwungen, die Arbeiten am Tempio Malatestiano und die Befestigungsarbeiten an seinen Burgen einzustellen, seine Söldnertruppen, seine Poeten und Künstler zu entlassen. Die Bildhauer, Maler und Dichter verließen Rimini, die Bauhütte löste sich auf, und für Isotta häuften sich Sorgen und Schulden. Schließlich mußte der Geächtete von Venedig zu verhältnismäßig schlechten Bedingungen einen militärischen Auftrag annehmen. Die Venezianer schickten ihn nach Morea, in den Süden Griechenlands, wo er gegen ihren Erzfeind, die Türken, seine militärischen Fähigkeiten beweisen sollte. Doch der Mann, der bisher sein Leben lang Erfolg hatte, war auf diesem Kriegszug völlig glücklos, es fehlten ihm Geld und Truppen. Da er keine Siege gegen die Türken melden konnte, andererseits aber zu stolz war, um Niederlagen einzugestehen, schickte er überhaupt keine Berichte an seine Auftraggeber und galt somit als in Griechenland verschollen. Auf der peloponnesischen Halbinsel hatte er das berühmte

Roberto Malatesta, illegitimer Sohn
und Nachfolger Sigismondos als Herr von Rimini;
Relief eines norditalienischen Künstlers.

Mistra erobert – jenen Ort, der in Goethes Faust II einen wichtigen Schauplatz darstellt –, aber er mußte die Stadt wieder den anrückenden Türken überlassen.

Isotta und seine Söhne hielten den Verschollenen bereits für tot. Mit erstaunlichem Mut, den sie in der gefahrvollen Lage entwickelte, regierte die nun etwa dreißigjährige Isotta, wobei sie von dem ältesten illegitimen Sohn, den Sigismondo mit der Magd Vannetta Toschi hatte, unterstützt wurde. Dieser achtzehnjährige Roberto Malatesta übte zusammen mit seiner Stiefmutter die Herrschaft aus, und sie hielten Rimini, so gut sie es vermochten, fest in ihren Händen. Nach über einem Jahr kam von dem Verschollenen ein Lebenszeichen, und 1465 kehrte Sigismondo tatsächlich nach Rimini zurück. Zwar waren die Grundfesten seiner Herrschaft schon stark erschüttert, aber sein entschiedenster Gegner, der ihn so nachhaltig und wirksam bekämpft hatte, Papst Pius II., war inzwischen gestorben, und Sigismondo hoffte, mit dem Nachfolger ins reine kommen zu können, um so eher, als dieser Venezianer war. Doch Pietro Barbo, der sich nun Papst Paul II. nannte, war durchaus nicht gewillt, dem Kirchenfeind Malatesta entgegenzukommen. Der Herr von Rimini, kirchenrechtlich ein Vasall und Lehensmann des Papstes, wurde erneut nach Rom vorgeladen. Ob Sigismondo noch auf einen Ausgleich hoffte, ist schwer zu sagen. Vermutlich sah er keine Möglichkeit des Entrinnens mehr, vielleicht hatte er sich auch innerlich einen anderen Plan ausgedacht. Am Vorabend seiner Abreise nach Rom im Jahr 1466 verfaßte er jedenfalls sein Testament – ahnte er, was ihm blühen würde?

In Rom läßt sich Sigismondo Malatesta zu einer geradezu wahnsinnigen Tat hinreißen. Sie zeigt, daß er in seiner aussichtslosen Lage, in seiner Angst, alle klare Überlegung verloren hatte. Seine Kunst der kühlen, ja kalten Berechnung, die er früher so oft mit Erfolg angewandt hatte, ließ ihn jetzt völlig im Stich. Er glaubte wohl, den Papst mit einem raschen, tödlichen Stoß ausschalten zu können, womit seine Probleme gelöst wären. Scheinbar reumütig warf er sich Papst Paul zu Füßen – doch mit einem Dolch im Gewande. Die Mordwaffe wurde entdeckt, bevor sie ihr Besitzer gebrauchen konnte. Es folgte ein rührseliges Schauspiel, wie es nicht nur die Politiker der Renaissancezeit meisterhaft zu spielen beherrschten. Der Papst erklärte offiziell, mit der Vorladung Malatestas sei keinerlei böse Absicht verbunden gewesen; Sigismondo versicherte ebenfalls, er hätte nie etwas Unrechtes im Sinn gehabt. Keiner glaubte dabei dem anderen, und in ganz Italien verbreitete sich das Gerücht, der Malatesta habe den Papst ermorden wollen. Sigismondo kehrte nach Rimini zurück. Seine Pläne waren gescheitert, sein Ansehen dahin, seine Herrschaft an allen Enden bedroht; er blieb ohne die erhofften weiteren Feldherrnaufträge, um seinen verlorenen Ruhm wieder aufzufrischen. Er war ein Geächteter. Als er schließlich eine dritte Vorladung erhielt, wußte er, daß dies sein Ende bedeutete. Kurz darauf, am 3. Januar 1468, starb er in seinem Palast in Rimini, seiner letzten Zuflucht.

Der Versuch, den Staat und die Herrschaft der Malatesta zu retten, ja einen Großstaat in Italien ähnlich Florenz, Mailand, Venedig und Neapel zu errichten, war eigentlich damals schon anachronistisch. Bereits in der folgenden Generation waren selbst die bisherigen Großstaaten Italiens mit Ausnahme der Republik Venedig ihrer Eigenständigkeit beraubt. Spanien, Frankreich, der Kaiser und die Schweizer Eidgenossen bestimmten nun die Politik in Italien. Spanische und österreichische Habsburger beherrschten in der Folge das Land. Sigismondo Malatesta, der Fürst von Rimini, ist jedoch eine bezeichnende Figur der letzten Epoche, in der einheimische Kräfte erbittert mit- und gegeneinander um die Macht in Italien kämpften und letztlich zum Verlust aller Eigenständigkeit und Einheit des Landes beitrugen. Eine große Macht hatte er in Italien zusammengeballt und im Laufe seines Lebens wieder verloren. Nichts blieb bestehen außer den Burgen rings um Rimini – große Ruinen, mächtige Schlösser und eine Stadt, die einmal für kurze Zeit Zentrum europäischer Kultur gewesen war.

Forli und Imola

Caterina Sforza-Medici

Caterina Sforza, illegitime Tochter des Mailänder Herzogs Galeazzo Maria Sforza; Gemälde von Lorenzo di Credi.

Die Einwohner der Stadt Forli in der Romagna konnten am Anfang des Jahres 1481 einen feierlichen und prächtigen Festzug bewundern, der sich durch die großen Plätze und Märkte der Stadt, vorbei an ihren Palazzi, auf die ehrwürdige Kirche San Mercuriale zubewegte. Der neue Herr dieses kleinen Stadtstaates, Girolamo Riario, und seine junge Gemahlin Caterina zogen feierlich in ihre Hauptstadt ein.

Von nun an wurden Forli, seine Plätze und Straßen, seine Burg und seine Gärten für fast zwei Jahrzehnte der Schauplatz eines bewegten Hoflebens.

Person und Schicksal der Caterina Sforza haben schon zu ihrer Lebenszeit ganz Italien bewegt; nicht nur den Mitmenschen, sondern auch den späteren Biographen und Historikern gab diese Frau Anlaß zu den unterschiedlichsten Beurteilungen: Sie wurde bewundert als eine schöne Frau, zugleich aber war man entsetzt über »die Tigerin«. Sie wies hohe Bildung und feine Grazie auf, zugleich erwies sie sich als harte und grausame, geradezu tyrannische Rächerin an den Mördern ihres Gatten und später an denen ihres Geliebten.

Das Schicksal hatte es mit Caterina zunächst gut gemeint. Sie wuchs in Wohlstand auf, ihre Familie genoß Ansehen und war sehr reich, denn sie war die Tochter des Herzogs Galeazzo Maria Sforza von Mailand – allerdings nicht aus seiner legalen Ehe mit Bona von Savoyen, sondern aus einer Verbindung mit einer schönen Mailänderin namens Lucrezia. Diese leibliche Mutter Caterinas wurde später, nachdem sie dem Herzog Galeazzo Maria vier Kinder geboren hatte, durch die Heirat mit einem Herrn Landriani »versorgt«.

Unter diesen Kindern zeichnete sich Caterina am meisten aus. Von ihrer Großmutter Bianca Maria, der letzten Visconti und Gemahlin des berühmten Francesco Sforza, erhielt sie eine gute Erziehung und Ausbildung. Ihre Schönheit und ihre Intelligenz und besonders die zu erwartende Mitgift, die auch bei den nichtehelichen mailändischen Herzogstöchtern beträchtlich war, schufen die Voraussetzung dafür, daß ihr ein Platz im politischen Leben Italiens im ausgehenden 15. Jahrhundert sicher war. So wollte man natürlich bei manchen italienischen Fürstenfamilien einen Ehemann für Caterina auswählen, und sie selbst sollte bei den heiratspolitischen Überlegungen verschiedener Herrscherfamilien eine Rolle spielen. Doch ihr Gemahl wurde dann kein Ebenbürtiger.

Damals gelang dem Sproß einer bäuerlichen Familie aus der Emilia der Aufstieg zum Papsttum. Das war Francesco della Rovere, der 1471 als Sixtus IV. den Stuhl Petri bestieg. Caterina Sforza war zu dieser Zeit neun Jahre alt.

Sixtus IV. war der Erfinder eines neuen Systems, das man als päpstlichen Nepotismus bezeichnet. In einer bis dahin ungewohnten Weise hat er die Angehörigen seiner Familie und seine Verwandten mit Gütern, Pfründen und Ämtern der Kurie reichlich ausgestattet. Die Geschwister, Schwäger, Neffen und Großneffen, rund vierzig Personen, durften am Glanz, Einfluß und Einkommen des Papstes teilhaben und wurden am päpstlichen Hof versorgt. Das Sippendenken der bäuerlich-italienischen Großfamilie herrschte froh und ungeniert am Hof des Oberhirten der Christenheit. Die nötigen Gelder, auch für die militärischen Auseinandersetzungen bei der Unterwerfung seiner politischen Gegner, vor allem im Kirchenstaat, lieferte Sixtus »eine plötzliche, ins Schrankenlose wachsende Simonie, welche von den Kardinalsernennungen bis auf die kleinsten Gnaden und Bewilligungen herunter sich alles unterwarf. Sixtus selbst hatte die päpstliche Würde nicht ohne Bestechung erhalten«, schreibt Jacob Burckhardt.

Zwei Lieblingsneffen bevorzugte Sixtus besonders, und ihnen machte er die Bahn frei zu hohen Würden. Es gibt unter Historikern auch die Ansicht, diese beiden seien nur angeblich Neffen, in Wirklichkeit aber die leiblichen Söhne des Papstes gewesen. Der eine war Pietro Riario, der trotz des Rufs seiner Gottlosigkeit zum Kardinal ernannt wurde. Mit Herzog Galeazzo Maria von Mailand – Caterinas Vater – hegte er heimlich politische Pläne. Der Herzog sollte König der Lombardei werden und im Gegenzug Riario finanzielle und militärische Hilfe geben, damit dieser den päpstlichen Stuhl einnehmen könne. Diese politischen Machtpläne wurden dadurch vereitelt, daß Riario am Weiterleben gehindert wurde, ob auf natürliche oder gewaltsame Weise, bleibt dahingestellt.

Der zweite Lieblingsneffe, Schwestersohn und politische Hoffnung des Papstes, war Girolamo Riario. Er soll angeblich Orangenverkäufer gewesen sein, als Sixtus Papst wurde. Die etwas freundlichere und würdigere Version lautet, er sei Schreiber beim Zoll in Savona gewesen. An der Seite dieses Mannes aus dem gesellschaftlichen und politischen Nichts begann die große Laufbahn der Caterina Sforza. Denn dieser Girolamo sollte jetzt durch die Macht des Onkels, Papst Sixtus, ein Fürst werden. Damit der Orangenverkäufer – oder Zollschreiber – aber ein Fürst werden konnte, brauchte er zwei Dinge: zuerst eine fürstliche Gemahlin; sie fand man in der illegitimen Tochter des mächtigen Mailänder Herzogs. Zum zweiten brauchte der neue Fürst ein Fürstentum, das war noch wichtiger.

Zwei Jahre nach der Wahl seines Onkels zum Papst erhielt Girolamo Riario die Stadt Imola in der Romagna als weltliche Herrschaft und päpstliches Lehen zugesprochen, obwohl sie ein Bestandteil des Kirchenstaates war. Eine zweite Stadt wurde von päpstlichen Söldnern hinzuerobert: Forli. Diese beiden Besitzungen bildeten zwei Schwerpunkte an der dichtbesiedelten Verkehrsachse, die vom Adriahafen Rimini bis weit über Parma hinaus in das Städtenetz der Lombardischen Tiefebene verlief. Hier reihte sich schon seit der römischen Zeit Stadt an Stadt wie Perlen in einer Kette. Zwischen den beiden Herrschaftsgebieten des neuen Fürsten Riario lag freilich Faenza eingeklemmt und weckte die Begehrlichkeit des jungen Herrscherpaares, das mit päpstlicher Unterstützung immer wieder Versuche zu seiner Eroberung unternahm. Faenza und seine Herrscherfamilie, die Manfredi, wehrten aber mit aller Anstrengung diese Versuche erfolgreich ab. Die Zielvorstellung des Fürstenpaares Riario, einen geschlossenen größeren Staat mit Faenza als Mittelpunkt, mit Imola und Forli als äußeren Eckpunkten zu schaffen, war auch nach Jahren noch nicht verwirklicht. Faenza bestand weiter als uneinnehmbarer Querriegel, das Staatsgebilde der Riario blieb unvollständig, und das Fürstenpaar blieb unzufrieden.

1481 aber sah es für Riario noch hoffnungsvoll aus, und er wollte den

Beginn seiner Herrschaft der erhofften künftigen Größe und Würde seiner Stellung entsprechend begehen. Der Einzug des Herrscherpaares und die Inbesitznahme gingen so feierlich vor sich, als ob der Kaiser des Heiligen Römischen Reiches seine Herrschaft angetreten hätte. Die Joyeuse Entrée, das Zeremoniell, das die Herzöge von Burgund im Jahrhundert zuvor geschaffen hatten, das dann das Haus Habsburg weitertrug, wurde in einem feierlichen Umritt in Forli nachgeahmt. Girolamo Riario und Caterina, das neue Herrscherpaar, ritten auf Schimmeln dreimal um den Marktplatz, entlang den Palazzi, bejubelt vom Volk, begrüßt von der Geistlichkeit und dem Magistrat, ein Tedeum wurde gesungen, und augenfällig und besonders eindrucksvoll wurde somit die Übernahme des Besitzes bekundet und die Herrschaft angetreten.

Nun waren also der Bauernsohn und ehemalige Orangenhändler und die Bastardtochter des Sforza Regenten geworden, zuerst Graf und Gräfin von Imola, bald danach auch Herzog und Herzogin von Forli. Die Bevölkerung war von dem neuen Herrn, der sich plötzlich über sie als Gebieter aufgeschwungen hatte, zunächst nicht besonders angetan. Aber Caterina gewann durch ihre Schönheit und ihren Geist die Herzen der Untertanen. Daß sie auf eine immer verhängnisvollere Bahn geraten würde, war noch nicht vorauszusehen. Die Ursachen dafür lagen im Charakter und Verhalten ihres Ehemannes und dann auch in der Verachtung, die Caterina bald nach ihrer Eheschließung für ihn empfinden mußte. Mit dem Geld der Kirche, das ihm sein Onkel besorgte, hat der Emporkömmling Riario in verschwenderischer Weise gehaust. Obwohl er mehr Einkünfte als der Herzog von Urbino hatte, verbrauchte er in kürzester Zeit ungeheure Summen und verlangte immer mehr Geld und Einkünfte, die ihm der Onkel, Papst Sixtus, besorgen mußte. Als dieser aber 1484 starb, kam es zur ersten Katastrophe für die so hoffnungsvoll ins Werk gesetzte Herrschaft der Riario. Die römische Bevölkerung, endlich vom päpstlichen Druck befreit, plünderte den Palazzo Riario in Rom, in dem sich Girolamo und Caterina gerade aufhielten. Girolamo floh und wartete in Angst um seinen Besitz feige außerhalb der Tore ab. Da muß Caterina der Zorn überwältigt haben: Obwohl hochschwanger, rekrutierte sie eine Anzahl Soldaten, zog mit ihnen vor die Engelsburg, verlangte vom Kastellan den Schlüssel und besetzte mit ihrer kleinen Truppe, die aber bald Verstärkung erhielt, die Festung von Rom. Somit hatte sie plötzlich, mitten im Chaos und Tumult nach dem Tod von Papst Sixtus IV., das wichtigste Faustpfand und die sicherste Stellung in Rom in der Hand. Nun brauchte Girolamo nur noch mit seinen bewaffneten Truppen in die Stadt einzurücken, und die Herrschaft der Riario in Rom wäre gerettet gewesen. Aber Caterinas Gatte hatte Bedenken, war so zögernd und feige, daß er sie in dieser Situation allein ließ und ihr nicht zu Hilfe kam. So blieb ihr schließlich nichts anderes übrig, als sich für besiegt zu erklären und die Engelsburg wieder freizugeben, wollte sie nicht ausgehungert werden. Als Gedemütigte ritt sie aus der Burg. Ihr Einsatz war umsonst gewesen.

Aus Rom verdrängt, wurde nun Forli ihr Rückhalt. Jetzt rächte sich, daß man die dortige Herrscherfamilie, die Ordelaffi, durch Militär, finanziert aus der päpstlichen Kasse, vertrieben und Riario als neuen Herrscher eingesetzt hatte. Zwar war Forli Bestandteil des Kirchenstaates, doch der erzwungene Herrschaftswechsel zu den Riario als den neuen päpstlichen Vasallen in Forli war nicht gerechtfertigt, nicht begründet gewesen. So war es klar, daß viele Einwohner Forlis den neuen Herrn ablehnten. Dazu kam noch, daß Girolamo nicht der Mann war, der Sympathie hätte erwecken können. Anders war es wohl bei Caterina; ihre heitere Art und ihre sprühende Lebhaftigkeit haben ihr die Herzen vieler Bewohner von Forli gewonnen, Girolamo aber war von abstoßender Habgier. Auch die harte und brutale Behandlung seiner Leute erregte Unmut.

Caterina selbst war ebenfalls seit dem erzwungenen Verzicht auf die Engelsburg mit ihrem Ehemann tief unzufrieden. Damals hatte sie ihre Fähigkeit und ihre große Belastbarkeit selbst erfahren. Das gab ihr auch Mut für die Zukunft. Trotz ihrer zahlreichen Schwangerschaften befand sie sich fortwährend in politischer Aktion, reiste zu Nachbarstaaten, verhandelte mit Rom und Venedig. Sie hat ihren Ehemann an Mut, Tatkraft und Willensstärke weit übertroffen. Mit vierundzwanzig Jahren vertraute sie in Forli dem mailändischen Gesandten an, sie beneide jeden, der tot sei. War sie so sehr enttäuscht von ihrem Gatten, dem sie insgesamt neun Kinder geboren hat, oder ist diese Äußerung in ganz anderer Weise zu deuten?

Am Marktplatz von Forli hatten die verdrängten Ortsherren Ordelaffi einen wundervollen großen Palazzo besessen, ein für die damalige Zeit sehr eindrucksvolles Bauwerk. Hier residierten nun Girolamo und Caterina. Noch heute zeigt man dort das dritte Fenster von links im ersten Stock, hinter dem sich im April 1488 das Geschehen ereignete, das Girolamos Leben ein Ende setzte und zugleich den unerschrockenen Tatsachensinn Caterinas bewies. Hier wurden wieder Weichen in ihrer Schicksalslaufbahn gestellt.

Der »Saal der Nymphen« im elegant ausgestatteten Stadtschloß, der heute als Ratszimmer dient, war das Lieblingsgemach Girolamos. In diesem Raum entlud sich der Haß der Bevölkerung auf das Mißregiment des unfähigen Machthabers. Die Rädelsführer der Verschwörung waren die Orsi, eine alteingesessene Patrizierfamilie in Forli. Außenpolitisch war der Aufstand gegen die Riario durch die Politik des neuen Papstes Innozenz VIII., der Forli wieder ganz in den Kirchenstaat zurücknehmen wollte, gedeckt.

Am 14. April 1488 saß Girolamo nach dem Mittagsmahl noch in seinem Lieblingsgemach an der abgetragenen Tafel. Da traten drei seiner Truppenführer unter einem Vorwand vor ihn, und im nächsten Augenblick durchbohrten gedungene Mörder den Herzog von Forli. Caterina hielt sich zur gleichen Zeit im Nebenzimmer auf; sie erfaßte sofort, was sich dort gerade ereignete, verbarrikadierte die Tür und ließ rasch aus dem – bereits umlagerten – Stadtschloß ein Kommando in die Festung hinausschicken. Wie sie das unter diesen Umständen fertiggebracht hat, bleibt ein Rätsel. Sie wies den Kastellan an, die Rocca, die Burg, auf keinen Fall an die Verschwörer zu übergeben. Vermutlich hat sie ihm auch – zur moralischen Stärkung seiner Ausdauer – mitgeteilt, daß sie versuchen werde, trotz der Umzingelung und der bevorstehenden Gefangennahme, in die Rocca zu kommen.

Caterina wurde mit ihren Kindern im Stadtschloß von Forli festgenommen. Während Girolamos Leichnam zur rohen Befriedigung des Pöbels durch das Fenster auf den Platz hinuntergeworfen wurde, ließen die Orsi Caterina und ihre Kinder in einen Torturm abführen. Doch kurz darauf brachte man sie in ein anderes Gefängnis. Zwischendurch wurde sie auch vor die Rocca geführt, ihr Schicksal schien besiegelt: Sie sollte offenbar samt ihren Kindern hingerichtet werden.

Ob die erwähnte Äußerung Caterinas gegenüber dem mailändischen Gesandten eine Vorahnung ihres Schicksals war, läßt sich nicht beantworten. Ihre Ehe mit Girolamo dürfte zu diesem Zeitpunkt längst unglücklich gewesen sein. Sie war zwar durchaus auf den Tod gefaßt und glaubte vielleicht auch, ihrem Mann keine Treue mehr schulden zu müssen; nun aber, als Girolamo tatsächlich tot war, handelte Caterina plötzlich so, als ob sie ihn rächen müßte. Die Kinder aus der Ehe mit Girolamo wurden nun ihr teuerstes Unterpfand.

Nachdem die Verschwörer Caterina und ihre Kinder in ihre Gewalt gebracht hatten, ging es ihnen vor allem darum, die Rocca, deren Kommandant noch Caterina gehorchte, in ihre Hand zu bekommen. Caterina wurde von einem Gefängnis zum anderen geschleppt, weigerte sich aber trotz ihrer hoffnungslosen Lage standhaft, dem Festungskommandanten den Übergabebefehl zu erteilen. Schließlich sagte sie, sie müsse vor der Übergabe noch einmal mit dem Kommandanten sprechen. Auch dieser bat darum, denn er brauchte eine Bestätigung, daß er seinen Auftrag ordentlich versehen und seinen Dienst beendet habe.

Die Orsi wollten aber nicht verhandeln, sondern die Familie der Riario in Forli töten. Der anwesende päpstliche Gesandte riet ihnen jedoch, dem Kommandanten diese Unterredung zu gewähren. So durfte Caterina für drei Stunden in die Burg, um mit dem Kommandanten Tommaso Feo die Übergabe zu besprechen und notwendige Dinge zu regeln. Caterina betrat also die Rocca. Die Zugbrücke ging hinter ihr wieder hoch.

Drei Stunden wartete man vor der Festung. Als die gegebene Frist vorüber war, erschien sie jedoch nicht auf der Zugbrücke, sondern auf der höchsten Zinne und rief, sie sei nicht gesonnen, die Festung zu übergeben, sie werde die Rocca halten.

Das erregte Wut und Empörung bei ihren Feinden, die sich schon am Ziel gesehen hatten. Rücksichts- und bedenkenlos entschlossen sie sich zum äußersten Mittel, um Caterina in die Knie zu zwingen. Sie ließen Caterinas Kinder, dazu auch ihre Mutter Lucrezia Landriani und zwei ihrer Schwestern auf den Wall vor die Rocca führen und erklärten, entweder übergebe Caterina bedingungslos die Festung oder ihre Kinder, ihre Mutter und ihre Schwestern würden hier auf dem Wall sofort hingerichtet. Da geschah, was vielen noch heute einen Schauer über den Rücken jagt, wenn sie davon hören. Es ist eine Szene, so brutal wie die Renaissancezeit nur sein konnte: Caterina auf den Zinnen der Burg, zu der Entscheidung zwischen Übergabe der Festung oder dem Tod ihrer Kinder gezwungen, riß ihre Röcke hoch, zeigte ihren schwangeren Leib und schrie hinunter: »Was wollt ihr denn? Ich bin schwanger und kann noch genug Kinder bekommen, so viele, wie ich brauche. Bringt meine Kinder doch um!« Eine solche Äußerung einer Mutter ist erschreckend. Doch im nachhinein betrachtet, ist dieses Verhalten nicht einfach als unmenschlich zu bezeichnen, sondern es war das Äußerste an Selbstbeherrschung, an Willen und Mut, es war ein Vabanquespiel – und Caterina hat es gewagt.

In der Rocca von Forli trotzte Caterina Sforza dem Aufstand gegen ihre Herrschaft.

Tatsächlich wurden ihre Gegner durch dieses unerwartete Verhalten unsicher. Was sollten sie machen, wenn Caterina die Burg nicht übergab und sie womöglich militärische Hilfe von Mailand bekäme?

Caterina gewann tatsächlich das tollkühne Spiel. Ihr Onkel Ludovico Sforza (il Moro) schickte ihr ein kleines Heer zur Hilfe. Dieses schlug die Söldner des Papstes, die die Rebellen in Forli unterstützen sollten, in die Flucht. Der Aufstand brach zusammen, ein Teil der Bevölkerung schwenkte zu Caterina um, die wieder freikam. Angeblich soll ein junger Mann aus der Familie der Ordelaffi einen Pfeil mit der Botschaft zu ihr hinaufgeschossen haben, er wolle sie heiraten, sie könne mit seinem Schutz rechnen, wenn sie aus der Rocca herauskomme. Vielleicht ist etwas daran richtig, und vielleicht war Caterina bereit, das Angebot anzunehmen. Wie es auch gewesen sein mag – die Freiheit und die Herrschaft fielen ihr wieder zu.

Jetzt nahm sie allerdings ganz brutale Rache an den Verschwörern und den Mördern ihres Ehemannes. Alles, was Orsi hieß und mit den Orsi verwandt war, ließ sie verhaften und zum Tod verurteilen. Die Gefangenen wurden aus dem gleichen Fenster geworfen wie vierzehn Tage zuvor Caterinas Gatte Girolamo; nur wurde dies jetzt als Hinrichtung vollzogen: unten standen Soldaten mit Spießen, in welche die Verschwörer der Familie Orsi gestürzt wurden.

Noch eine ganz andere Szene gab es, die sonst kaum erwähnt wird, die aber zum Verständnis dieser Frau wichtig ist. Noch hieß sie ja nicht *la tigressa*, die Tigerin, wie es dann drei Jahre später zutraf. Um die Herrschaft zu erhalten, auch für ihre eigenen Kinder, hatte sie das Leben dieser Kinder, wie es schien, aufs Spiel gesetzt. Es war die harte, scheinbar ausweglose Lage, die sie zu ihrem Verhalten gezwungen hatte. Als sie die Festung verlassen und ihre Kinder wohlbewahrt wieder umarmen konnte, brach sie weinend neben ihnen zusammen.

Nachdem ihre Herrschaft über Forli wieder gesichert und der Besitz fest in ihrer Hand war, wurde sie offensichtlich von einem Bedürfnis nach Liebe und Zärtlichkeit, nach menschlicher Wärme und Geborgenheit überwältigt. Mit einem unbedeutenden Jüngling aus der alten Patrizierfamilie der Ordelaffi, Antonio, über den man sonst kaum etwas weiß, zog Caterina sich einige Monate fast völlig von allen Regierungsgeschäften in einen Lustgarten in der Nähe zurück. Dort verlebte sie mit ihm einen

Frühling und einen Sommer. Die Ortschaft heißt noch heute nach dem damaligen Park oder Lustgarten Giardino.

Die Einwohner in Forli und in den anderen Orten von Caterinas Herrschaftsgebiet glaubten nun natürlich, daß sie diesen Antonio Ordelaffi heiraten und er der künftige Herzog würde. Wo immer im übrigen Italien über dieses Verhältnis gesprochen wurde, nahm man dies auch an. Eine Ehe zwischen einem Mitglied der Familie der früheren Stadtherren und der neuen Stadtherrin wäre ja auch politisch vernünftig und befriedigend gewesen. Es kam auch ein Kind aus dieser Verbindung zur Welt, das allerdings schon bald wieder starb. Mit einer neuen Herrscherdynastie Ordelaffi-Sforza war also in Forli zu rechnen, so wie ja dreieinhalb Jahrzehnte zuvor eine ähnliche Dynastie in Mailand durch die Verbindung der Erbtochter der Visconti mit dem neuen Herrn Francesco Sforza gegründet worden war. Da erklärte Caterina dem jungen Mann plötzlich, er könne gehen. Sie schickte ihn weg nach Venedig und in den Krieg. Über die Gründe kann man nur mutmaßen: Vielleicht hatte sie ihn satt, vielleicht war ihr Seelenleben wieder ausgewogen, waren ihre Bedürfnisse gestillt; möglich ist aber, daß Caterina gewarnt wurde, daß es für ihre Herrschaft und die Zukunft ihrer Kinder eine Gefährdung sei, wenn sie einen Ordelaffi heiraten würde. Das Gleichgewichtssystem der italienischen Staaten näherte sich dem Ende, ausgelöst vor allem durch die Ambitionen und die politischen Spannungen zwischen dem Kirchenstaat, Mailand, Venedig und Neapel. Die ausländischen Mächte – Frankreich, der Kaiser, Aragón und die Schweizer Eidgenossenschaft – waren ebenfalls schon kampfbereit. Ein Kleinstaat wie Forli-Imola war da vielfach bedroht.

Caterina geriet nun an ihren nächsten Liebhaber. Die Untertanen sagten, die Herzogin habe es nicht gern, wenn das Bett kalt sei. Leider war sie dabei an den Falschen geraten: Giacomo Feo war eitel, arrogant und eingebildet, aber sehr charmant und gut gebaut. In ihn verliebte sich Caterina leidenschaftlich. Es war befremdend, zu sehen, wie sie, die einen so harten Willen, einen scharfen Verstand, politischen Instinkt und Mut bewiesen hatte, diesem unbedeutenden Menschen völlig verfallen und hörig geworden war. Die Gesandten der italienischen Staaten unterrichteten sofort ihre Herren vom Benehmen des neuen Liebhabers der Herrscherin von Forli und Imola, und was er sich erlauben durfte;

1 Kaiser Heinrich IV. kniet in der Burg Canossa vor der Markgräfin Mathilde von Tuszien. Farbbild auf Pergament aus der Handschrift »Vita Mathildis« des Mönchs Donizo.

2 *Bronzetor am Speyrer Dom von Toni Schneider-Manzell (1971): Kaiser Heinrich IV. bittet am Portal von Canossa um Einlaß.*

3 Das Kloster Greccio im Tal von Rieti,
Ort der Krippenfeier im Jahr 1223.

4 *Franz von Assisi als Augenleidender.*
Gemälde eines unbekannten Malers in Greccio.

5 Szenen aus dem Leben des Franz von Assisi. Altartafel in Santa Croce, Florenz; Bonaventura Berlinghieri zugeschrieben. Oben: Die Krippenfeier in Greccio von 1223. Unten: Der heilige Franziskus predigt den Vögeln.

6 Muzio Attendolo Sforza. Miniatur aus der »Vita di Muzio Attendolo« von Antonio Minuti (1491); einem Schüler von Giampietrino Birago zugeschrieben.

7 *Palast der Familie Sforza in Cotignola.*

8 Begegnung König Friedrichs III. und seiner zukünftigen Gemahlin Eleonora von Aragón mit Enea Silvio Piccolomini in Siena. Gemälde von Pinturicchio in der Biblioteca des Doms von Siena.

9 Gartenanlage vor dem Palazzo Piccolomini in Pienza.

10 Sigismondo Malatesta. Relief von Agostino di Duccio im »Tempio Malatestiano« in Rimini.

11 Sigismondo Pandolfo Malatesta.
Gemälde von Piero della Francesca (1451).

12 *Die Rocca von Forli.*

13 Das Landhaus in Giardino, in dem Caterina Sforza mit Antonio Ordelaffi einen Sommer verbrachte.

14 Das »Schiefe Haus« im Park von Bomarzo.

15 Im Park von Bomarzo: der Höllenrachen als Sinnbild des Abgründigen und Bedrohlichen.

16 Die »Porta imperialis« in Sabbioneta, errichtet von Vespasiano Gonzaga für einen erhofften Kaiserbesuch.

17 *Römische Säule vor der »Galleria degli Antichi« in Sabbioneta.*

18 Landsitz der Medici: Gartenfront der Villa Poggio a Caiano bei Florenz.

19 Lünette von Justus Utens mit der Villa Poggio a Caiano.

20 *Über dem Unteren Schloß mit dem berühmten Park erhebt sich das Dorf Collodi.*

21 *Beim »Parco di Pinocchio« werden die Figuren des »hölzernen Bengele« zum Kauf angeboten.*

22 *Herzstück des Parks von Collodi.*

23 Marie Louise, Herzogin von Parma. Gemälde von G. B. Borghesi in der »Galleria Nazionale« von Parma.

24 Das Schloß der Herzöge von Parma in Colorno.

Auch Sandro Botticelli hat Caterina Sforza, die Herrin von Forli und Imola, gemalt.

was dieser Jüngling, der sich schon als Herr von Forli sah, sich alles herausnahm. Selbst Caterinas ältesten Sohn, Ottavio Riario, soll er geohrfeigt haben, ohne daß die Herzogin ihn zurechtgewiesen habe. Caterina schien ganz willenlos und abhängig geworden, während der junge Giacomo sich zunehmend zum Tyrannen entwickelte und in kurzer Zeit zum bestgehaßten Mann in Forli wurde.

Als Caterina eines Tages mit ihrem Geliebten von einem Ausritt zurückkehrte, wurden sie von einer Gruppe von Verschwörern am Stadttor überfallen. Vor Caterinas Augen wurde ihr Liebhaber umge-

Giovanni de Medici, »il Popolano« genannt, dritter Gemahl der Caterina Sforza; Gemälde von Giorgio Vasari.

bracht. So hatte sie nun schon zum zweiten Mal einen Gefährten durch eine blutige Verschwörung verloren. Und zum zweiten Mal übte sie dafür Rache, dieses Mal geradezu grauenhaft, so daß ihr Verhalten in keiner Weise mehr entschuldigt werden kann. Nicht nur alle am Komplott Beteiligten, sondern auch deren Angehörige – Frauen, Eltern und Kinder – ließ sie festnehmen, grausam foltern und hinrichten; sie kannte keine Grenzen mehr. Weil sie die Großneffen eines der Verschwörer waren, wurden zweijährige Kinder hingerichtet; ein Bauernmädchen mit ihren drei Kindern wurde getötet, weil ihr Liebhaber, ein Mönch, die Verschwörer gut gekannt hatte.

Über achtzig Personen verloren ihr Leben, die meisten wurden ohne Prozeß hingerichtet. Von da an sprach man in ganz Italien nur noch mit Schaudern von Caterina, der »Grausamen«, der »Tigerin«.

Nach dem Mord an Feo und ihrer entsetzlichen Rache an den Verschwörern und deren ganzen Sippen entwickelte Caterinas Herrschaft sich zunehmend zu einem schrankenlosen Gewaltregiment und drohte in eine Tyrannis auszuarten. In dieser Zeit traf sie den Menschen, den sie in ihrem Leben wohl als einzigen wirklich geliebt hat. Denn ihren Ehemann Girolamo Riario hatte sie ja bald verachtet, wohl auch Antonio Ordelaffi, und das Verhältnis mit Giacomo Feo kann man wohl auch kaum als echte Liebe bezeichnen. Der neue Liebhaber war ein Ortsfremder, ein Handelsbeauftragter, allerdings aus einer der vornehmsten Familien Italiens: ein Medici aus Florenz. Er war zwar kein Angehöriger der Hauptlinie von Cosimo dem Alten, sondern stammte aus der immer etwas kokett mit dem Volke liebäugelnden Linie der Popolani. Es war Giovanni de Medici (*il Popolano*), dessen schöne Gesichtszüge uns durch Botticelli und Vasari überliefert sind, ein feingebildeter Mann. Er war nicht an der Regierung von Florenz beteiligt wie seine Vettern von der Hauptlinie, sondern war ein reicher und vornehmer Privatmann, der im Auftrag seiner Vaterstadt wegen einer drohenden Hungersnot in die reiche Romagna reiste, um Getreide einzukaufen. Obwohl auch in Forli die Ernte nicht besonders gut ausgefallen war, zeigte sich die Herrin bereit, diesem liebenswürdigen, gutaussehenden Unterhändler so viel Korn zu geben, daß sie sogar in Florenz als Wohltäterin der Stadt gefeiert wurde. In dem Florentiner Giovanni de Medici fand dic Frau, die drei bittere Enttäuschungen erlebt hatte, endlich den Partner, mit dem sie nun ein kurzes Jahr voller Glück, Harmonie und Frieden verbrachte. Aber die politischen Voraussetzungen waren wiederum so, daß eine eheliche Verbindung zwischen der Herrin von Forli und einem Medici auf entschiedene Gegnerschaft stieß. Denn seit sechs Jahren war der berüchtigte Rodrigo Borgia als Papst Alexander VI. Herr des Kirchenstaates, dessen unabhängig gewordene Vasallen er und sein Sohn Cesare unerbittlich unter ihre Herrschaft zurückzwangen oder aus dem Wege räumten. Auch auf Imola und Forli erhoben die Borgia Anspruch, und gerade eine Verbindung der Herrin dieser Städte mit einem Medici war im völligen Gegensatz zu den politischen Interessen Alexanders VI.

Caterina befand sich also wieder in einer schwierigen Lage. Doch sie fand zu ihrer alten Kühnheit zurück. Sie stellte ihre persönlichen Interessen über alle politischen Rücksichten und heiratete ungeachtet der zu erwartenden Schwierigkeiten den Medici Giovanni il Popolano im Jahr 1498.

Aus dieser kurzen Ehe stammt ein einziger Sohn, der wie sein Vater den Namen Giovanni erhielt. Es ist der später berühmt gewordene Condottiere Giovanni delle Bande Nere. Der Name stammt von den schwarzen Rüstungen, in denen Giovannis Reiterschar kämpfte. Dieser Giovanni delle Bande Nere wurde der große und menschlich so gewinnende Feldherr. Schon als Kind interessierte er sich besonders für Waffen und Pferde und hatte wohl mehr von den Eigenschaften seiner mütterlichen Vorfahren, den Sforza, geerbt als von den Medici. Caterina schrieb selbst einmal, der Bub lebe für nichts anderes als für Pferde und Waffen. Er wurde das große Glück seiner Mutter.

Das Kind Caterinas war erst wenige Wochen alt, als der Vater Giovanni il Popolano starb. Er ist – das ist für die Zeit der italienischen Renaissance beinahe schon ein Ausnahmefall – nicht vergiftet oder erstochen worden, sondern tatsächlich eines natürlichen Todes gestorben. Wieder stand Caterina allein, und jetzt war sie wirklich um ihr Lebensglück gebracht. Kaum war die Herrin von Forli und Imola wiederum Witwe geworden, sah sie sich der rücksichtslosen Macht- und Habgier des Cesare Borgia und seines päpstlichen Vaters Alexander VI. ausgeliefert. Caterina wurde vorgeschlagen, ihren ältesten Sohn aus der Ehe mit Girolamo Riario mit Lucrezia Borgia, der Tochter des Papstes, zu verheiraten. Caterina war entsetzt über diesen Plan und durchaus nicht gewillt, einer verwandtschaftlichen Verbindung mit der Familie Borgia zuzustimmen. Sie tat, was inzwischen, am Ende des 15. Jahrhunderts, kaum jemand mehr in Italien wagte: Sie zeigte Cesare Borgia und dem Papst die kalte Schulter und wies deren Vorschlag zurück.

Das war, besonders in ihrer Lage, mehr als gewagt, es war tollkühn und führte schließlich zu ihrem Untergang. Als Caterinas Herrschaftsgebiet nicht über eine Heirat mit seiner Tochter Lucrezia erworben werden konnte, griff Papst Alexander zu einem bewährten kirchlichen Machtmittel: Caterina wurde mit schnell angehängten Vorwürfen aus der Kirchengemeinschaft ausgestoßen, und Cesare Borgia marschierte mit seinen Truppen gegen Forli.

Zunächst sah es wie die Wiederholung eines früheren Geschehens aus: Caterina wird in der Rocca von Forli belagert, und die Feinde warten auf ihre Übergabe. Aber nichts wiederholt sich. Denn der Belagerer war der päpstliche Kardinallegat Cesare Borgia, der zum damals am meisten gefürchteten Machthaber in Italien geworden war. Caterina hatte den gleichen Mut wie bei der ersten Belagerung, aber sie hatte nicht mehr das gleiche Glück. Es nützte ihr nichts, daß ihre Halbschwester Bianca Maria inzwischen die Gemahlin des deutschen Königs Maximilian war. Der Herrscher von Mailand, Herzog Ludovico il Moro, ihr Verwandter, war soeben vor den einmarschierten Franzosen unter König Ludwig XII. nach Tirol geflüchtet. Von Florenz, aus dem 1494 die Medici vertrieben worden waren, war gleichfalls keine Hilfe zu erwarten. Niemand in Italien wagte es mehr, gegen die Borgia vorzugehen. Caterina stand also dem päpstlichen Heer ganz allein gegenüber.

Cesare Borgia verlangte von ihr die bedingungslose Übergabe und den Verzicht auf Forli. Er wollte sich nur das Lehen des Papstes zurückholen, das dessen Vorvorgänger zwanzig Jahre früher Caterinas erstem Ehemann Riario verliehen hatte. Cesare wollte damit nur, was ihm nach seiner Ansicht rechtens zustand; Caterina aber sah darin ein Unrecht, sie wollte ihren Anspruch auch für ihre Kinder wahren. Zu solchen Verwicklungen mußte der päpstliche Nepotismus zwangsläufig führen, er barg künftige Konflikte in sich, und im Fall von Forli und Imola war kein Ausgleich mehr möglich.

Caterinas Lage wurde immer bedrohlicher, vor allem, nachdem durch den Verrat eines Schreiners, der die Innenkonstruktion kannte, ihre zweite Festung, Imola, im November 1499 in die Hände Cesare Borgias gefallen war. In letzter Verzweiflung half sich Caterina noch einmal mit einer merkwürdigen Kriegslist. Im Heiligen Jahr 1500 zogen besonders viele fromme deutsche Pilger betend und singend nach Rom. Auch auf Forli und seine Festung bewegte sich damals ein Pilgerzug zu, der nach geltendem Recht außerhalb aller Kampfhandlungen stand. Die Pilger blieben – scheinbar im Gebet – vor der Burg Forli stehen. Plötzlich senkte sich die Zugbrücke herunter, die Pilger rannten in die Burg, und die Zugbrücke ging wieder hoch. Caterina hatte auf diese Weise zusätzlich fünfzig oder sechzig Mann, die Pulver mitbrachten und die Verteidigung der Burg verstärken konnten. Doch auch diese raffinierte Kriegslist bewirkte bei der bestehenden Übermacht der Feinde letztlich nur soviel wie der oft genannte Tropfen auf dem heißen Stein. Die Lage wurde für Caterina unhaltbar. Um die Burg nicht dem Borgia übergeben zu müssen, entschloß sich die Herrin, sie in die Luft sprengen zu lassen.

Ihre Kinder hatte sie vorher nach Florenz bringen lassen. Sie wollte für sich ein Ende mit Schrecken setzen. Der Pulverturm der Festung Imola wurde auf Befehl Caterinas gesprengt; siebenhundert Menschen sollen dabei umgekommen sein. Mit dem Hauptturm wollte sie sich selbst in die Luft sprengen. In diesem Augenblick wurde sie von einem schweizerischen Hauptmann, der bei den französischen Truppen, den Verbündeten Cesare Borgias, im Dienst stand, gefangengenommen. Die französischen Soldaten waren bereits in die Burg eingedrungen, bevor es Caterina wahrnehmen konnte.

Caterina hatte den Kampf um Forli verloren. Als Gefangene des französischen Königs durfte sie, wie ihr Onkel Ludovico Sforza, der einst so glänzende Herrscher Mailands, auf ehrenvolle Behandlung hoffen. Sie wurde aus der Festung geführt. Draußen, in der Gewalt ihres Feindes Cesare Borgia, half ihr jedoch keine Standhaftigkeit. Bei Cesare zählte nur die nackte Gewalt des Siegers. Noch einmal wurde sie gefragt, ob sie zum Verzicht auf ihre Herrschaft bereit sei. Ihre Antwort: »Die Mutigen stehen im Licht und im Glück. Die Feiglinge stehen im Dunkel und in der Verwesung« soll angeblich Anlaß zu einer brutalen Szene gewesen sein: Cesare vergewaltigte die Herzogin und überließ sie darauf seiner Mannschaft mit den Worten: »Jetzt wißt ihr, was die Herrin von Forli ist, da habt ihr sie«, und darauf folgten weitere Vergewaltigungen.

Das war der Bruch in ihrem Leben. Schwerkrank wurde sie zunächst in Forli gefangengehalten, dann aber nach Rom gebracht und in der Engelsburg eingekerkert, weil sie sich weiterhin weigerte, einen Vertrag zu unterschreiben, der ihr bei Erfüllung der Bedingungen die Freiheit zugestanden hätte. Solange sie sich nicht völlig unterwarf, blieb sie in einem Verlies der Engelsburg; man hoffte wohl auch, daß sie darin zugrunde gehen werde.

Trotz schlimmster Haftbedingungen bei ungenügender und schlechter Nahrung und in Finsternis, überstand sie 18 Monate Kerkerhaft. Als sie schließlich durch französische Vermittlung freigelassen wurde, war sie sterbenskrank und nur noch ein Schatten ihrer früheren Erscheinung. Von der strahlenden sieghaften Schönheit der Caterina Sforza war nichts geblieben. Und dennoch waren ihr Lebenswille, ihr Mut und ihre Energie noch nicht gebrochen. Gewachsen aber war ihr Haß.

Papst Alexander starb zwei Jahre später, nach Meinung vieler selbst Opfer der Methode, die er und seine Kinder so gerne bei Mißliebigen anzuwenden pflegte. Vergifteten Wein soll man ihm gereicht haben oder habe er versehentlich getrunken.

Caterina trat in Rom wieder in den Blickpunkt der öffentlichen Neugier. Obwohl körperlich ganz entkräftet und gealtert, war es dieser Frau schließlich gelungen, die Kerkerhaft der schrecklichen Borgia lebend zu überstehen. Der französische König Ludwig XII. war galant genug gewesen, sich um die ehemalige Herrin von Forli und Imola zu kümmern, da sie ja in seinem Namen und von seinen Soldaten verhaftet worden war. Er hatte die Fürstin immerhin als seine Gefangene betrachtet. Caterinas eigene Kinder Riario kümmerten sich nicht um sie. Nachdem sie also auf französische Vermittlung hin freigekommen war, wies ihr der neue Papst Julius II. Florenz als Wohnsitz zu. Dort konnte sie noch am ehesten als Witwe eines Medici Unterstützung finden, obwohl dort durch die Wirren und Umstürze seit 1494 die Medici nicht mehr regierten. In Florenz war auch ihr jüngster Sohn, Giovanni Medici, untergebracht worden.

Der Reiseweg von Rom über Orvieto und Siena nach Florenz wurde Caterina vorgeschrieben. Doch viele ahnten, manche wußten, daß ihr auf diesem Weg gedungene Mörder auflauern würden. Als Diener verkleidet gelang ihr die Flucht aus Rom auf einer Barke tiberabwärts nach Ostia. In Ostia konnte sie auf ein Schiff umsteigen und die Fahrt über Livorno und dann den Arno aufwärts fortsetzen. So erreichte sie heil die Stadt Florenz. Dort wurde sie aber nicht wie ein erwünschter Gast mit offenen Armen empfangen. Hier lebte ihr Schwager, der Bruder ihres verstorbenen Ehemannes Giovanni Medici, der in der Zwischenzeit das Erbe seines kleinen Neffen durchgebracht hatte und daran interessiert war, daß Caterina bald das Zeitliche segnen und ihr kleiner Sohn ihr rasch folgen würde, damit das Erbe einfacher zu teilen wäre. So sah die von vielen Seiten bedrohte und gefährdete Frau keine andere Möglichkeit mehr, als sich mit ihrem kleinen Sohn in ein Kloster zu flüchten; dort konnte sie versteckt überleben. Der kleine Giovanni, der spätere große Feldherr, wurde als Novizin eingekleidet und mußte mit den jungen Nonnen beten und singen, daher rührte wohl seine spätere Abneigung gegen Bücher und Gebetsübungen.

Um für ihren Sohn noch etwas aus seinem Erbteil zu retten, versetzte Caterina ihre letzten Juwelen. Sie wollte von dem Erlös gegen ihren Schwager prozessieren, der sich des Erbes bemächtigt hatte. Giovanni muß ihre letzte große Freude und ihr einziger Trost gewesen sein, nachdem sie alles – Herrschaft, Macht, Familienglück – verloren hatte und die politischen Ereignisse sowohl die Sforza in Mailand als auch die Medici in Florenz ihrer Macht beraubt hatten. Deren spätere Rückkehr erlebte Caterina nicht mehr. Wir können ahnen, daß die kranke, verarmte, gealterte und verblühte Frau sich an dem jungen, kräftigen und gesunden Jungen freuen konnte, daß alle ihre Hoffnungen sich auf ihn gerichtet haben.

Als Michelangelo im Auftrag von Papst Julius II. an der Decke der Sixtinischen Kapelle die Vorfahren Christi malen mußte, fiel ihm eine Frau ein, die als Ausländerin in das Land Israel gekommen war und die als Witwe ihrem Sohn die angestammte Herrschaft über dieses Reich sichern mußte. Das war die Ammoniterin Naëma, die Mutter des ersten jüdischen Königs Rehabeam. In eine der Lünetten der Kapellendecke fügte Michelangelo das Bild einer müden Frau ein, die mit beiden Armen ihr Kind umfaßt und ihre Wange sanft und liebevoll schützend an den Kopf ihres Kindes schmiegt. Michelangelo, der sich bereits als Kunstschüler der Gunst von Lorenzo Medici hatte erfreuen können, hielt sich zu verschiedenen Zeiten seines Lebens in Florenz auf, und als Zeitgenosse Caterinas hat er diese zu den berühmtesten Frauen in der florentinischen Geschichte gehörende Fürstin sicherlich gesehen und auch gekannt. Vielleicht hat er mit der Königin Naëma an einer wenig auffälligen Stelle in dem berühmten Deckengemälde Caterina Sforza, die gestürzte und verbannte Herrin von Forli und Imola, verewigt. Caterina starb im Jahr 1509, ein Jahr nachdem Michelangelo seine Arbeiten in der Sixtinischen Kapelle aufgenommen hatte. In ihrem Testament versichert sie, mit Feo verheiratet gewesen zu sein. Der Sohn aus dieser Verbindung, Bernardo Caro, sei ein legitimes Kind. Vom Schicksal dieses Sohnes aus ihrer zweiten Ehe ist nichts bekannt. Auch die Kinder aus ihrer ersten Ehe haben später keinen bedeutenden Platz einnehmen können, sie verschwanden aus der Geschichte und fielen in den unbedeutenden Stand zurück, aus dem die Familie Riario aufgestiegen war. Der Sohn aus der dritten Ehe Caterinas, mit Giovanni Medici, wurde zum Stammvater der jüngeren regierenden Linie der Medici in Florenz, der späteren Großherzöge der Toskana.

Caterina Sforza-Medici, die Bastardtochter eines Sforza, des Herzogs von Mailand, von deren sechzehn Ururgroßeltern nur vier bekannt sind,

Gedenktafel für Caterina Sforza an der Mauer der Rocca von Forli.

wurde die Ahnfrau der französischen Könige seit Ludwig XIII., der Großherzöge der Toskana, der Herzöge von Padua, von Mantua, von Parma, von Ferrara, der Grafen von Tirol und von zahlreichen weiteren Fürstenhäusern. Aber auch eine unübersehbare bürgerliche Nachkommenschaft in ganz Europa stammt von dieser harten und energischen Frau ab, der schönen Mailänder Prinzessin, der »Tigerin«, über die man vor genau einem halben Jahrtausend nicht nur in Italien mit Schaudern sprach.

Der Park von Bomarzo

Vicino Orsini

Steinerne Sinnbilder im »Bosco Sacro« von Bomarzo.
Die Waldlichtung wird »Platz der Persephone« genannt.

Kaum ein anderer fürstlicher Garten der Renaissance wirft heute in der Deutung seiner Gestaltung und seiner Figuren so viele Fragen auf, ist so umstritten und viel besprochen wie der Garten von Bomarzo in Mittelitalien in der Nähe von Viterbo. Die unvorbereiteten Besucher empfinden ganz unterschiedlich beim Anblick einer solch wilden Häufung von steinernen Monstern und bizarren Ungeheuern, von Skulpturen, die allegorische Darstellungen, aber auch Figuren der etruskischen, der griechischen und der römischen Göttergeschichte, ja selbst Gestalten des Christentums repräsentieren. Sollen sie dies alles schön oder häßlich finden? Ist es ergreifend oder irrsinnig? Stellt dies ein völlig chaotisches und planloses Figurentheater dar, oder steht doch ein Gesamtplan, ein übergreifendes Konzept dahinter? Auf welche Weise und weshalb ist ein solcher heillos erscheinender Figurenpark entstanden?

Der Urheber dieser sonderbaren und unheimlichen Anlage zieht gerade heute die Aufmerksamkeit der Forschung auf sich. Er lebte im 16. Jahrhundert und war der regierende Fürst einer Nebenlinie der bekannten italienischen Adelsfamilie Orsini. Da diese Linie in der männlichen Nachkommenschaft erloschen ist, lebt Vicino Orsini hauptsächlich durch seine Schöpfung eines bizarren und grotesken, jedenfalls völlig einmaligen Gartens in der Nachwelt weiter. Ihn hat er immer wieder, fast entschuldigend, als seine »Narrheit« bezeichnet, und er hat ihm den größeren Teil seines Lebens gewidmet. Dabei war er in seinen jüngeren Mannesjahren Diplomat, ein erfahrener Verwaltungsfachmann und sogar ein erfolgreicher Heerführer gewesen.

Vicino Orsini wurde als Sohn eines Fürsten aus der armen Linie der Orsini von Bomarzo geboren. Diese Linie besaß nur eine kleine, abgelegene Herrschaft nördlich des Soracte in der Nähe von Rom. Dazu gehörte dieses Bergnest Bomarzo, dessen erste Gründung vielleicht noch in die Etruskerzeit fällt.

Vicinos Vater war ein rüder und machtbesessener Mann gewesen. In einem Streit mit seinem Gemeinderat ließ er die Räte schlichtweg in den Kerker sperren und dort bei karger Kost drei Jahre lang hungern. Roh und rücksichtslos, auch schnell zupackend und dabei oft erfolgreich, durchlief er eine militärische Laufbahn im Dienste seiner Verwandten, der Medici in Florenz. Er eignete sich dort zwar nicht deren feine Kultur und Lebensart an, aber er lernte doch eine Base kennen, ein ebenfalls mit den Medici verwandtes Fräulein, Clarissa Orsini.

Diese junge Dame aus der Linie Pitigliano wies all das auf, was man sich bei dem Namen Orsini vorzustellen hatte: Grundbesitz und Reichtum, hervorragende verwandtschaftliche und dynastische Verbindungen, dabei war sie von allerfeinster Bildung und besaß große Herzensgüte. Aus dieser eigenartigen und ungleichen Verbindung zwischen einer feinen, zarten, gebildeten Frau und einem äußerst brutalen Mann stammt Vicino Orsini, der Schöpfer des Parks von Bomarzo.

Kindheit und Jugend des Vicino sind noch wenig erforscht. Und das Wenige, was bisher darüber zu lesen war, erweist sich bei näherer Prüfung seiner Lebensgeschichte als falsch. Zwar kann manche irrige Annahme korrigiert, vieles Rätselhafte an der Person des Vicino Orsini geklärt werden, anderes aber bleibt weiterhin unklar.

So kann sein bisher in der Literatur angegebenes Geburtsjahr 1523 nicht zutreffen. Denn Vicino ließ bereits 1533 einen unehelichen Sohn legitimieren. Also dürfte er damals schon etwa 17 Jahre alt gewesen sein, und damit ist er wahrscheinlich spätestens um 1516 geboren.

Aus den Quellen läßt sich auch ein starker charakterlicher Gegensatz Vicinos zu seinem Vater herauslesen. Der grobe, rauhe und bösartige Mann und der anscheinend sehr sensible Sohn paßten nicht zueinander, und so schloß sich Vicino mehr an die Mutter an. Auch den Vornamen Pier Francesco, den ihm sein Vater gegeben hatte, hat er wohl abgelehnt, denn er nannte sich nach seinem Großvater mütterlicherseits, der ein ganz besonders gebildeter und in seiner Zeit geachteter Mann gewesen war, Vicino.

Vicino war eigentlich ein Übername. Der ältere Vicino galt als ein guter und gerechter Nachbar, verträglich und zu jedermann freundlich.

Diesen Mann nahm sich der Enkel offenbar zum Vorbild, nicht den Vater, der mit Gott und der Welt im Streit lag. Wir wissen also wenig über seine Jugend, nur von der Zuneigung zu seiner Mutter, und daß er noch einen Bruder hatte.

Es muß etwas Einschneidendes in Vicinos Jugend geschehen sein, etwas, das eine Biographin schon früh als Tragödie gedeutet hat: Die Mutter verschwindet aus dem Leben des Sohnes. Es läßt sich nichts mehr von ihr in Erfahrung bringen, und es ist bisher trotz aller Nachforschungen nicht gelungen, den Schleier, der über diesem Unglück liegt, zu lüften. Trotz des Verlustes der Mutter scheinen sich die beiden Brüder eine gute Bildung angeeignet zu haben.

Die nächste sichere Tatsache aus Vicinos Leben sind die frühen Beziehungen zu mehreren Frauen. Er scheint auch schon in jungen Jahren mehrere Söhne gehabt zu haben.

Der erwähnte legitimierte Sohn erhielt den Namen des berühmten Spartanerkönigs Leonidas. Dies kann als ein Hinweis auf die militärischen Interessen oder die Begeisterung für die antike Kriegsgeschichte gedeutet werden. Vicino erwies sich ja selbst als tüchtiger Offizier.

Es darf vermutet werden, daß der berühmte Archäologe Fulvio Orsini auch solch ein unehelicher Sohn des Vicino gewesen ist und von ihm seine wissenschaftlichen Neigungen geerbt hat. Er ist der einzige bedeutende Wissenschaftler der großen Gesamtfamilie der Orsini und ist im Jahr 1600 in Rom gestorben. Bisher ließ er sich genealogisch nicht einordnen, weil über seiner Herkunft ein merkwürdiger Schleier liegt. Nach seiner Lebenszeit und den persönlichen Neigungen ist durchaus ein genealogischer Zusammenhang mit Vicino möglich, der ja aus seinen verschiedenen Verbindungen mehrere uneheliche Kinder gehabt hat.

Aus einem Trauergedicht, das Vicino für eine seiner Geliebten, die 1543 starb, verfassen ließ, erfahren wir deren Namen: Ariana delle rose. Es könnte sich dabei auch um einen verschlüsselten Namen handeln – Ariana von den Rosen.

1544 heiratete Vicino eine schöne und vornehme Frau, die nun auch seinem fürstlichen Rang entsprach, Giulia Farnese. Das Geschlecht hatte damals zwar nicht gerade einen guten Ruf; ein Zweig dieser Familie waren Nachkommen des Papstes Paul III., und unter ihnen gab es etliche mit einem üblen Charakter, die persönlich abstoßend waren. Vicinos

Skulptur einer heidnischen Gottheit im Park von Bomarzo.

Ehefrau Giulia stammt sowohl von einer Schwester als auch von einem Bruder des Papstes Paul III. ab. Sie galt als reich, schön und klug. Trotz dieser Heirat waren aber die wirtschaftlichen Verhältnisse Vicinos nicht gerade großartig, doch reichte es immerhin für eine fürstliche Hofhaltung.

Die heute ziemlich verbaute und ärmlich wirkende Burg in Bomarzo ließ Vicino im Jahr seiner Eheschließung mit Giulia Farnese aus einem mittelalterlichen Raubritternest in ein modernes Renaissanceschloß umgestalten: Es erhielt außen Figuren- und Wappenschmuck sowie sonstige repräsentative Dekorationen; von der Ausstattung der Innenräume ist der damals gefertigte Freskenschmuck zu erwähnen.

Zugleich, so erweisen die ältesten Dokumente, ließ Vicino Orsini einen zeitgemäßen Lustgarten anlegen, eine weite, mit fröhlichen Wasserspielen aufgelockerte Anlage, die den in der Enge des fürstlichen Schlosses wohnenden Menschen zur Erholung und zum Vergnügen dienen sollte. Aus dieser frühesten Zeit des Parks sind noch Bänke und kleine Inschriften erhalten, auch eine gewisse planmäßige Ordnung des ersten Bauabschnitts läßt sich erkennen.

Die ersten sechs oder sieben Jahre seiner Ehe mit Giulia waren vielleicht die einzige glückliche Zeit im Leben Vicinos. Er hatte durch seine Frau einen gemeinsamen Vetter kennen- und besonders schätzengelernt: Orazio (Horatio) Farnese, einen Enkel des Papstes Paul III. und zugleich jüngeren Halbbruder des berühmt-berüchtigten Kardinals Alessandro Farnese. Dieser Orazio war um einiges jünger als Vicino. Er muß ein liebenswerter junger Mann gewesen sein, ein vom Glück begünstigter Mensch, dem fast unwillkürlich alle Herzen zuflogen. Sein Großvater, Papst Paul III., hing besonders an ihm, nachdem er mit seinen beiden anderen Enkeln, Ottavio und Alessandro, bittere Erfahrungen hatte machen müssen. Dieser vom Erfolg so verwöhnte, gutaussehende und wohlhabende junge Mann heiratete die französische Prinzessin Diana, eine natürliche Tochter König Heinrichs II. und der Diana von Poitiers – eine hervorragende Partie.

Die Hochzeit im Schloß Fontainebleau war eines der glanzvollsten gesellschaftlichen Ereignisse Europas im Frühjahr 1552. Vicino Orsini nahm an den Hochzeitsfeierlichkeiten seines jüngeren Vetters, mit dem ihn inzwischen eine tiefe Freundschaft verband, selbstverständlich teil und erlebte alle Festesfreuden mit.

Da brach kurz darauf der Krieg zwischen dem französischen König und Kaiser Karl V. erneut aus. Wie es sich für einen jungen Fürsten damals von selbst verstand, drängte auch Orazio Farnese zur Teilnahme am Kriegsgeschehen, und der ältere und schon erfahrene Freund Vicino erhielt ebenfalls ein militärisches Kommando. Vielleicht wollte er dabei Orazio schützend beistehen können. In der Schlacht von Hesdin am 21.

oder 23. Juli 1553 fiel Orazio, das bisherige Glückskind, von einer Kugel tödlich getroffen, unmittelbar neben Vicino. Dieses Ereignis scheint zur großen Wende in Vicino Orsinis Leben geführt zu haben, der von nun an einen willenlosen und steuerlosen Eindruck machte. Widerstandslos ließ er sich von den Soldaten des kaiserlichen Heeres gefangennehmen.

Als früherer päpstlicher Gesandter am Kaiserhof und als Vetter des kaiserlichen Schwiegersohns Ottavio Farnese konnte Vicino Orsini mit ritterlichen Haftbedingungen, überhaupt mit einer kurzen Haftzeit rechnen. Doch Karl V. und seine Räte kümmerten sich nicht um die Erwartungen des fürstlichen Gefangenen. Für den Sieger war Orsini ein ranghoher politischer Gefangener, ein wertvolles Faustpfand, womit man den Papst als Verbündeten Frankreichs erpressen konnte. Vicino Orsini wurde erst in Namur, dann in Antwerpen in harte Haft gelegt. Vergeblich hoffte er, daß er von der Familie rasch ausgelöst werde. Papst Paul III. war bereits 1549 gestorben. Die Beziehungen zu den beiden Nachfolgern, die nur kurze Zeit die Papstwürde bekleideten, waren naturgemäß nicht so eng wie zu dem verwandtschaftlich verbundenen Paul III. Bei dem unglücklichen Vicino haben sich damals, so müssen wir annehmen, neben seinem durch fürstliche Erziehung und Ideale geprägten Weltbild, auch andere Einstellungen zu Mensch und Welt verändert. Er erfuhr Brutalität, Rücksichtslosigkeit und Härte am eigenen Leib; er erlebte, daß verwandtschaftliche Bande, hier zum Kaiserhaus, gegenüber politischem Kalkül nichts zählten. Er spürte eine Macht- und Hilflosigkeit, da ihn seine Familie nicht auslösen konnte, und schließlich geriet er finanziell in eine sehr bedrängte Lage, weil er für die jahrelangen hohen Haftkosten selbst aufkommen mußte.

Endlich, nach drei langen und zermürbenden Jahren in Gefangenschaft, gelang es durch die Aktivität und Vermittlung mehrerer diplomatischer Kreise, vor allem des spanischen Königshofes und des Grafen von Savoyen, Vicino Orsini aus der Haft zu befreien. Bei seiner Rückkehr nach Bomarzo traf er aber seine Gemahlin Giulia schwer krank an, und bald danach starb sie Anfang des Jahres 1557.

Dies mag sein Gemüt zusätzlich verfinstert haben. Durch den Verlust aller ihm nahestehenden Personen, seiner Mutter, seiner Geliebten, seines besten Freundes, und nun auch seiner Ehefrau, wurde der sensible

Mann vermutlich schwermütig. Diese Schicksalsschläge haben düstere Gedanken und Vorstellungen in ihm aufkommen lassen. Der heitere, gesellige und auf der politischen Weltbühne angesehene Mann wurde zunehmend ein finsterer, verschlossener Mensch.

Zwar versuchte der neue Papst noch, ihn bei diplomatischen Missionen zu verpflichten; er wurde außerdem mehrfach in militärischem Auftrag gebraucht. Aber in diesem letzten öffentlichen Wirken strahlte Vicino Orsini keinen Glanz mehr aus, war keine entschlossene Energie, kein willensstarker Optimismus zu verspüren. Das ganze Leben und Treiben der Welt mußte für ihn offenbar brüchig, widersinnig oder gar sinnlos geworden sein. Die Veränderung seiner Persönlichkeit äußerte sich auch in der Verwandlung seines Gartens in Bomarzo.

Aus dem Park, der heitere Lebensfreude ausgestrahlt hatte, wurde immer mehr ein düsterer, ein sinnverwirrender und furchterregender Wald, mit dunklen Höllenrachen und Inschriften mit schwarzen, teilweise unverständlichen Gedanken. Sinn, Ordnung und Gesetze der Welt werden hier in Frage gestellt. Die Anlage von Bomarzo ist vielleicht die erste überhaupt, die bewußt und absichtlich nicht geordnet ist, bei deren Gestaltung offenbar der Gesichtspunkt maßgebend war, gerade gegen die Ordnung – die ja ein entscheidendes Merkmal aller Architektur ist – zu verstoßen.

Seit Enea Silvio Piccolomini, seit dem Aufkommen der Renaissance, sah man in der Mittelachse das Rückgrat eines schönen, geordneten, harmonischen Gleichmaßes. Das galt im besonderen gerade für die Landschaftsarchitektur. Mehrere Generationen hatten danach gestrebt, die Gesetze der Schönheit, die Regeln der Harmonie, das edle Maß herauszufinden und in Kunst und Architektur umzusetzen. Mit dem Fürsten Vicino Orsini aber trat nun einer auf, der an dies alles nicht mehr glaubte, der das Un-Ordentliche, das Wider-Sinnige darstellen ließ, der Häßlichkeit, Asymmetrie, Abgründiges, Verwirrendes, Teuflisches und Bedrohliches dagegensetzte.

Als er noch jung und lebensfroh war, hatte er aus den Anfangsbuchstaben seines latinisierten Namens Vicinus Ursinus, dem »V« und dem »U« (das graphisch meist auch in V-Form wiedergegeben wurde), die Ligatur »W« als Namensmonogramm gebildet. Dieses Zeichen steht im Italienischen für *viva.* Dazu hatte er sich die Devise *Vita in guardia* – ein

Leben in Wachheit, erkoren. Nun aber stellte er das Zeichen auf den Kopf: »M« steht für *mors* – Tod.

Der Park von Bomarzo ist ein Garten, der Todesangst und Todessehnsucht widerspiegelt, ein Garten, in dem sich ein Lebensgefühl ausdrückt, das wir heute als manieristisch bezeichnen würden. Nicht mehr klare Ordnung und eindeutige Grenzen, planvolle und sichtbar strukturierte Kompositionen sind zu erkennen, sondern undurchschaubare, wirre, grenzenlose, ja chaotisch wirkende Gestalt der Natur tut sich auf. Wohin sich die Blicke in diesem Park auch richten, nirgendwo finden sie eine klare Begrenzung und geordnete Gestaltung. Wuchernder Wald, jähe Schluchten, Rinnsale und Felsnasen verhindern den Ausblick und den Durchblick, nirgends zeigen sich Spuren einer ordnenden menschlichen Hand, eines architektonischen Planes; Wege und Wegweiser fehlen: keine Treppe, Terrasse oder Wegachse läßt einen Gartenbauplan auch nur in Ansätzen erkennen.

Selbst die zahlreichen Steinplastiken erscheinen ohne wohlüberlegtes, systematisches oder planmäßiges Ideen- oder Motivprogramm, sie muten wie zufällige Figurensetzungen an, die ohne Bezug zueinander und zur Umgebung stehen. Alles dies ruft den Eindruck des Sinn- und Planlosen, des Grenzenlosen und Undurchschaubaren und dadurch geradezu des Bedrohlichen und Gefährlichen hervor.

Diese Verdüsterung und Ordnungsfeindlichkeit kommt auch in den schriftlichen Lebenszeugnissen Vicinos zum Ausdruck. In einer der frühen Inschriften lud er noch dazu ein, einen Garten der Wunder zu bestaunen, jetzt aber schreckte er mögliche Gäste mit der Warnung ab, hier gebe es nur Schlangen, Gewürm, Drachen, Monster und sonstiges böses und furchterregendes Getier.

Nur noch wenige Gäste durften seinen verwandelten Garten sehen, und dann ließ er sie in dieser wegelosen Wirrnis ohne Führung. Selbst Gestaltungselemente, die auf den ersten Blick als harmonisch und schön erscheinen, entpuppen sich als Negation und als Offenbarung einer Sinnlosigkeit. Das bezeichnendste Beispiel hierfür ist jene Kapelle, die zum Gedächtnis für seine verstorbene Gattin Giulia und seinen Freund Orazio gelten sollte. Für ihre Errichtung konnte er den bedeutenden Architekten Vignola gewinnen, der in Caprarola für Orsinis Vetter, den Kardinal Alessandro Farnese, einen wunderschönen, axial geordneten

Die Grabkapelle von Bomarzo ließ Vicino Orsini zum Gedenken an seine frühverstorbene Frau Giulia und seinen im Kampf gefallenen Freund Orazio errichten.

und harmonisch gestalteten Landschaftsgarten geschaffen hatte. Aus der Ferne betrachtet ist es eine Grabkapelle in schönen Formen und Maßverhältnissen, ein kleines, ästhetisch ansprechendes Baukunstwerk, zu dessen Zentralbau eine Kuppel, eine Apside und ein Portikus gehören. Steht man unmittelbar davor, so erblickt man einen leeren, vergitterten, schmucklosen Raum, der weder Altar noch Kreuz, noch Gemälde oder sonstige Ausstattung enthält. Es ist die ödeste und traurigste Form einer

Kapelle: Eigentlich ist es gar keine Kapelle mehr, sondern die bauliche Hülse für einen Gedächtnisplatz, der den frühen und sinnlosen Tod von zwei ihm besonders nahestehenden Menschen anklagen sollte. Das mag wohl das Motiv Vicinos für diesen Memorialbau gewesen sein.

In seinem Leben hat eine weitere Persönlichkeit eine große Rolle gespielt, gerade auch in seiner späteren, verdüsterten Lebensphase. Das war Christoph Freiherr von Madrutz (italienisch: Cristoforo Madruzzo), der Kardinal und Fürstbischof von Trient. In Südtirol geboren, war er einerseits deutscher Abstammung und Sprache, andererseits kannte er die italienische Kultur der Zeit bestens, er besaß humanistische Bildung und war überhaupt ein weltläufiger Mann, ein sicherer und eindrucksvoller Charakter. Vicino war ihm zum erstenmal 1546/47 begegnet, während einer Reise als päpstlicher Gesandter zu Kaiser Karl V., bei der er sich einige Tage in Trient als Gast des Bischofs Madruzzo aufgehalten hatte, der im kaiserlichen Auftrag die Leitung des berühmten Konzils von Trient wahrnahm.

Zehn Jahre später, nach dem Tod seiner Frau Giulia, ist Vicino nochmals nach Trient gereist. Der Grund dieser Reise ist unbekannt, deshalb wissen wir auch nichts über die Gespräche, die Christoph Madrutz und Vicino Orsini führten. Aber es könnten diesesmal ganz persönliche Beweggründe gewesen sein. Denn es ist ein Brief Vicinos an Christoph Madrutz erhalten, den er etwas später schrieb, als seine Gedanken sich immer mehr verdüsterten und er zunehmend unter Wahnvorstellungen litt, die sich in steinerner Form im Park von Bomarzo wiederfinden. Er bat in diesem Brief um den Besuch seines Briefpartners.

Der Fürstbischof und Kardinal, Kaiserliche Rat und Gouverneur, Herr über viele Bistümer, folgte diesem Wunsch und kam nach Mittelitalien, wo er in Soriano, das zu seinem Bistum gehörte, nur eine Wegstunde von Bomarzo entfernt, ein Schloß besaß.

Der Mann, der für Kaiser und Reich wie für Papst und Kirche viel bedeutet hatte, wurde nun der Vertraute und Seelsorger des so verletzlichen und empfindsamen Vicino Orsini. Dies ist eine rätselhafte und merkwürdige Entscheidung, und sie wird für uns um so merkwürdiger, wenn wir die Person des Christoph Madrutz näher betrachten.

Zum Seelsorger eines einzigen, einsamen Menschen schien dieser weltzugewandte und weltoffene Mann mit glänzender Karriere durchaus nicht bestimmt. Er war der Sohn Giovanni Gaudenzio Madruzzos, Präsidenten des bischöflichen Rates und Hofmeisters der Söhne König Ferdinands I.; seine Mutter war Euphemia von Sporenberg. Bereits mit 17 Jahren erhielt der für die geistliche Laufbahn bestimmte Jüngling die reiche Pfründe der Pfarrei Tirol. Mit seiner geistlichen Würde kam eine Pfründe zur anderen. Es wurde über ihn einmal gesagt, er habe Bistümer gesammelt, wie andere Münzen. Und die Liste seiner Titel und Würden, die wir hier aufführen können, ist wirklich eindrucksvoll: 1529 Pfarrer von Tirol; 1534 Domherr von Augsburg; 1535 Domherr von Trient; 1536 Domherr von Salzburg; 1537 Domherr von Brixen; 1539 Bischof von Trient; 1540 Reichsfürst und 1542 Kardinal und Administrator von Brixen.

Beim Erhalt jedes neuen Amtes gab er die bisherigen Pfründen nicht etwa ab, sondern er behielt sie bei. Mit jedem neuen Amt und jeder zusätzlichen Würde vergrößerte sich sein politischer Einfluß, seine Mittel und Beziehungen, sein Reichtum und seine Macht. Mit der Kardinalswürde bewegte er sich nun in den obersten geistlichen, damit aber auch politischen Rängen. Aus dieser Zeit stammt das Porträt des Christoph Madrutz, das kein Geringerer als Tizian gemalt hat.

Am 13. Dezember 1545 wurde das Konzil von Trient eröffnet. Damit war Madrutz der Gastgeber eines reichs- und kirchenpolitischen Gipfeltreffens und der verantwortliche planende Koordinator einer Veranstaltung von weltgeschichtlicher Bedeutung. Der geistliche Reichsfürst und weltläufige Diplomat, der gewandte und gelehrte Gesprächspartner, der Gestalter großer Festlichkeiten erschien dafür auch der geeignete Mann. Damals wird er Vicino Orsini als päpstlichen Gesandten kennengelernt haben.

Doch auf der Karriereleiter war Christoph Madrutz damit noch nicht am Ende. 1550 wurde er Koadjutor des Erzbischofs von Salzburg. Damals wurde erwogen, das Erzbistum Salzburg und die beiden Bistümer Trient und Brixen in Personalunion zu verbinden. Das hätte für den Inhaber der drei Bischofsämter eine ungeheure Machtfülle auch in politischer Hinsicht bedeutet. Madrutz soll sogar Aussichten auf das Amt des höchsten kirchlichen Führers der Christenheit, auf den päpstlichen Stuhl, besessen haben. Daß ihm zu dieser höchsten Würde auch der ihm wohlgesonnene Kaiser verhelfen würde, lag im Bereich des Wahrscheinlichen und Möglichen.

Madrutz wurde, als das Trienter Konzil nach langer Unterbrechung 1551 erneut zusammentrat, wiederum Gastgeber dieser Versammlung höchster kirchlicher und politischer Amtsträger und Machthaber. 1556 ernannte ihn der Kaiser zum Gouverneur von Mailand. Vier Jahre später wurde er Kurienkardinal, 1561 Bischof von Alba, 1562 Bischof von Sabina, 1564 Bischof von Preneste und 1570 Kardinalbischof von Porto. Wenige Menschen haben so viele Würden, Reichtümer, Einfluß und Macht besessen. Diesen Mann erreichte nun, als er mit 54 Jahren auf dem Höhepunkt seines Lebens stand, der Brief eines vereinsamten, gemütskranken, zwar feinsinnigen, aber auch exaltierten italienischen Kleinfürsten, des Vicino Orsini. Madrutz traf eine erstaunliche Entscheidung, die auch heute noch Rätsel aufgibt und verwundert: Er gab seine geistlichen und politischen Ämter und Würden, selbst den Reichsfürstenstand auf und überließ sie seinem Neffen Ludwig Madrutz. Er empfing die geistliche Würde eines Kurienkardinals in Rom, wo er auch einen Palast besaß, behielt im wesentlichen seine kirchlichen Ämter in Italien und zog nach Soriano, nur wenige Kilometer von Bomarzo entfernt. In Bomarzo aber traf er den Freund, bei ihm verbrachte er viele Tage. Obwohl der Garten gar nicht anheimelnd war, hielt sich Madrutz hin und wieder dort auf.

Vicino hatte in seinem Park ein zweistöckiges Haus errichten lassen; ob aus Dankbarkeit für seinen Freund oder gar als gemeinsame Wohnung, erscheint zumindest fragwürdig. Wahrscheinlicher ist vielmehr, daß Vicino Orsini auch an diesem verrücktesten Baukörper im Garten von Bomarzo das gleiche Aufbegehren gegen die Ordnung, das Vernünftige, Schöne, Sinnvolle und Regelmäßige wie im gesamten Park demonstrieren wollte. Denn die »Casa pendente«, das Schiefe Haus, ist so regelwidrig gebaut, daß man dort nicht wohnen, ja sich nicht einmal besuchsweise aufhalten kann. Das Haus ist schief auf die Erde gestellt, alle Decken und Wände sind schief, es gibt keinen rechten Winkel. Hält man sich länger als zehn Minuten darin auf, wird der Gleichgewichtssinn so gestört, daß Schwindel und Taumel den Besucher ergreifen können. Sollte in einem solchen »Gebäude« der geistliche Freund in langen Gesprächen den seelisch geschlagenen Vicino heilen? Auch wenn man in

War das »Schiefe Haus« des Bomarzo-Parks als Aufbegehren gegen Ordnung und Vernunft gedacht?

dem Schiefen Haus mit der Raumeinteilung in Schlaf- und Wohngemächer, mit Küchen und Kaminen, einen zum Wohnen bestimmten Bau vermutet, so scheint dies eben nur so; es ist kein Abbild, sondern ein sinnverhöhnendes Zerrbild von Wohnlichkeit, es ist kein heimeliges, sondern ein unheimliches Gehäuse.

Die Verfremdung alles Gewohnten und Regelhaft-Gültigen zeigt sich auch an einem Objekt aus dem religiösen Bereich. Im Park von Bomarzo, nahe dem Schiefen Haus, befindet sich ein Altar mit einer büßenden Magdalena vor einem Kruzifix. Da der Altar aber nicht in einer Gartenkapelle, sondern im Freien steht, wäre er kirchenrechtlich also nur mit einem Portatile benutzbar. Aber dieser Altar steht unter lauter Altären mit heidnischen Göttern und Nymphen, und in der Nähe von heraldischen und phallischen Symbolen, so daß man nicht weiß, ob die Buße überhaupt ernst gemeint ist, ob es sich um eine Anspielung oder eine Darstellung von Unerlaubtem handelt.

Vielleicht können zur Deutung dieses seltsamen Gartens, des »Bosco

Sacro«, und seiner bedrohlichen, sinnverwirrenden und alle Regeln mißachtenden Plastiken und Bauten die merkwürdigen steinernen Inschriften helfen. Daß sie fast alle mitten im Satz abbrechen oder Satzrudimente sind, mag hauptsächlich dem sprichwörtlichen Zahn der Zeit anzulasten sein. Trotzdem kann man den Eindruck gewinnen, als ob ihr zweideutiger, rätselhafter und hintergründiger Charakter beabsichtigt wäre. So findet man hier einen solch fragmentarischen Satz, der in der Übersetzung lautet: »Einzig durch Sichaussprechen ... das Herz.« Wie ist der Satz zu ergänzen: atmet das Herz, lebt das Herz, erleichtert sich das Herz?

An der Wand des Schiefen Hauses findet sich eine der aufschlußreichsten Inschriften, eigentlich handelt es sich um zwei. Es ist nicht sofort erkennbar, daß sie zusammengehören, denn auch die Schriftgröße und die Schriftformen der beiden Texte sind unterschiedlich. Einzeln gelesen wirken ihre Aussagen fragmentarisch, zusammengenommen jedoch ergeben sie einen klaren Sinn und verraten auch etwas von den Motiven, die zur Errichtung des Hauses geführt haben: *Animus quiescendo fit prudentior ergo – Cristoforo Madruzzo principi Tridentino dedicato.* Zusammen lautet ihre Übersetzung: »Durch Ruhigwerden wird mein Geist weiser, deshalb (ist dieses Haus) dem Christoph Madrutz, dem Fürsten von Trient, gewidmet worden.«

Wenn diese Deutung richtig ist, so spricht aus der Inschrift die Dankbarkeit Orsinis zu seinem Freund Madrutz. Im platonischen Gespräch haben sich die beiden wohl oft ergangen, haben sie sich ergänzt. In der Aussprache hat der Kardinal dem gemütskranken Fürsten Orsini helfen können.

Aber er tat dies auch auf eine ganz andere Weise, in einem eigenartigen Wettbewerb: Zwischen Madruzzo und Orsini wurden kaum Briefe gewechselt, Traktate ausgetauscht oder gar Lehrstunden veranstaltet. Der gedankliche Austausch – oder eher gedankliche Wettstreit – äußerte sich im Gartenbau und in Landschaftsarchitektur. Bei Soriano wurde auch ein Park gestaltet, dessen Bauherr Kardinal Giovan Francesco Gambara war, der Inspirator aber war, wie wir annehmen, Cristoforo Madruzzo. Der durch ihn beeinflußte Garten von Bagnaia bei Soriano ist voller Schönheit und Harmonie. Gerade und symmetrische Formen, die klare Begrenzungen haben, sind die Merkmale dieses fröhlichen Gartens. Wenn man das Verhältnis zwischen Madruzzo und Orsini kennt, so drängt sich die Vermutung auf, der Kardinal habe seinem verstörten Freund damit zeigen wollen, wie schön, reich und geordnet die Welt sei und das Leben sein solle, und daß er versucht habe, Vicino damit von seiner eigenen positiven Lebenseinstellung zu überzeugen. Dieser aber antwortete darauf mit seiner Gartengestaltung des Chaos, der Wirrnis, der Grenzen- und Regellosigkeit, mit den Motiven und Formen des Manierismus: Auflösung der Grenzen, Ablehnung der Geraden, der klaren, ausgewogenen Harmonie und Schönheit.

So verdeutlichen die beiden Parkanlagen von Bomarzo und Bagnaia

Die Skulptur einer Schildkröte, der tartaruga, *wird als Sinnbild für den Abgrund, den* tartarus, *gedeutet.*

eigentlich ein fortwährendes Gegenspiel der unterschiedlichen Geisteshaltungen ihrer Schöpfer. Keiner der beiden hat den anderen von seiner Lebenseinstellung überzeugen können. Die gegensätzlichen Auffassungen lassen sich besonders an einer Steinplastik wie der riesigen Schildkröte in Bomarzo feststellen.

In den Wasserspielen, die ja Sinnbild des Lebens sind, spie früher einmal die Schildkröte ihr Wasser in einen Rachen hinunter, der sich scheinbar unbegrenzt weit öffnet. Das sollte der Sturz in den Rachen des Todes oder des Tartarus, der Unterwelt der Verstorbenen, darstellen. Und man erkennt plötzlich nicht nur, warum die Schildkröte, dieses allen Zeiten so unheimlich und abstoßend erscheinende Tier, in diesem Spiel vom Leben zum Tod eine solche Mittlerrolle erhält, sondern man erkennt auch, daß hier ein Wortspiel oder wenigstens ein sprachlicher Anklang plastisch dargestellt ist: mit *tartaruga*, der Schildkröte, ist auch der Tartarus, der Abgrund, der Absturz angedeutet, hierdurch wird ein Schlüsselwort für Tod ausgedrückt.

Gegenüber diesem Abgründigen, ins Grenzenlose Abstürzenden, erscheint nun Bagnaia mit seinen klar gegliederten Blumenbeeten, den ordentlich geschnittenen Hecken, seiner formfreudigen Kiesornamentik und den klaren Begrenzungen zwischen Blumenparterres und felsigem Waldgelände als völliger Gegensatz.

Wenn in Bagnaia die Darstellung der Hippokrene, der Quelle des Apoll, als Stätte dichterischer Inspiration mit einer wundervollen Pferdeskulptur den Mittelpunkt der ganzen Anlage bildet, so findet man in Bomarzo eine rudimentäre, zerbrochene Hippokrene, die bewußt schief gesetzt worden ist, so daß sie nicht als Brunnen dienen kann. Auch hier stürzt das Wasser wie sinnlos in den Abgrund.

Im Garten von Bagnaia gibt es gerade Wege, die ein sicheres Gehen und Zurechtfinden ermöglichen. Im Park von Bomarzo besteht geradezu die Gefahr, plötzlich zwischen Felsen abzustürzen oder sich zu verirren. Es gab damals keine Geländer; heute gibt es wenigstens Zäune. Alles war unbegrenzte, verwirrende Wildnis, genau so mag Vicino das Schicksal empfunden haben, das unvorhergesehen und unberechenbar über einen hereinbrechen kann.

Vereinfacht kann man den Gegensatz zwischen den Parkanlagen von Bagnaia und Bomarzo so ausdrücken: In Bagnaia ist alles geordnet, in

Bomarzo ist alles chaotisch. Es gibt keine geistige Brücke zwischen beiden. Vielleicht hat es aber doch eine kleine Annäherung gegeben.

Mit dem Tod des Kardinals Madruzzo endete 1578 diese Beziehung. Vicino Orsini überlebte ihn um mehrere Jahre. In hohem Alter zeugte er sogar noch mit einem jungen Bauernmädchen eine uneheliche Tochter namens Orontea. Diese Orontea soll Vicino sehr geliebt haben. Konnte er auch von seinem Wesen her im Alter kein froher Mensch mehr werden, so scheint er doch innerlich etwas ruhiger geworden zu sein. Der jahrelange Kontakt mit seinem Freund Madruzzo hat ihm vielleicht zu etwas innerem Halt verholfen, auch über dessen Tod hinaus.

An dieser Stelle ist die Frage berechtigt, wozu die großen Herren von damals, die Fürsten und Kardinäle, ihre Villen und Gärten eigentlich schufen. Sie waren Ausdruck des Reichtums, der Macht und der Kultur ihrer Besitzer. Wir wissen, daß in diesen vornehmen Kreisen große Feste veranstaltet wurden, zu denen man andere weltliche und geistliche Fürsten einlud, daß man seine Gärten ebenso wie seine Kunstsammlungen zur Schau stellte, sie den Gästen zum Staunen und Ergötzen überließ.

Ein besonders berühmtes Beispiel für einen solchen Begegnungsort des Adels in der Renaissance ist die Villa Mondragone nahe bei Rom, die dem Kardinal und Konstanzer Fürstbischof Marx Sittich von Hohenems – in Italien unter dem Namen Marco Sittico Altemps bekannt – gehörte.

In Bomarzo war aber kein Fürst, der mit vielen Gästen fröhlich sein wollte, sondern ein einsamer Mann. Je älter er wurde, desto mehr fürchtete Vicino Besuche, obwohl er für den Garten weiterhin viel Geld und Mittel aufwandte, wenn vornehme Gäste, wie etwa Papst Gregor XIII. im Jahr 1579, ihn besuchen wollten. Zur Vorsicht vor manchen Besuchern hatte Orsini inzwischen auch Anlaß. Seit der Neuanlage seines Gartens waren etwa dreieinhalb Jahrzehnte vergangen, und in den achtziger Jahren des 16. Jahrhunderts hatte sich bei den Klerikern eine strengere Haltung in religiösen Fragen durchgesetzt. Dabei mußte Vicino nicht etwa den damaligen Papst fürchten, der persönlich ein großzügiger Mann war, sondern die Heilige Inquisition. Was im Park von Bomarzo an Sinn- und Glaubenszweifeln, an Hoffnungslosigkeit, Verfremdung und Atheismus, wenn nicht gar Pervertierung kirchlicher Motive zu sehen war, konnte leicht so gedeutet werden, daß es fatale

Folgen für den Initiator des Gartens gehabt hätte. Orsini hat aus wohlbedachten Gründen den Garten immer mehr für die Außenwelt verschlossen gehalten.

So wurde also das Leben des alten Vicino Orsini in Bomarzo wieder leerer und trauriger. Denn der letzte Freund, der es ihm noch etwas aufhellen konnte, Christoph Madrutz, war tot, und der Zeitgeist verlor immer mehr an Toleranz. Dennoch glauben wir eine Spur des Weltzugewandten in diesem vergrämten und verängstigten Menschen aufzeigen zu können.

Dreimal hat er in seinem Garten das Motiv des Tartarus darstellen lassen. Zum einen in der bereits beschriebenen Steinplastik, wo aus dem Maul der Schildkröte das Wasser haltlos in den Abgrund stürzt. Beim zweiten Fall steht der Tartarus am Ende eines Weges. Hier trägt der Höllenrachen auf seinem Haupt eine Granate, deren Lunte glimmt und die im nächsten Augenblick die Erde zu sprengen droht; über ihr ist nämlich die Erdkugel samt der Burg von Bomarzo und dem Wappen der Orsini abgebildet. Es spricht aus dieser Weltuntergangsdarstellung eine zutiefst pessimistische, ja hoffnungslose Haltung.

Goethe läßt in seinem Schauspiel »Iphigenie auf Tauris« den fluchbeladenen Orest am Ende des dritten Aufzugs sprechen:

> Die Eumeniden ziehn, ich höre sie,
> Zum Tartarus und schlagen hinter sich
> Die eh'rnen Tore fernabdonnernd zu.

Er drückt damit aufkommende Hoffnung aus. Davon ist hier nichts zu spüren. Es wird nur unabwendbare Vernichtung ausgedrückt. Der dritte Tartarus im Park von Bomarzo ist der berühmteste; es ist jener *orco*, jener Todes- oder Höllenrachen, von dem alle beeindruckt sind, die Bomarzo gesehen haben. Es ist der einzige Bau in diesem ganzen riesigen Park voller Darstellungen des Sinnwidrigen und Sinnlosen, dem ein gewisser Sinn zugesprochen werden kann und der benutzbar ist. Im Innern dieses Höllenrachens befindet sich eine umlaufende Bank und ein Steintisch, der aus dem gewachsenen Fels gehauen worden ist. Hier hatten zwar nur wenige Tischgenossen Platz, aber es wurde im Orkus einst tatsächlich gegessen, getrunken, musiziert, gesungen, und natürlich wurden auch Gespräche in kleiner Runde geführt. Es ist eine merkwürdige Vorstellung, im Rachen des Todes zu sitzen und zu singen und mit Wein auf sein Wohl zu trinken. Ein solches Verhalten wirkt eigentlich nicht elegisch oder morbid, eher lebenstrunken; zumindest scheint sich damit das Bewußtsein ausdrücken zu wollen, im Tod nicht völlig ausgelöscht zu sein.

Diesen Gedanken will offenbar auch die über dem Höllenrachen eingravierte Inschrift vermitteln. Da steht heute, – wohl auch ursprünglich – das seltsame Wort: *Ogni pensiero vola* – Jeder Gedanke fliegt. Ließ Vicino Orsini hier das bekannte, völlige Hoffnungslosigkeit kündende Wort aus Dantes »Göttlicher Komödie« umkehren? Danach hätte auch bei Orsini ein Schimmer Hoffnung bestanden.

Doch der Garten von Bomarzo verbreitet offenbar bis zur Gegenwart Verwirrung und Irrung. Nach anderen, plausiblen Ansichten ist den modernen Restauratoren ein Irrtum unterlaufen. Orsini hatte möglicherweise eine andere Parodie auf Dantes Höllenzitat anbringen lassen: *Lasciate ogni pensiero, voi ch'entrate!* – Ihr, die ihr eintretet, laßt alle Gedanken fahren! – Das ist zwar eigentlich auch kein Trost, aber es scheint darin eine Aufforderung zur Abkehr vom Sinnieren und Grübeln, aber auch vom vernünftigen und ordentlichen Debattieren und Räsonieren zu liegen. Vielleicht drückt sich hierin eine Tendenz zu epikureischer Einstellung aus, vielleicht auch eine Verneinung alles Vernünftigen. In dieser Umformung von Dantes Zitat steckt vermutlich der Schlüssel, um die späte Lebenseinstellung des Schöpfers der Parkanlage von Bomarzo zu erfassen.

Sabbioneta

Herzog Vespasiano Gonzaga

Vespasiano Gonzaga, Herzog von Sabbioneta, ließ sich in seinem Mausoleum in der »Chiesa dell'Incoronata« als gottähnlicher Herrscher darstellen.

Mitten in der Po-Ebene liegt weltabgeschieden, still und abseits, von den Flußläufen des Po und des Olio fast ganz umschlossen, ein Landstrich ohne große Zentren und Märkte, ein fruchtbares Bauernland, und hier liegt Sabbioneta, wie der Name selbst verrät, auf einem sandigen Rücken, auf einer Sandbank der Po-Ebene. Aus den feuchten Gründen und Sümpfen dort erhebt sich eine Festung großen Ausmaßes mit Schanzen, Bollwerken, Toren und den verschiedensten Wehrbauten, deren Zweck und Standort nicht einsichtig erscheint. Vor dieser Festung steht die *Porta imperialis*, das Kaisertor. Dieses wurde nicht etwa zur Zeit der hochmittelalterlichen sächsischen oder staufischen Kaiser errichtet, sondern erst in der frühen Neuzeit, in der Zeit der Herrscher aus dem habsburgischen Haus, deren Augenmerk auf Spanien und die Niederlande, auf Polen und Ungarn gerichtet war. Darum erscheint uns der Sinn dieser Anlage noch fragwürdiger.

Einer der merkwürdigen Menschen des 16. Jahrhunderts, im Übergang vom Renaissance- zum Barockzeitalter, hat hier als italienischer Fürst und als Reichsfürst seinem Kaiser ein Ehrenmal gesetzt, in der Hoffnung, der Habsburger würde einmal durch diese Porta imperialis einziehen. Was veranlaßte Vespasiano Gonzaga, den Sproß der berühmten Adelsfamilie, der sich einst Herzog von Sabbioneta nannte, dazu, in diesem Landstrich um 1560 eine Stadt zu gründen?

Wohl war der Übergang von der Renaissance zum Barock die Epoche der großen Bauplanungen, des Gründungseifers. Rechtwinklig und symmetrisch angelegte Städte wurden entworfen und gebaut; das Ideal der neuen Städtegründer war Palmanova, die große Festung der Venezianer in der Terra Ferma. Doch in dieser Gegend ohne Fernstraße von Bedeutung eine große Stadt zu erbauen, die auf Wachstum und Wohlstand ausgerichtet sein soll, ist schwer verständlich. Zwar gibt es eine Verbindung nach Parma im Süden und Mantua im Norden, aber keine Querstraße und auch keine Brücke über den Po und den Olio.

Vespasiano, dieser kühne Phantast, ein Bauherr in guter Absicht, glaubte aber damals, in diese einsame Landschaft Handel und Gewerbe locken zu können, damit seine Residenz blühe und gedeihe, wie er sich wünschte und erhoffte. Der begabte Adelssproß, der unermüdlich und unbeirrt Planende konnte sich nicht mit dem Los abfinden, nur der nachgeborene Sohn der jüngeren Linie eines regierenden Hauses zu sein. Ihm schwebte vor, die Vettern des Fürstenhauses Gonzaga in Mantua übertrumpfen zu können. Ruhmsucht und Geltungsbedürfnis waren die Beweggründe, in der ihm durch Erbe zugefallenen Landschaft eine Stadt aus dem Sand und dem Sumpf entstehen zu lassen, um später das alte, reiche, dichtbevölkerte und lebhafte Mantua mit seiner blühenden Wirtschaft zu überflügeln und auszustechen. Schon damals war es nicht leicht, genügend Menschen zu einer Ansiedlung zu bewegen. Vespasiano sah sich genötigt, überall für seine Stadt zu werben und einen Siedlungs- und Heimatplatz anzubieten, da er ja seine neue Stadt nicht nur mit Bauern besiedeln konnte. Selbst Straftäter wurden unter die Neubürger aufgenommen und hier mit freiem Asyl bedacht.

Langfristig stellte sich die künstliche Metropolgründung als Fehlschlag heraus. In späteren Jahrhunderten zeichnete sie sich nur durch ihre Bedeutungslosigkeit aus, sie bot auch kaum mehr die wirtschaftliche Grundlage für die Einwohner, war wenig besucht. Sabbioneta war ein »verschlafenes Nest« geworden. Auch in der Literatur wurde die Stadt kaum genannt, bis schließlich zu Beginn des 20. Jahrhunderts Tübinger Studenten sie wieder entdeckten, und bis sie dann nach und nach zu einem Geheimtip für solche Reisende wurde, die ein Gespür und eine Zuneigung zu einer gewissen Art von Verfall einer solchen Stadt besitzen. Hermann Hesse besuchte Sabbioneta, auch Marie Luise Kaschnitz hat den Ort gesehen und verewigt, der mit seinen stillen, langen Gassen im Grunde immer noch ein toter Ort ist, der aber gerade deshalb seinem Gründer, der hier Leben schaffen wollte, um so mehr Aufmerksamkeit zukommen läßt.

Anlage und Einzelelemente dieser Stadt wirken zu groß und übersteigert, und man fragt sich, ob es überhaupt je möglich gewesen wäre, sie mit Leben zu erfüllen. Der große Platz zwischen dem ehemaligen Kastell und der riesigen Kunstgalerie ist durchweg in erhabenem Stil gestaltet. Hier sollte nach dem Willen des Gründers von Sabbioneta ein großer Garten für abendliche Feste und Gesellschaften angelegt werden; große, eindrucksvolle Kulissengebäude sollten ihn zieren, von denen jedem einzelnen ein besonderer Zweck zugedacht war. Jeder Bauteil, jedes einzelne Schaustück hatte seine ihm vorgeschriebene Absicht zu erfüllen und zeugt von den großen Plänen Vespasianos, wie auch jene riesige kostbare Säule, die hier aufgestellt wurde. Sie ist wohl eine echte antike Säule, steht aber hier nicht an ihrem Ursprungsort, sondern stammt aus Rom. Bei der Plünderung Roms im Jahr 1527, dem *Sacco di Roma*, durch Landsknechtscharen, bei der vieles aus päpstlichem Kunstbesitz den Besitzer wechselte, hatte auch Vespasianos Vater, Ludovico Gonzaga, genannt Rodomonte, nicht untätig zugeschaut, sondern neben einigen antiken Statuen die eindrucksvolle römische Säule aufladen und zunächst nach Mantua bringen lassen. Vespasiano richtete nun das ererbte Beute- und Prachtstück in seinem Festgarten auf, wo es den zentralen Blickpunkt, zugleich aber auch den Anfang seiner Antikensammlung bilden sollte. In diese künftige Galerie römischer und griechischer Denkmäler hoffte der Fürst nach und nach eine Reihe antiker Statuen aufnehmen zu können, denn seine Vettern in Mantua besaßen bereits eine herrliche und bedeutende – zum Teil noch heute erhaltene – Sammlung solcher Schätze des Altertums.

Der ehrgeizige Wetteifer, die *aemulatio*, beherrschte das Denken und Leben des Vespasiano Gonzaga völlig, und so entstand ein riesiges Galeriegebäude, das eine dreimal so große Sammlung hätte aufnehmen können, als er schließlich überhaupt zusammenbringen konnte. Auch auf die festliche Beleuchtung des großen Gartens war er bedacht, wie uns erhaltene Fackelsteckringe und Fackelschäfte verraten; daß festliche Musik- und Theateraufführungen hier stattfinden sollten, dürfen wir als sichere Absicht des Erbauers annehmen. Tatsächlich aber blieb diese prunkhafte Anlage lange Zeit ein stiller und einsamer Platz, ein Hof ohne Frauen und vergnügliche Gesellschaft, in dem gar keine Feste gefeiert wurden.

Um die Bildnisse seiner Ahnen in angemessener Würde zeigen zu können, ließ er einen mehr als hundert Meter langen Galerieflügel erbauen, bei dessen Betrachtung wir uns immer wieder über den unerschütterlichen Glauben dieses merkwürdigen Mannes wundern müssen, er stamme von den römischen Kaisern ab. Seine Annahme ist allerdings verständlich, wenn wir uns erinnern, daß sein Großvater mütterlicherseits, dem er seinen Vornamen verdankte, der römische Fürst Vespasiano Colonna war. Die Adelsfamilie Colonna war felsenfest davon überzeugt, daß sie von allen römischen Kaisern, von Hadrian, von Vespasian, ja sogar von den Begründern der römischen Imperatorenzeit, von Caesar und Augustus selbst, abstammen würde. Dies war eine Vorstellung, die auch die Hohenzollern und andere deutsche Fürstenfamilien jener Epoche für sich in Anspruch nahmen. Da Vespasiano sich seiner Abstammung von den römischen Kaisern über die Ahnenlinie seiner Mutter sicher war, fühlte er sich auch als geistiger Erbe des römischen Kaisertums, das die damaligen Geschichtsschreiber als leuchtendes Zeitalter glänzender Herrscherpersönlichkeiten vermittelten, und deshalb konnte nichts großartig genug sein, um die erlauchten Vorfahren und mit ihnen zugleich sich selbst darzustellen und zu ehren. So reihte er Herrscherbilder und Kaiserbüsten aneinander, und kein Mensch seines Jahrhunderts hätte darüber zu lachen gewagt.

Der Sproß der Antike, als der er sich selbst immer verstand, wurde 1531 in Fondi geboren. Ein halbes Jahr nach seiner Geburt starb sein Vater, ein kräftiger und heldenhafter Mann, bei der Belagerung der Stadt Varva, und die noch junge Gräfin von Fondi kehrte als Witwe in das Haus ihres Vaters, des bereits erwähnten Vespasiano Colonna, nach Rom zurück. Dort lernte sie bald darauf einen spanischen Fürsten, den Herzog von Sulmona, kennen und heiratete ihn. Der Stiefvater war ein ritterlicher Mann und guter Erzieher, und er sorgte auch dafür, daß Vespasiano, der junge Prinz von Fondi, am spanisch-habsburgischen Königshof erzogen wurde. Denn diese Linie der Gonzaga war, im Gegensatz zu anderen Mitgliedern des Hauses, immer kaisertreu. Vespasiano wurde Page am Hof Karls V., der Kaiser des Römischen Reiches und zugleich König von Spanien war; gemeinsam mit dem Kaisersohn Philipp, der etwas älter war, wurde er ausgebildet. Aus dieser Jugendzeit am spanischen Hof entwickelte sich eine lebenslange Freundschaft. Vespasiano und Philipp, die ganz entfernt miteinander verwandt waren, wurden so etwas wie Vertraute. Vespasiano nahm sich Philipp lebenslang zum Vorbild, vielleicht war er für ihn sogar ein Vater-Ersatz. In den Diensten des späteren Königs Philipp bewährte sich Vespasiano Gonzaga besonders, ihm standen durch seinen Stand und seine Geburt, durch einflußreiche Verwandtschaft und finanzielle Mittel alle Wege in der Welt offen.

Daß er dann aber seinem Leben eine etwas andere Richtung gegeben hat – man ist fast versucht zu sagen: daß so etwas anderes über ihn gekommen ist –, macht das merkwürdige Schicksal dieses Mannes aus.

Während seiner Pagendienste in Spanien erwies er sich als ein weltläufiger, dabei sehr belesener, gebildeter und nachdenklicher junger Mann, aber auch als militärisch tüchtig und körperlich belastbar. Solche Männer hätten damals die Auswahl unter vielen verheißungsvollen Laufbahnen und Stellungen treffen können. Statt aber sich draußen in der Welt zu tummeln, kümmerte er sich um sein kleines Erbland Sabbioneta und suchte für den künftigen Sitz seiner Herrschaft eine geeignete Herrin.

Die weitläufige »Galleria degli Antichi« des ehrgeizigen Sammlers Vespasiano Gonzaga.

Seine erste Erwählte, halb Französin, halb Spanierin, war eine Frau, die sogar in einem Zeitalter und einem Land, in dem man sehr großzügige Vorstellungen davon hatte, was eine Frau von Stand sich erlauben dürfe und was nicht, nicht mehr in den weitgesteckten moralischen Rahmen paßte. Dem Fürstinnen-Ideal des Kreises um den jungen Gonzaga entsprach sie beileibe nicht.

Julia Gardona Ilumes galt schon bei ihren Zeitgenossen als sehr hübsche und kokette Dame, die bereits mit einer Reihe von Männern Erfahrungen gemacht hatte. Eigentlich sollte sie ein anderes Mitglied der Familie Gonzaga heiraten, aber sie lehnte diesen Mann ab und behauptete, er sei impotent. Wie sich später zeigte, war dieses Gerücht falsch, aber für die Braut war es offenbar beängstigend. Als der junge Vespasiano erfuhr, daß sein höhergestellter herzoglicher Vetter Cesare als Gemahl von der schönen Spanierin ausgeschlagen worden sei, hatte er nur noch den einen Gedanken, daß diese Frau seine Gemahlin werden müsse. Obwohl er sie eigentlich gar nicht liebte, war er so begeistert davon, bei ihr, die den ranghöheren Vetter abgelehnt hatte, eine Chance zu haben, daß er sich einredete, in diese Frau unsterblich verliebt zu sein, und mit dem romantischen Schwung seiner neunzehn Jahre die ältere und erfahrene Frau sogar entführte.

Nach wenigen Tagen, in denen er in dem stolzen Gefühl schwelgen konnte, mit dieser Frau verheiratet zu sein, erlebte er eine niederschmetternde Enttäuschung. Julia machte nämlich keinen Hehl daraus, daß sie etwas anderes als einen kleinen Grundherrn erwartet hatte. Da Vespasianos Ehre nicht zuließ, die Ehe wieder aufzulösen, spielte er von nun an die bedauernswerte Rolle eines ständig betrogenen Ehemannes. Um seiner Frau, die ihm ein großes Erbe in Sizilien und Neapel in die Ehe gebracht hatte, in Sabbioneta alles zu bieten, was sonst eine vornehme Fürstin erwarten durfte, schuf er die, wenn auch kleine, Residenz in Sabbioneta, einen Hofstaat, er veranlaßte kulturelle Darbietungen und gab Feste mit illustren Gästen. Aber das alles verfing nicht bei ihr, und seine Bemühungen waren vergeblich.

Obwohl er schon längst wußte, was sie seit zehn Jahren hinter seinem Rücken trieb, hatte Vespasianos Geduld plötzlich ein Ende. Bei einem Fürsten sagt man ja nicht: »Er hat sie umgebracht«, in der italienischen Quelle heißt es: »Er machte sie sterben.« Einer seiner späteren Biogra-

Mit dem Bau des »Teatro Olimpico« schmückte der Herzog von Sabbioneta 1589 seine Residenz.

phen, der Conte Pompejo Litta, schrieb vor hundertundfünfzig Jahren: »Wenn man von einem so hohen Herrn erzählt, so sagt man besser: sie starb am Schlage.« Litta gebraucht hier eine doppelsinnige Formulierung. Trotz allem wissen wir aber nicht, auf welche Art Vespasiano seine Frau umbrachte oder umbringen ließ, und wir wissen auch nicht, was nach zehn Jahren schließlich den Funken auslöste. Vespasiano wurde für diese Tat nicht belangt: Dem Rächer seiner verletzten Ehre brachte man in Italien beinahe Mitgefühl entgegen. Die Meinung seiner Untertanen und die Öffentlichkeit Italiens gaben ihm auf gewisse Weise sogar recht, denn das Leben der Julia war skandalös genug gewesen. Er wurde also nicht wie ein Verbrecher behandelt, schließlich war er in seinem eigenen Herrschaftsbereich auch sein eigener oberster Gerichtsherr. Wir haben kein Bild von ihr, um aus ihren Gesichtszügen ihren Charakter ungefähr ablesen zu können. Wenn es je Bilder von ihr gegeben hat, so wurden sie nach ihrem schmählichen Ende vernichtet, und sie selbst wurde nicht mehr erwähnt, sie war verdammt und sollte aus dem Gedächtnis getilgt werden.

Vespasiano Gonzaga war ein vom Geist der Antike so völlig durchdrungener Humanist, daß ihm die Wiederbelebung antiker Sitten, Riten und Lebensnormen oder das, was man nach damaligem Kenntnisstand dafür hielt, zur zweiten Natur wurde. So hat er auf dem großen Gartenplatz von Sabbioneta einmal eine römische Opferfeier abgehalten: Zusammen mit einer großen Zahl von Jünglingen aus der Stadt, die wie er mit weißen Priestergewändern bekleidet waren, zog er in feierlicher Prozession mit vierzehn weißen Stieren, deren vergoldete Hörner mit Lorbeer und Myrten umwunden waren, zum Opferplatz. Das Relief der *Ara pacis*, des von Augustus im Jahr 9 vor Christi Geburt errichteten Friedensaltars, das Vespasiano in Rom gesehen hatte und das er als antikes Vorbild zum Muster nahm, hat er so wieder zum Leben erwecken wollen: *Rinascimento* – Wiedergeburt der Antike im 16. Jahrhundert als Ziel seines Lebens und seiner Epoche! Was dachten sich seine Untertanen, als sie ihren Herrscher mit vierzehn geschmückten Stieren über den Platz schreiten sahen?

Während er mit dem Ausbau von Sabbioneta beschäftigt war, berief ihn König Philipp nach Spanien. Am dortigen Hof spielte der scheinbar untätige Gonzaga eine politisch und militärisch bedeutende Rolle. Zeitweilig übte er sogar das Amt eines Vizekönigs von Navarra und von Valencia aus. In Spanien lernte Vespasiano seine zweite Frau kennen, die nun das Glück seines Lebens begründen sollte. Sie war als Angehörige einer jüngeren Linie des alten aragonesischen Königshauses mit Philipp verwandt. Anna von Aragón war, wie Vespasiano mit großem Besitzerstolz sagte, Cousine König Philipps II. In Wirklichkeit war sie nur eine Tante zweiten Grades von Philipp, aber sie konnte immerhin Erbansprüche nachweisen und hätte, unter gewissen Umständen, das Reich Aragón mitbeerben können. Vermutlich wurde sie gerade deshalb an jemanden verheiratet, der nicht einer regierenden fürstlichen Linie angehörte, damit der vollständige Erbanspruch der Habsburger auf das spanische Teilreich Aragón nicht gefährdet wurde. Für Vespasiano Gonzaga aber erschien diese Ehe sehr bedeutend, denn nun war er nicht allein durch Freundschaft mit dem spanischen König Philipp verbunden, sondern sogar mit ihm verwandt. Er konnte sich schmeicheln, fast zu Philipps Familie zu gehören. Dieses stolze Bewußtsein gab ihm neuen Lebensmut und die Hoffnung auf Söhne für seine neue Residenz, denn er wollte der Begründer einer Herrscherfamilie werden. Dazu brauchte er Söhne. Dieser Wunsch nach Kindern führte zu einer schweren gesundheitlichen Belastung der noch sehr jungen Frau. In Sabbioneta hat sie eine seltene Art von Mutterschaft erlebt, indem sie in einem Jahr vier Kindern das Leben schenkte; sie gebar im Januar Zwillinge und im Dezember des gleichen Jahres nochmals Zwillinge. Zuerst waren es Mädchen, aber mit dem zweiten Zwillingspaar kam auch der ersehnte Stammhalter, der natürlich Ludovico getauft wurde: das war der im Hause Gonzaga gebräuchliche Leitname für den regierenden Fürsten.

Die neunzehnjährige Mutter hatte nach ihren zwei rasch aufeinanderfolgenden schweren Niederkünften genug vom Ehestand. Zu ihrer Entscheidung mag zudem die unwirtliche, ja unheimliche Wohnstätte in diesem abgelegenen Landstrich beigetragen haben, wo alles unfertig und im Aufbau begriffen war. Sabbioneta war noch immer eine riesige Baustelle, überall wurde gehämmert und gemauert, Lärm und Unruhe herrschte, alles war noch im Wachsen, nichts war fertig. Das war wohl für eine junge Frau, die aus Madrid und Valencia hierherkam, einfach unerträglich. Nach der Geburt ihrer vier Kinder zog sie sich in das eine Wegstunde entfernte Rivarolo zurück, das ihr eherechtlich als Witwensitz vorbehalten war. Als sie durchschaut hatte, wie das Interesse ihres Mannes in Kulissen, Fassaden und protzenden Bauwerken aufging, daß es im Kern nichts Gediegenes war, sondern nur rasch hingesetzt und mit großartigem Anspruch hochgezogen, da erklärte die Zwanzigjährige, sie wolle sich zurückziehen, »um nur noch das zu bedenken, was wichtig sei«. Was sie damit gemeint hat, wissen wir nicht. Ein halbes Jahr später – 1565 – war sie tot. Man nahm schon damals Selbstmord an, um aber ein kirchliches Begräbnis in dem neugeschaffenen Mausoleum nicht zu gefährden, sprach man amtlich von einem natürlichen Tod.

Vespasiano Gonzaga war also nun zum zweitenmal Witwer geworden. Obwohl er erst Mitte Dreißig war, wollte er nicht wieder heiraten. Der Erbe, dem er seine zukünftige prächtige Residenzstadt und sein Fürstentum hinterlassen konnte, war ja schon geboren. Vespasiano übernahm nun militärische Auftragsdienste, während er seine Kinder der Erziehung durch Verwandte überließ. Auf der vom Bauherrn verlassenen Großbaustelle Sabbioneta arbeitete man weiterhin nach den Anweisungen, die er aus der Ferne schickte. In seiner Baulust erinnert dieser Mann an die Bischöfe Schönborn im 17. und 18. Jahrhundert, denen man auch den »Bauwurm« nachsagte. Er war unerschöpflich im Planen, baute weit über seine Verhältnisse; er errichtete eine Festung, die niemand brauchte, und eine Stadt, die eigentlich niemand wollte, als Mittelpunkt eines selbständigen Fürstentums, das noch gar nicht bestand. Mitten in diesem geschäftigen Planen und Treiben verließ er seinen Herrschaftssitz und ging nach Spanien, um wieder diplomatische und militärische Aufgaben im Dienste des Königs zu übernehmen. In einem Bericht des venezianischen Gesandten über Vespasiano Gonzaga wird er als groß, aber schlank und zierlich, fast grazil beschrieben. Sein schmaler Kopf mit den blonden Haaren soll versonnene Augen gezeigt haben. Körperlich bewies er auch bei Strapazen eine gute Ausdauer. Er lebte verhältnismäßig enthaltsam, aß wenig und war dem Alkohol abgeneigt. Das mochte ihn in der damaligen Zeit, wo man ausschweifende Gelage und Zechereien als Bestandteil fürstlicher Lebenskultur ansah, als seltsamen Menschen erscheinen lassen. Von seinen Soldaten aber wurde er nicht nur als guter Feldherr geachtet und verehrt, sondern auch deshalb, weil er für seine Leute sorgte, so wie er seine Künstler, die in Sabbioneta für ihn tätig waren, als Freunde behandelte. Die Regierungsgeschäfte führten Leute seines Vertrauens, so daß er unbesorgt in Spanien bleiben konnte. Der venezianische Gesandte erwähnt in seinem Bericht eine Eigenschaft des Vespasiano Gonzaga besonders: Er habe eine wunderbare und liebevolle Stimme, der man gerne zuhöre und die jeden erfreue; aber er könne, wenn ihn auch nur eine Kleinigkeit ärgere, in einen entsetzlichen Wutausbruch verfallen und dann seine Umgebung mit einer schauerlichen Stimme in Schrecken versetzen. »Ich würde es nicht schreiben, wenn ich es nicht selber erlebt hätte«, bekräftigt der Gesandte.

Der werdende Staat nahm langsam Formen an und Vespasiano wurde nach und nach mit Titeln und Würden ausgezeichnet. König Philipp von Spanien verlieh ihm den Rang eines Grande von Spanien, der deutsche König und römische Kaiser – dem er unverbrüchlich treu blieb, den er in seiner neuen Stadt Sabbioneta unter dem Kaisertor bei einem erhofften

Besuch, der sich leider nie ereignete, mit feierlichen Ehren empfangen wollte – erhob ihn zum Reichsfürsten. Schließlich gelang ihm auch als Krönung seines Bemühens die standesrechtliche Gleichstellung mit der Hauptlinie der Gonzaga, der er ja immer nachgeeifert hatte, und er wurde vom Kaiser zum Herzog erhoben. Damit wurde Sabbioneta Herzogtum und eines der südlichsten Reichsgebiete für über zwei Jahrhunderte. Die neue Würde brachte weiteren Glanz, verlangte aber auch zusätzliche Ausgaben. Obwohl er selbst in seinen persönlichen Bedürfnissen sehr bescheiden war, hat Vespasiano zeitlebens über seine

Nach seiner Ernennung zum
»Ritter vom Goldenen Vlies« schuf sich
Vespasiano Gonzaga
1585 dieses neue Wappen.

Verhältnisse gelebt. Er hat einfach nicht das richtige Verhältnis finden können zwischen den immerhin sehr großen Einkünften, unter ihnen zahlreiche Steuer- und Zolleinnahmen selbst in Sizilien, und den Kosten seiner Pläne, die er in einer einzigen Generation verwirklichen wollte. Für solche Pläne reichte selbst sein großes Erbe nicht. Er war einer jener merkwürdigen Menschen, die das Bibelwort nicht bedachten: »Wer unter euch wäre es, der ein Haus bauen sollte und sich nicht besänne, ob er es auch hätte, das Werk hinauszuführen?« Vespasiano hatte sicherlich nicht derart reiche Mittel, um sein Werk ganz zu Ende zu führen. Aber dieser Mangel hat seinen Höhenflug und seine Pläne nicht bremsen können.

Als Herzog war sein Aufgaben-, aber auch sein Wirkungsbereich erheblich erweitert, als Reichsfürst konnte er überdies Asylrechte verleihen. Um die Zahl seiner Untertanen zu erhöhen, gewährte er straffällig gewordenen oder verfolgten Menschen aus ganz Italien Asyl und ließ sie in Sabbioneta einbürgern. Er wollte aber nicht nur die Einwohnerzahl erhöhen, sondern durch Anwerbung von Künstlern und Wissenschaftlern auch eine Elite gewinnen. Das kleine Sabbioneta sollte nach Vespasianos Willen werden, was Ferrara durch die Fürsten von Este geworden war, was die verwandten Gonzaga aus Mantua gemacht hatten, was der Herzog Federigo da Montefeltro in Urbino oder die Medici in Florenz erreicht hatten, ja es schwebte ihm eine Art geistiges Zentrum Italiens in Sabbioneta vor. Den angestrebten und in Teilen schon verwirklichten Musenhof nannten seine Bewunderer und Lobredner bereits das »kleine Athen« der Gonzaga. Dichter, Bildhauer, Geschichtsschreiber wurden von Vespasiano nach Sabbioneta gerufen. Eine Akademie wurde gegründet, die später zu einer Universität erweitert und erhöht werden sollte. Im Wetteifer mit den berühmten Theaterbauten von Vicenza wurde das große Teatro Olimpico errichtet, wahrscheinlich seit den Zeiten der Antike der erste überdachte Theaterraum. Es wurde zwar nur ein kleiner, intimer Bau, doch die Pläne sahen größere Ausmaße vor. Was ist dort wohl gespielt worden? Leider ist uns nur bekannt, daß dort wirklich Aufführungen stattgefunden haben, nichts ist von den Themen und Stücken überliefert. Die kleine Hofgesellschaft hat sich dabei erheitert – wobei wir aber bedenken müssen, daß dieser Fürstenhof trotz der pompösen Fassaden des Festgartens und der Veranstaltungen doch kein richtig heiterer Hof war: Ihm fehlte die wärmende und belebende Atmosphäre, die nur eine Frau einbringen kann. Den heiteren Glanz, mit dem im 18. Jahrhundert die Herzogin Anna Amalia Weimar erfüllt hat, den gab es in Sabbioneta eben nicht. Es war ein männlicher Freundeskreis und eine Männergesellschaft von Gelehrten und Künstlern, es waren Leute, die der Zufall oder die Vergünstigungen, die Vespasiano bot, hierhergeführt hatte. So kam auch Carlo Gesualdo, der Herzog von Venosa, der seine Ehefrau umgebracht hatte, in diesen Kreis. Da er nicht wie Vespasiano Gonzaga reichsunmittelbarer Fürst und Gerichtsherr war, mußte er befürchten, vom Papst, seinem Lehnsherrn, zur Verantwortung gezogen zu werden. Deshalb brachte er sich hier in Sabbioneta in Sicherheit. Man kann sich vorstellen, daß einige der elegischen Kompositionen Gesualdos hier in Sabbioneta entstanden sind.

Dieser ganze Kreis von Gelehrten und Künstlern brachte zwar für kurze Zeit einen kulturellen Glanz nach Sabbioneta, aber er hielt nicht an, wie es später in Weimar der Fall war, wo Anna Amalias Geist über das ganze 19. Jahrhundert fortwirkte.

Vielleicht war auch das Fehlen einer solchen Frau der Grund, weshalb der rastlos tätige Vespasiano Gonzaga, der hoffnungsvoll in eine großartige Zukunft blickte, zuweilen in depressive Stimmungen geriet. Aus dieser Niedergeschlagenheit rühren seine düsteren und schwermütigen Sonette und Briefe, in denen sich Lebensangst und Verzweiflung ausdrücken. Dann folgten wieder jähe Aufschwünge mit neuen Plänen für weitere Bauten.

In dieser späteren Zeit Vespasianos ereignete sich ein weiterer Schicksalsschlag in seiner Familie. Im Jahr 1580, als nur noch ein Sohn und eine Tochter des Herzogs lebten, starb auch der Erbe und Nachfolger Ludovico. Für ihn hatte Vespasiano alles geschaffen, er sollte die Früchte seines Ringens und Bemühens in naher Zukunft ernten. Einige Quellen behaupten, der Vater sei auf den Sohn neidisch gewesen und habe ihn deshalb umgebracht. Eine törichte Behauptung, denn Vespasiano hat sicher nicht einen Staat aufgebaut und eine Dynastie begründet, die das Erbe der erlauchten Vorfahren, der verehrten römischen Kaiser, fortsetzen sollte, um dann den einzigen Erben aus Neid oder Eifersucht umzubringen. Es gibt noch eine andere Deutung, die sehr viel bitterer, aber glaubhafter ist, weshalb sie schon von den Zeitgenossen schriftlich festgehalten wurde: Vespasiano habe seinem Sohn in einem Wutanfall mit einem Dolch das Herz durchstoßen. Was immer auch die wahre Todesursache des Knaben war, die wir nie erfahren können, weil es gegen den regierenden Fürsten keine gerichtliche Untersuchung geben konnte und er nie zur Rechenschaft gezogen wurde, so ist doch von diesem Zeitpunkt an ein merkwürdiger und deutlicher Bruch im Leben

Vespasianos festzustellen. Von nun an überwogen bei ihm die düsteren Stimmungen und die selbstquälerischen Vorwürfe; er zog sich sogar zeitweilig in das Servitenkloster neben der Coronatakirche zurück, die er einst als Krönungs- und Grabeskirche seiner künftigen Dynastie hatte errichten lassen. Religiöse Übungen und neue Ausbrüche von Bauwut wechselten sich ab. Feste wurden nun keine mehr gefeiert, die Gärten verödeten, als Trost blieb ihm die Musik, und mitunter stürzte er sich in emsige Geschäftigkeit. Schließlich erkannte er mit über fünfzig Jahren, daß sein Lebensziel unerreichbar bleiben werde, daß seine Mühen umsonst waren und sein Werk zerbrochen sei.

Nun war er bereit, zum drittenmal zu heiraten, denn die zweite Ehefrau war inzwischen auf ihrem freiwilligen Witwen- oder Trennungssitz verstorben. Eine Verwandte aus der Familie Gonzaga, ein noch sehr junges Mädchen, wurde von ihm zur neuen Herzogin von Sabbioneta auserwählt. Aber auch diese Ehe war wieder unglücklich und blieb außerdem kinderlos. Die junge Frau hatte kein Interesse an den Bauplänen ihres Mannes und zog sich in sich selbst zurück.

Der neue große Herzog von Sabbioneta hatte für seine Dynastie eine standesgemäße Grablege bauen lassen. Die erste Frau durfte hier aber nicht beigesetzt werden, und sein Sohn war vor ihm gestorben. So erhielt die Stätte nicht die ursprünglich von Vespasiano gedachte Aufgabe.

Dem Andenken der beiden anderen Ehefrauen, vor allem aber zu seinem eigenen ehrenden Gedächtnis, ließ er sich von Leone Leoni als antiken Imperator, fast als thronenden Jupiter darstellen. Als gewichtiges Zeichen und bedeutsam für die damalige Zeit ist die Körperhaltung mit den ungleich hochgestellten Füßen zu werten, die nur dem Herrscherbild und der Gottesdarstellung vorbehalten war. Das Mausoleum in der »Chiesa dell' Incoronata« war mit seiner Achteckform eine Nachbildung des Aachener Domes, wobei Vespasiano mit Absicht das seit Karl dem Großen als imperiale Bauform geltende Oktogon verwendet hat, das an die Tradition der großen mittelalterlichen deutschen Herrscherbauten anzuknüpfen suchte. Immerhin war er ein Reichsfürst, und sein Herrschaftsgebiet war der südlichste Teil des Heiligen Römischen Reiches Deutscher Nation. 1591 nahm ihn schließlich das Grab dieser Kirche auf, als er zu Anfang des Jahres mit knapp sechzig Jahren in Sabbioneta starb.

Welche Unsummen hat dieser Herrscher an diesem einen Ort verbaut, und warum hat er die Folgen nicht im voraus erkannt? Warum waren die Pläne immer so vermessen groß und die Höhenflüge so weit gedacht, daß der Absturz fast unvermeidlich war? Ganz zweifellos war ein starker Beweggrund für sein Handeln die Rivalität mit der älteren und regierenden Linie der glanzvollen und glücklichen Gonzaga in Mantua. Alles was es dort gab, wollte er auch in Sabbioneta haben, und er war besonders stolz, wenn er den Verwandten in Mantua sogar zuvorkommen konnte. Vor allem der vom Glück begünstigte Vetter Guglielmo erweckte seinen Neid. Guglielmo war durch seine Mutter Enkel des habsburgischen Kaisers, hatte viele Söhne und Töchter, die dem Vespasiano versagt blieben, er wohnte in dem fröhlichen Mantua, das man in Sabbioneta nachzuahmen suchte. Es mußte durch außerordentliche Anstrengung auch zu erreichen sein.

Das allein rechtfertigte nicht, in dieser Weise mit dem Vetter der Hauptlinie in Mantua zu wetteifern. Sicher erinnerte sich Vespasiano an seine Abstammung von den Colonnas, und er glaubte, das Blut der alten Cäsaren des antiken Römischen Reiches fließe in seinen Adern. Vespasiano hat, als er wieder einmal seinen Schwermutsanwandlungen entronnen war, selbst ausgedrückt, daß er sich als jemand fühle, der durch seine berühmte Vorfahrenschaft sich zu Bedeutendem angespornt wisse. Dazu gehörte auch, daß er von den Hohenstaufen abstammte. Seine Ururgroßmutter war eine Hohenzollerin, Barbara von Brandenburg-Ansbach, übrigens die Mutter jener Barbara Gonzaga, die ein Jahrhundert früher als Gemahlin Eberhards im Bart als Landesherrin von Württemberg im Uracher Schloß gewohnt hatte. Von der deutschen Ahnfrau in Ansbach hatte Vespasiano seine blonden Haare und blauen Augen geerbt. Das durch Barbara von Hohenzollern vermittelte Wissen um die Abstammung von den Hohenstaufen und damit auch von den Saliern, den Ottonen und den Karolingern hat Vespasiano aufgeschrieben, und es war ihm stets gegenwärtig. Die Verwendung der oktogonalen Form für seine Grabeskirche läßt sich somit auch als bewußte Verpflichtung gegenüber der Familientradition verstehen. Die uns als Großmannssucht erscheinende Baulust ist Auswirkung seines Sendungsbewußtseins. Zu solchen hohen Ansprüchen sah er sich nicht nur berechtigt, sondern geradezu genötigt. Wenn er berühmte Leute um sich versammelte, so war natür-

Im Herzogspalast werden geschnitzte und bemalte Holzstatuen gezeigt, die als Modelle für ein geplantes monumentales Reiterstandbild auf dem Marktplatz von Sabbioneta entstanden sind.

lich auch eine gewisse Selbstdarstellung mit im Spiel, die uns verständlicher wird, wenn man an sein großes Lebensziel denkt, dem er sich schon durch seinen Namen Vespasiano verpflichtet fühlte. Damit erklärt sich uns auch die Diskrepanz zwischen Planung und Durchführung seiner Bauten, die man in Sabbioneta auf Schritt und Tritt sehen und empfinden kann.

Zu den berühmten Persönlichkeiten, die er, in Stein verewigt, hier aufzustellen gedachte, gehörten die italienischen Söldnerführer Gattamelata und Bartolomeo Colleoni, aber auch der spätrömische Kaiser und Philosoph Marcus Aurelius. Sie sollten nach Vespasianos Absicht Teile eines großartigen Kranzes von Reiterdenkmälern aus Marmor auf dem Marktplatz von Sabbioneta bilden. Auf ähnliche Weise sollten auch zwölf Ahnen des Hauses Gonzaga als Reiter auf vergoldeten Pferden in sechsfach gestaffelter Doppelreihe dargestellt werden – mit Vespasiano in der Mitte. Dieser hochtrabende Plan wurde nur in Ansätzen verwirklicht. Fertiggestellt wurden vier, als Muster geschnitzte hölzerne, farbig bemalte Modellpferde, die noch heute im Herzogspalast von Sabbioneta stehen. Die Reiter auf den Riesenschaukelpferden wirken wie Spielzeug, sie sind Rudimente großartiger und großspuriger Vorstellungen.

Dies gilt für vieles aus der Hinterlassenschaft des Vespasiano Gonzaga. Will man schließlich alles auf einen gemeinsamen Nenner bringen, so stellt man überrascht fest, daß dieser einem Bildmotiv entspricht, das am häufigsten im Bilderschmuck der beiden Schlösser, des Gartenpalastes und des herzoglichen Wohnpalastes, wiederkehrt. Es ist die aus der antiken Mythologie bekannte Fabel vom Sturz eines Vermessenen.

Auffallend oft ist die Sage von Phaethon dargestellt, der den Himmelswagen des Sonnengottes Helios über das Firmament lenken möchte. Gerade hat er noch den Wagen in seiner Gewalt, dann entgleiten ihm die Zügel. Der Sturz des Phaethon ist in zwei wichtigen Aufenthaltsräumen Vespasianos dargestellt, in seinem Schlafgemach und in seinem *studiolo*, dem Arbeitszimmer. Hier bildet die Darstellung des Phaethon-Mythos das beherrschende Mittelstück des ganzen Deckengemäldes. Der Himmelswagen donnert mit den Pferden hinweg, während Phaethon als Wagenlenker gerade vor dem Sturz steht. Der Betrachter mag unwillkürlich noch die bange Frage stellen: »Wird er den Wagen noch halten können?«

Phaethon und Ikarus, die beiden Hochstrebenden und Abstürzenden: das ist im Grund das mythologische Sinnbild für das Leben des Vespasiano Gonzaga. Wenn man sich dieses Leben überhaupt in einem Bild vorstellen will, dann mit dem eines Menschen, der nach Großartigem, ja nach Ungeheurem strebt, den es nach oben reißt, der aber in jedem Augenblick in das Leere abstürzen kann, so wie es Goethe in einer berühmten Szene in Faust II schildert: Aufstrebend wie Ikarus entschwindet Euphorion den Eltern, Faust und Helena stehen im Jammer um den Sohn, den sie zurückhalten wollen, der aber nichts anderes mehr kann und will, als seinen Höhenflug auszuführen, wohin und zu welchem Schicksal er ihn auch hinreiße. Ein zweimaliger Aufschrei des Chores begleitet diesen Flug; ein glücklicher, als Euphorion strahlend wie ein Sieger hochfliegt, und ein Aufschrei des Entsetzens, als er abstürzt, der soeben gefordert hatte, ihm den Höhenflug nicht zu verwehren:

Euphorion	»Dorthin! Ich muß! Ich muß! Gönnt mir den Flug!«
Chor	»Ikarus! Ikarus! Jammer genug!«

Poggio a Caiano

Francesco Medici und Bianca Capello

Die Villa Poggio a Caiano bei Florenz wurde zwischen 1480 und 1485 von Giuliano da Sangallo als Landsitz der Medici erbaut.

Wenn uns als Kindern eine Geschichte erzählt wurde, fragten wir immer vorher: »Geht sie gut aus, oder geht sie schlecht aus?«

Das Ende der Liebesgeschichte vor über vierhundert Jahren in Poggio a Caiano kann man weder eindeutig als gut noch als schlecht bezeichnen.

Von der Höhe vor Florenz werfen wir den Blick hinunter auf die Stadt und den Arno, den Dom, den Palazzo Vecchio und sehen auch den Stammplatz des berühmten Hauses Medici.

Diese Bürgerkönige, die jahrhundertelang nur als die Ersten unter Gleichen einer Republik galten, haben nach ihrem vorübergehenden Sturz im Jahr 1494 im Lauf des 16. Jahrhunderts eine merkwürdige Wandlung ihrer staatsrechtlichen Stellung erfahren.

Die alte Linie des Lorenzo il Magnifico, des »Prächtigen«, mit ihrer großen Heldenreihe, den Königen Italiens im geistigen Sinn, war im 16. Jahrhundert im Mannesstamm erloschen. Es blühte aber ein zweiter Zweig Medici weiter, dessen Begründer ein Urenkel Lorenzos des Prächtigen war und der erste Herzog des Geschlechts wurde. Dies war Cosimo I. (1519–1574), dessen Taufname sozusagen schon programmatisch für die Medici stand.

An Macht, Reichtum und Autorität waren die Medici zwar fürstengleich, doch war es eine Republik, der sie als erste Bürger vorstanden. Im 16. Jahrhundert wurden sie aber wirkliche Fürsten; das war in der Zeit der sich entfaltenden Territorialstaaten gar nicht so leicht durchzusetzen. Die Medici, die bisher auf einer ganz eigentümlichen Form von Autorität ihre Herrschaft über die Republik Florenz gestützt hatten, mußten sich nun in die große Kette der Fürstenhäuser Europas einreihen und sich deren anders ausgerichteter, vielfältig übergreifender Politik anpassen. Mit der Erhebung des Alessandro Medici zum ersten Herzog von Florenz 1531 vollzog die herrschende Linie den Aufstieg in den Fürstenstand, unterstützt durch den Medici-Papst Clemens VII. und Kaiser Karl V. Bestätigt wurde der Herrschaftsanspruch durch die Übergabe des Herzograngs an den achtzehnjährigen Cosimo im Jahr 1537.

Ob das die frühen Medici gutgeheißen hätten, ist ungewiß. Sicher hätten sie kaum die kaiserfreundliche Politik Cosimos gebilligt, der engen Anschluß an den römisch-deutschen Kaiser Karl V. suchte, um mit dessen Hilfe sein Herzogtum abzusichern und auszubauen. Cosimo hätte sich am liebsten durch Heirat mit dem Oberhaupt aller Fürsten des christlichen Abendlandes verbunden. Eine eheliche Tochter des Kaisers konnte ihm als Aufsteiger allerdings nicht zustehen, aber es gab ja immer auch illegitime Töchter, wodurch man in die kaiserliche Familie einheiraten und auch standesmäßig »hinaufheiraten« konnte. Diesen weiteren Aufstieg, der schließlich seinem Sohn Francesco gelang, schaffte Cosimo I. nicht, und so beschied er sich mit einer spanischen Prinzessin, die immerhin noch zur ferneren Verwandtschaft des Kaisers gehörte. Eleonora von Toledo war die Tochter des Marchese von Villafranca, des Vizekönigs von Neapel aus dem Hause Toledo-Alvarez. Diese Gemahlin Cosimos von Florenz soll eine der schönsten, frömmsten und tugendhaftesten Frauen ihrer Zeit gewesen sein.

Aus der 1539 geschlossenen Ehe Cosimos mit Eleonora stammt Francesco Medici, der seinem Vater in der gesteigerten Würde eines Großherzogs der Toskana nachfolgte. Der Vorname Francesco war – wenn wir von Cosimos Urgroßvater Pierfrancesco und dessen Bruder Francesco absehen – bis dahin in der Familie der Medici nicht üblich gewesen. Die sehr fromme spanische Mutter soll dem heiligen Franz von Assisi gelobt haben, wenn sie einen Sohn zur Welt bringe, solle er seinen Namen erhalten. Dieser Sohn wurde somit 1541 in allen Rang, den damals eine europäische Fürstenfamilie aufweisen konnte, hineingeboren. Denn zu dem unerhörten Reichtum und den fast unerschöpflichen Mitteln der Medici kamen nun noch die herzogliche Standeswürde, das politische Gewicht eines Territorialfürsten und der Glanz der hochadeligen Verwandtschaft.

Trotzdem wurde dieser scheinbar vom Glück erwählte Mensch eher ein Glückloser. Er bekam zwar eine Kaisertochter zur Gemahlin, was sein Vater noch nicht erreicht hatte, aber mit dieser Frau führte er keine

Hauptsaal in der Villa Poggio a Caiano
mit Fresken von Alessandro Allori und Franciabigio,
deren Themen Paolo Giovio ausgewählt hat.

glückliche Ehe. Seine große Liebe, aber auch sein Schicksal, wurde die venezianische Patriziertochter Bianca Capello. Als Geliebte war sie ihm eine treue Lebensgefährtin, und als sie später schließlich doch seine angetraute Gattin werden konnte, wurde dies zur wahrscheinlichen Ursache für seinen Untergang, der sie mitriß. Die Liebesgeschichte zwischen dem Großherzog der Toskana und der Bürgerstochter aus Venedig nahm ein Ende, das bis heute nicht ganz geklärt ist. Der Ort, an dem diese Geschichte endete, war nicht Florenz, sondern Poggio a Caiano, eine der kostbarsten Villen, welche die Medici auf dem offenen Lande besaßen.

Mit Poggio a Caiano ist die Familiengeschichte der Medici vielfach verknüpft. Als Landsitz war die Villa in den Jahren 1480 bis 1485 von Giuliano da Sangallo für Lorenzo il Magnifico erbaut worden. Giuliano hatte ein Haus im »antiken Stil« entworfen und errichtet, in welches sich die Medici und ihr Kreis von Zeit zu Zeit zurückziehen und ein Leben nach humanistischen Idealen führen konnten. Dieser Tradition schloß sich auch Francesco Medici, der zweite Großherzog, an.

Für ihre prächtigen Gärten und Villen auf dem Lande waren schon die frühen Medici bekannt. In ihre erste Sommervilla, Cafaggiolo in Muggello, hatte seinerzeit Cosimo der Alte seine Freunde zu Gesprächen und zur ländlichen Erholung eingeladen. Die tonangebende Bürgerfamilie in einer der reichsten Städte der Welt hatte natürlich ihre großen Palasträume in der engen Stadt – ausgestattet mit fabelhaften Kunstwerken. Aber dieses Leben innerhalb der Mauern des volkreichen und dichtbebauten Florenz wurde ausgeglichen durch Aufenthalte in der frischen, freien Natur auf dem Lande. Es entsprach auch dem Zeitgeschmack der Renaissance, man sah sich hier als Wiederbegründer einer antiken Daseinsform. Nicht nur zum Lebensgefühl der Medici, sondern zu dem des ganzen Florentiner Adels und der kulturtragenden Bildungsschicht gehörte das zeitweilige ländliche Leben, fern von der Stadt in der heiteren Natur. Es fällt nicht schwer, sich vorzustellen, daß diese Vornehmen und Gebildeten aus Florenz hier Vergils »Bucolica« oder Catos »De vita rustica« gelesen und darüber Gedanken ausgetauscht haben. Bis zu ihrem Erlöschen im 18. Jahrhundert vermehrten die Medici ständig die Zahl ihrer Villen und Landschlösser. Poggio a Caiano ist eine der berühmtesten davon geblieben.

Francesco Medici, Großherzog der Toskana;
Gemälde von Agnolo di Cosimo, genannt Bronzino.

Bevor wir die Liebesgeschichte des Großherzogs Francesco Medici und der venezianischen Patriziertochter Bianca Capello aufrollen, müssen wir Francescos Familie etwas näher betrachten. Die meisten Ehefrauen in der älteren Linie der Medici waren florentinische Damen von gleichem vornehm-bürgerlichen Stand gewesen. Niemand hatte deshalb am Rang und an der Bedeutung der Medici in der politischen Welt Italiens gezweifelt. Mit dem Begründer der jüngeren Linie, Cosimo I., kam aber nun ein neuer Ehrgeiz in die Heiratspolitik. Als Cosimo keine Kaisertochter zur Gemahlin bekommen konnte, wählte er sich aus dem hohen Adel eine der schönsten Damen, jene blonde, hellhäutige spanische Fürstentochter Eleonora von Toledo.

Aus dieser Ehe stammen eine ganze Reihe Kinder. In den Gemälden von Agnolo di Cosimo (genannt Bronzino) ist ihr Aussehen festgehalten.

Die älteste Tochter war Maria. Sie soll eine Schönheit gewesen sein, starb aber bereits mit 17 Jahren an Tuberkulose. Entzückend war auch die zweite Tochter, Isabella, »la Stella«, der Stern der Familie Medici, eine begabte, fröhliche, geistvolle Frau, die einen Musenhof um sich versammelte. Sie hatte ein schlimmes Schicksal, denn sie wurde von ihrem bösartigen und liederlichen Gatten, dem Fürsten Paolo Orsini, im Alter von 34 Jahren erdrosselt. Die dritte Tochter, Lucrezia, wurde schon sehr jung mit Herzog Alfonso d'Este vermählt. Auch sie starb früh, nicht einmal siebzehnjährig, ebenfalls an Tuberkulose.

Die zwei folgenden Söhne erhielten ihre Taufnamen nach der spanischen Verwandtschaft. Sie erreichten beide nicht das Mannesalter. Pedricco starb schon als Kleinkind, den fünfzehnjährigen Garcia, Liebling der Familie, raffte 1562 das Sumpffieber dahin. Im gleichen Jahr starb auch der neunzehnjährige Giovanni, dem man bereits die Kardinalswürde verliehen hatte.

Von den neun Kindern Cosimos und Eleonoras blieben also nur drei am Leben: der älteste Sohn Francesco (geboren 1541) und die beiden jüngsten, Ferdinando (geboren 1549) und Pietro (geboren 1554).

Francesco und Ferdinando wurden die zwei Häupter und waren zugleich Gegner innerhalb des Fürstenhauses Medici. Francesco als der älteste Bruder erbte vom Vater Cosimo die Großherzogswürde, Ferdinando aber, der jüngere, wurde zur geistlichen Laufbahn bestimmt, obwohl er sich dafür als lebensfroher und tatendurstiger Mensch wenig eignete. Der dritte Bruder, Pietro, mußte 1576 nach Spanien verbannt werden, weil er seine Gattin Eleonora umgebracht haben soll. Er verschwand somit von der politischen Bühne der Toskana.

Es entsprach wohl den Plänen und Wünschen des Vaters, wenn Ferdinando Kardinal wurde, denn damit war die Chance gegeben, daß nach zwei Päpsten aus dem Hause Medici mit Cosimos Sohn ein dritter des Geschlechtes den Stuhl Petri bestiegen und damit das Ansehen und die Macht der Florentiner Familie noch weiter gesteigert hätte. Daß aber Ferdinando eines Tages doch nicht mehr für dieses höchste Kirchenamt zur Verfügung stehen konnte, hing wieder mit dem Geschick von Francesco und Bianca zusammen.

Der für die geistliche Laufbahn bestimmte Ferdinando war ein Tatmensch: ein kühner Reiter, ein Politiker, ein Diplomat, ein Mann, der den Gang der Weltgeschichte interessiert beobachtet hat. Man darf sagen, daß er einen brillanten Fürsten abgegeben hätte. Die Kardinalswürde war nicht das ihm wesensgemäße Amt, er hat aber, das muß betont werden, im Gegensatz zu den Kirchenfürsten früherer Jahrzehnte, einen relativ korrekten Lebenswandel geführt. Denn die Wirkungen der Reformbestrebungen des Trienter Konzils zeigten allmählich Wirkung beim Klerus, und verschiedene Inhaber geistlicher Ämter nahmen nun ihre Gelübde und ihre eigentlichen Aufgaben ernster.

Der ältere Bruder Francesco, Erbe des Herzogtums Florenz, war dagegen eher still und grüblerisch veranlagt; er war hochbegabt und wissenschaftlich interessiert. Er hätte sich viel eher zur geistlichen Laufbahn geeignet als Ferdinando. Das Regieren und Repräsentieren lag ihm nicht so sehr, am liebsten hielt er sich in seinem *studiolo* auf. Er hatte sich nämlich mitten im Palazzo Vecchio eine kleine, fensterlose und künstlich erleuchtete Studierstube einrichten lassen, in die er sich gerne zurückzog.

In seinen Landvillen, wie in Poggio a Caiano oder auch in Pratolino, hatte Francesco mit Mineralien ausgelegte Grotten, die kunstreiche – hydraulisch angetriebene – Apparate enthielten. Der württembergische Baumeister Heinrich Schickhardt hat uns davon nicht nur Beschreibungen, sondern sogar Skizzen und Zeichnungen überliefert. Francesco ließ sich auch kleine Hütten im Wald bauen, in denen er mit wenigen Eingeweihten seinen chemischen, anatomischen, botanischen und sonstigen naturwissenschaftlichen Studien nachhängen und sogar Versuche anstellen konnte. Die Naturwissenschaften fesselten ihn ganz besonders, und er war auch sehr belesen.

So waren die beiden Brüder recht verschieden nach Charakter und Interessen. Vielleicht lag darin auch schon eine gewisse Voraussetzung zu späteren Mißstimmungen zwischen ihnen. Während sie zu jungen Männern heranwuchsen, lebte ihr inzwischen gealterter, krank und gichtbrüchig gewordener Vater Cosimo, seit 1562 Witwer, mit wechselnden jungen Geliebten zusammen, bis er, wohl auf päpstlichen Druck, das Verhältnis mit seiner letzten Geliebten, Camilla Martelli, legitimierte und das Mädchen heiratete. Von ihr hatte er einen vorehelichen Sohn

Giovanni und die in der Ehe geborene Virginia, die spätere Gattin des Herzogs von Modena, des Cesare d' Este.

Da er nun wieder in legaler Ehe lebte, erreichte der Florentiner Herzog Cosimo mit päpstlicher Hilfe die Rangerhebung durch den Kaiser zum Gran Duca, zum Großherzog der Toskana. Das war ein neugeschaffener Titel, der nicht ohne politische Schwierigkeiten und diplomatische Anstrengungen zustande kam.

Zuvor erreichte Cosimo noch als weiteren persönlichen Erfolg die Versippung mit dem Kaiserhaus, es war die Verwirklichung eines lebenslangen Wunsches. Francesco wurde bereits in jungen Jahren mit einer der Töchter des Kaisers verlobt. Cosimo wollte seinerzeit eine Tochter Karls V. heiraten, da dies mißlang, setzte er alles daran, daß sein Sohn nun eine Tochter Kaiser Ferdinands I., des Bruders und Nachfolgers Karls V., ehelichte. Als schließlich die Kaisertochter Johanna zum Haus Medici gehörte, war wohl niemand zufriedener und glücklicher als der Schwiegervater Cosimo.

Aber bereits vor der prunkvollen Hochzeit des toskanischen Fürstensohnes mit der habsburgischen Prinzessin hatte Francesco die große Liebe seines Lebens, wohl die einzige Frau, die er wirklich geliebt hat, kennengelernt. Dieser Frau ist er trotz der aus politischen Gründen geschlossenen Ehe bis zu seinem letzten Atemzug »treu« geblieben. Das Verhältnis zu ihr erscheint als eine höchst romantische Geschichte. In dieser spielen natürlich auch Ränke, Intrigen, Machtkämpfe eine Rolle – wie könnte es in jener Zeit und unter jenen Verhältnissen anders sein! Die Geschichte der Liebe zwischen Francesco und Bianca Capello hat die armen Leute ebenso wie die Diplomaten Europas bewegt.

Dem venezianischen Gesandten war aufgefallen, daß der ansehnliche, begabte Fürstensohn, der Erbe eines der reichsten und schönsten Fürstentümer in ganz Italien, sich offensichtlich bisher aus Frauen wenig gemacht hatte, obwohl andere Fürsten und junge Prinzen ihre Privilegien in dieser Hinsicht genußvoll auszukosten pflegten. Zwar war Francesco mit der Kaisertochter Johanna von Österreich bereits verlobt worden, aber das war ja die politische Notwendigkeit und schloß in der damaligen Zeit und bei der damaligen herrschenden Schicht Verhältnisse anderer Art nicht aus.

Da löste eine fremde Liebesaffäre in Venedig eine andere, größere in

Florenz aus. Die Frau, die beidesmal die wesentliche Rolle spielte, wurde für den Florentiner Herzogsohn zum Schicksal.

Zu den führenden Familien der Republik Venedig gehörte damals die durch Reichtum und Vornehmheit bekannte Familie des Bartolomeo Capello. Als Patrizier und Dogenenkel hatte Bartolomeo die venezianische Patriziertochter Pelegrina Contarini geheiratet, die gleichfalls von Dogen abstammte, also auch vornehmster Abkunft war. Bartolomeo und Pelegrina hatten nur eine einzige Tochter, der sie eine gute Erziehung und Ausbildung zukommen ließen. Das Mädchen wuchs in Reichtum, ja in Luxus auf, war hochgebildet und hatte ein großes Erbe zu erwarten. Da wurde sie mit sechzehn Jahren, man möchte fast sagen, die Beute eines Spekulanten und Abenteurers.

Ein Florentiner Bürger einfacher Herkunft, Pietro Bonaventuri, der bei der Bankiersfamilie Salviati in Florenz arbeitete, war an deren Niederlassung in Venedig versetzt worden. Dort lernte er die junge Bianca Capello, die reiche, schöne, gebildete und liebenswürdige Erbtochter aus großem Hause, kennen. Er nahm sich vor, dieses Mädchen, so oder so, zu gewinnen. Natürlich brachte er nicht die Voraussetzungen dafür mit, die Erbtochter einer venezianischen Patrizierfamilie zur Gattin zu erhalten. Er war ein Emporkömmling, ein Verschwender, ein Großmaul und moralisch in jeder Hinsicht eine fragwürdige Person. Aber er machte auf das junge, unerfahrene Mädchen Eindruck, hatte vielleicht auch ein blendendes Aussehen, und er verstand es jedenfalls, Bianca zu umgarnen und für sich einzunehmen. Weil die Eltern einer solchen Verbindung nicht zustimmten, ließ es der Liebhaber auf ein *fait accompli* ankommen, und so mußte Bianca ihren Eltern gestehen, daß sie schwanger sei.

Doch der Verführer, Pietro Bonaventuri, hatte sich getäuscht. Biancas Eltern blieben hart und verweigerten weiterhin ihre Zustimmung zur Heirat. Da beschlossen die beiden, aus Venedig zu fliehen. Bianca liebte diesen moralisch zweifelhaften Abenteurer mit der Hingabefähigkeit der ersten Liebe eines jungen Mädchens. Nur so ist es zu verstehen, daß sie ihn auf seiner verwegenen und abenteuerlichen Flucht, teils zu Schiff, teils über Land, begleitete. Als sie in Florenz ankamen, war sie bereits hochschwanger. Dort, in Bonaventuris Heimatstadt, ließen sie sich kirchlich trauen.

Bianca Capello, die Geliebte und spätere Gemahlin von Francesco Medici; nach einem Gemälde von Bronzino.

Diese frühe Heirat hat Bianca lebenslang schwer belastet. In Florenz erlebte sie zunächst große Enttäuschungen. Denn Pietros Familie war nicht reich und wohlhabend, wie ihr Pietro vorgegaukelt hatte, sondern die Eltern waren arm und krank, er selbst verschwenderisch. Die verwöhnte und im Überfluß aufgewachsene Bianca soll deshalb ihre kranken Schwiegereltern gepflegt und den ärmlichen Haushalt durch Spinnen und andere Handarbeiten erhalten haben.

So schien das venezianische Patrizierkind sich in einer wenig hoffnungsvollen Lage verfangen zu haben, als die beiden Staaten Venedig und Florenz in das Geschick der jungen Leute eingriffen. Die Eltern Capello in Venedig hatten von der Geburt einer Enkeltochter erfahren und verlangten von Florenz, daß man Bianca mit ihrem Kind heimkehren lassen solle. In Florenz hatten das Schicksal und das Verhalten der jungen Venezianerin Aufmerksamkeit und Anteilnahme in der Bevölkerung erregt. Die geforderte Rückführung der Capello-Tochter nach Venedig und ihre Trennung von Pietro beschäftigte die Diplomatie der zwei bedeutendsten Stadtstaaten Italiens, und so kam es im Winter 1563/64 zu einer Vorladung Biancas bei Herzog Cosimo, der dies Problem mit ihr erörtern wollte. Bei dieser Gelegenheit muß Cosimos Sohn Francesco Bianca zum erstenmal gesehen haben.

Es war Liebe auf den ersten Blick, und Francesco fühlte sich mit allen Fasern seines Wesens gebunden. Es gab nur noch einen Gedanken für ihn: diese Frau zu gewinnen. Zwar war Bianca die Gattin eines anderen, aber Francesco war ja der Erbe des Herzogtums, und so gab es wohl kaum ein Hindernis für diese Verbindung. Dabei war die schöne Venezianerin, in die er sich so sehr verliebt hatte, ihm ihrer Herkunft nach durchaus standesgleich. Das eigentliche Hemmnis für eine Heirat bestand in den beiderseits schon bestehenden Bindungen: Bianca war verheiratet, und Francesco war mit des Kaisers Tochter verlobt.

Bianca erwiderte die Zuneigung des Herzogsohnes. Die Liebe zwischen den beiden war von Anfang an ganz und gar unverbrüchlich. Viele Zeitgenossen haben mit Rührung und Bewunderung die starke Empfindung der beiden wahrgenommen. Camilla Martelli, die sich als Geliebte des alten Cosimo in einer ähnlich schwierigen Lage befunden hatte, soll das Verhältnis Francescos zu Bianca unterstützt haben.

Der junge Medici richtete seiner Geliebten in einem großen Palais eine eigene, standesgemäße Wohnung ein. Außerdem wurde der prächtige Landsitz Pratolino für Bianca gebaut und kostbar ausgestattet. Der nebenbei noch vorhandene legale Ehemann Biancas war schnöde genug, aus der zur Scheinehe verkommenen Verbindung Geld zu ziehen. Bonaventuri ließ sich unerhörte Summen zahlen, lebte in Saus und Braus, verkehrte in übler Gesellschaft, trank, spielte, hatte seine Dirnen, er tat, um es etwas salopp zu formulieren, so gut wie alles, was Gott verboten hat. Endlich konnte sich Bianca ganz von ihm trennen, und der junge Herzog hatte seine Geliebte für sich allein.

Aber er hatte eben nicht nur sie, sondern auch noch seine anverlobte Braut. Nicht nur deren hoher Rang ließ eine Auflösung der Verlobung ohne ernsthafte politische Konsequenzen nicht zu, auch Francescos Vater blieb unerbittlich. Der Sohn soll ihn schließlich händeringend und kniefällig, aber vergeblich, um die Auflösung der Verlobung mit der Kaisertochter gebeten haben.

Aber für Cosimo hätte das Scheitern dieser Heirat den Verzicht auf die mit so viel persönlichem Einsatz erreichte und nun bevorstehende Krönung seines politischen Lebenswerkes bedeutet. Francesco mußte die Kaisertochter heiraten, und so blieb Bianca dazu verdammt, als Konkubine und zudem noch etliche Jahre in ehelicher Verbindung mit einem anderen Mann zu leben. Fünfundzwanzig Jahre lang dauerte die Beziehung zwischen dem zweiten Großherzog der Toskana und der Venezianerin Bianca Capello. Für die Kritiker war es zunächst einseitiger permanenter Ehebruch, dann – nach Francescos Heirat mit Johanna von Österreich – sogar ein doppelter Ehebruch, und erst nach dem gewaltsamen Tod von Biancas Ehemann und als auch die Gemahlin des Großherzogs verstarb, war schließlich der Weg frei für eine Legalisierung ihres Verhältnisses durch die Heirat.

Wir müssen uns etwas näher mit Biancas Charakter und Interessen befassen, um die Vorgänge gerechter beurteilen zu können. Bianca war anscheinend der gleichaltrigen Kaisertochter an Begabung und Klugheit überlegen und sicherlich auch als Frau wesentlich anziehender. Sie nahm an den Neigungen, Interessen und den naturwissenschaftlichen Studien ihres Geliebten vollen Anteil; ob sie das aus weiblicher Klugkeit oder aus echter sachbezogener Neugier getan hat, können wir heute kaum mehr nachprüfen. Jedenfalls hat sie sich alles, was Francescos Interesse erregte, sofort angeeignet und ihn unterstützt. Sie teilte seine umfangreichen, zeitraubenden Neigungen zur Naturwissenschaft und nahm an seinen chemischen Versuchen teil. Sie unterstützte Francescos Interesse an der chemischen Wissenschaft, die sich in jener Zeit auf dem Weg von der alchemistischen Zauberküche zum wissenschaftlichen Laboratorium befand. Auch an seinen mineralogischen, botanischen, anatomischen und astronomischen Studien hatte sie Anteil, kurzum an der Fülle der Naturwissenschaften jener Zeit. Für eine Frau war dies damals nicht nur ungewöhnlich, sondern es galt sogar als unweiblich und unschicklich.

Francesco hatte für Bianca in den Jahren seit 1569 auch das Schloß und den Park Pratolino durch den berühmten Architekten und Ingenieur Bernardo Buontalenti erbauen lassen. Doch war auch im Park von Poggio ähnlich wie in dem von Pratolino eine Hütte für gemeinsame Studien und privates Zusammensein des Paares gezimmert worden.

Für Bianca, die eine Tochter Pelegrina aus ihrer Ehe mit Bonaventuri hatte, war es tragisch, daß sie kein Kind mehr bekommen konnte. Sie erhoffte sich trotzdem noch eines, vor allem einen Sohn, denn damit hätte sie Francesco noch sicherer an sich binden können; um so mehr, als Johanna von Österreich in der Ehe mit Francesco längere Zeit nur Töchter zur Welt brachte. Wegen ihres engen Verhältnisses zum Großherzog hat man Bianca später Vorwürfe gemacht, sie hätte sich in die rechtmäßige Ehe hineingedrängt, sei eine rücksichtslose Karrierefrau, eine Lügnerin und Betrügerin gewesen. Daß sie ihre Schwiegereltern Bonaventuri einst versorgt und mit ihrer Hände Arbeit zum Lebensunterhalt beigetragen hatte, war für ihre Gegner der Beweis ihrer ehrlosen, niederen Herkunft.

Das unwandelbare Verhältnis zwischen Großherzog Francesco und seiner Geliebten gab aber durch einen Vorfall Anlaß für eine wachsende innenpolitische Kritik. Biancas Gatte, Bonaventuri, wurde nämlich eines Tages vor einem Stadttor tot aufgefunden, und man stellte fest, daß er mit sieben Dolchstichen umgebracht worden war. Sofort erhob sich die Frage nach dem Mörder, und für viele Florentiner schien es zweifelsfrei, daß der Herzog hinter dieser Tat gestanden habe. Doch dies ist bis heute nicht erwiesen und sogar äußerst zweifelhaft. Es ist im Gegenteil wahrscheinlicher, daß die Ermordung Bonaventuris einem Komplott einiger seiner Kumpane entsprang, denn ein händelsüchtiger Raufbold, wie Bonaventuri einer war, hatte in jener Epoche, wo man schnell zu Gewaltakten gegen Feinde oder Mißliebige bereit war, eben auch mit dem größeren Risiko, mit Lebensgefahr zu rechnen.

Ist der Ermordete jedoch der Ehemann der Geliebten des regierenden Fürsten, erscheint die Tat eher als eines der häufigen Beispiele von Machtmißbrauch des Herrschers. So wurde auch Herzog Francesco zeitlebens die Ermordung des Bonaventuri angelastet.

Im Dezember 1565 fand das nicht mehr aufschiebbare große Fest in Florenz statt, die Hochzeitsfeierlichkeiten bei der Vermählung des Herzogsohnes und designierten Nachfolgers mit Johanna, der Tochter Kaiser Ferdinands I. Ganz Florenz war reich geschmückt. Man hatte neue Bauten errichtet, Fresken malen lassen, den Innenhof des Palazzo Vecchio vergoldet und mit viel Kosten und Aufwand die Stadt und die Palazzi verschönert. Und es kam nun als künftige Herrin der in aller Welt für ihren Kunstsinn und ihre Bildung berühmten Stadt ein häßliches, hochnäsiges und törichtes junges Mädchen.

Johanna selbst konnte nichts dafür, daß sie von Natur mit geistigen und körperlichen Vorzügen nicht gerade reichlich ausgestattet war. Wie Leute in einer solchen Situation aber kompensieren müssen, so tat es auch Johanna – und daß sie es mit »Vorzügen« tat, worin es ihr im ganzen Großherzogtum Toskana niemand gleichtun konnte, ist, psychologisch betrachtet, verständlich und natürlich. Johanna war äußerst stolz auf ihre Abstammung und Herkunft – war sie doch die Schwester des regierenden Kaisers, Tochter von dessen kaiserlichem Vorgänger, Nichte des kaiserlichen Vorvorgängers, Schwägerin und Schwester vieler regierender Fürsten Europas. Zahllose Könige und Kaiser standen auf ihrer Ahnentafel – höher geboren war niemand im ganzen Abendland. Das war ja auch der Stolz ihres Schwiegervaters, der so viel darangesetzt hatte, daß sein ältester Sohn und Thronfolger sie zur Gemahlin gewinnen würde, auch wenn sie eher häßlich als schön anzusehen war.

Aber sie war nicht nur unansehnlich, sondern wenig liebenswürdig, rechthaberisch und zänkisch; vielleicht hatte sie auch etwas von der Geistesgestörtheit geerbt, an der ihre spanische Großmutter und Namensgeberin, Johanna die Wahnsinnige, gelitten hatte. Sie soll außerdem etwas verwachsen gewesen sein und, nach der Behauptung des venezianischen Gesandten, einen körperlichen Fehler aufgewiesen haben, vor dem sich der Großherzog Francesco sehr geekelt habe. Gegenüber der unansehnlichen, zänkischen, trübsinnigen und hochnäsigen Johanna, die ihren Mann, der aus einer bürgerlichen Aufsteigerfamilie stammte, verachtete und verurteilte, erschien die schöne, zärtliche, anschmiegsame und intelligente Bianca, die wissenschaftlich begabte und gebildete Frau, die ständig guter Laune war und ihren Geliebten aufheitern konnte, als reiner Gegensatz.

Daß unter solchen Umständen die Ehe Francescos mit Johanna alles andere als glücklich war, verwundert nicht. Und daß Johanna ihren einzigen Trumpf, einen kaiserlichen Stolz, ausspielte, trug ebenfalls nicht zu einem besseren Verhältnis bei. Im Grunde war sie ein bedauernswerter Mensch, dessen Leben kalt berechneten politischen Interessen und zugleich heißen Wünschen und Träumen von Macht und Ruhm geopfert worden war; eben ein typisches Fürstenkindschicksal. Ständig von ihrem Mann hintangesetzt, gegen die Nebenbuhlerin nahezu machtlos, zu einem lebenslangen Aufenthalt an dem ihr ursprünglich fremden

Das Theater in der Villa Poggio a Caiano.

Hof ohne vertrauten Umgang verdammt, war Johanna in einer demütigenden und unglücklichen Lage.

Dennoch sind aus der Ehe mit Francesco sieben Kinder hervorgegangen. Dies könnte man als Indiz ansehen, daß Johannas Stellung in einem wichtigen, staatspolitisch bedeutsamen Punkt immerhin gefestigt war. Denn die Thronfolgesicherung durch einen legitimen Sohn aus standesgemäßer Ehe war für die Zukunft des Staates und damit der regierenden Familie eine Existenzfrage. Ungesicherte Thronfolge rief vor allem in Italien während der Renaissancezeit fast unvermeidlich gewalttätige Thronaspiranten und Usurpatoren auf den Plan. Doch Johanna gebar ein Mädchen um das andere. Erst nach über elfjähriger Ehe folgte auf sechs Töchter ein Sohn. Drei der Töchter waren schon als Kleinkinder gestorben, eine weitere starb mit etwa fünfzehn Jahren. Filippo aber, Johannas einziger Sohn, erreichte nicht einmal das sechste Lebensjahr. So blieben schließlich nur zwei Töchter, die älteste und die jüngste, aus der großen Schar der Kinder übrig. Merkwürdigerweise soll sich Bianca später um die Erziehung der Mädchen, die beim Tod ihrer Mutter

Johanna erst elf und drei Jahre alt waren, gekümmert haben. Doch hatte sie nicht viel Erfolg dabei: Sie waren wohl nicht sehr begabt, wie sie auch später, trotz ihrer Heiraten in vornehmste Herrscherhäuser – im Gegensatz zu ihrer Verwandten, der berühmten französischen Königin Katharina Medici – keine politische Befähigung zeigten. Eleonora wurde Gemahlin von Vincenzo Gonzaga, des Herzogs von Padua, Maria Gemahlin des französischen Königs Heinrich IV.

Doch ganz verlassen war die rechtmäßige Herzogin Johanna nicht. Sie hatte einen Verteidiger und ritterlichen Beschützer: Francescos jüngeren Bruder, den Kardinal Ferdinando. Er ergriff immer ihre Partei, ihm war Bianca, die Nebenbuhlerin der Herzogin, stets ein Dorn im Auge. Ferdinand achtete Johanna, ja er liebte sie vielleicht – in aller Zucht und in allen Ehren. Und so kam es zu einem merkwürdig gespannten Viererverhältnis: der Herzog und seine Geliebte auf der einen Seite, auf der anderen Seite des Herzogs Gemahlin und sein Bruder.

In dieser Lage ließ sich Bianca zu einer Tat hinreißen, die zweifellos verbrecherisch war und die letztlich auch die aktive Entschlossenheit ihrer Gegner herausforderte. Sie sah, daß Johanna nur Töchter gebar, jedoch keinen Sohn. Sie überlegte deshalb: Brächte sie selbst einen Sohn von Francesco zur Welt, so würde dieser Sohn der Erbe von Florenz und der Toskana. Die Mittel für eine Legalisierung würde Francesco schon finden. War doch auch Cosimos Vorgänger, Herzog Alexander Medici, von unehelicher Geburt gewesen. Da sie aber keine Kinder mehr bekommen konnte, täuschte nun Bianca eine Schwangerschaft vor. Zugleich ließ sie drei ihrer Mägde, die schwanger waren, beobachten. Als eines der Mädchen einen Sohn gebar, wurde der Wöchnerin gesagt, ihr Kind sei bei der Geburt gestorben. Sie erhielt aber das angebliche Kind der Bianca – in Wirklichkeit ihr eigenes – zum Säugen als Amme. Der Betrug gelang. Francesco freute sich über diesen gemeinsamen Sohn mit Bianca. Es war ein schönes, gesundes und – wie sich später zeigte – auch begabtes Kind. Der 1576 geborene Knabe, von dem nur ganz wenige Verschwiegene wußten, daß er der Sohn eines Stallknechts und einer Küchenmagd war, erhielt den Namen Antonio.

Aber nun brachte die Herzogin Johanna im folgenden Jahr gleichfalls einen Sohn zur Welt, der den Namen Philipp (Filippo) erhielt. Daß dieses Kind zu dem ein Jahr älteren Antonio ebenso im Gegensatz stand wie seine Mutter zur »Mutter« Antonios, ist eine schwer beweisbare Annahme. Filippo verlor seine Mutter bereits im Jahr nach seiner Geburt und starb in seinem fünften Lebensjahr. Häßlich, kränklich und geistig schwach begabt ist dieses Kind wohl gewesen, wahrscheinlich auch verängstigt und bemitleidenswert. Und dies gilt um so mehr, als Francesco seine Neigung voll dem »Sohn der Bianca« schenkte und dieser der ausgesprochene Liebling seines »Vaters« wurde.

Doch der Betrug wurde aufgedeckt. Ferdinando war es, der seinem Bruder die verbrecherische Täuschung mit dem untergeschobenen Sohn Antonio offenbarte.

Die Reaktion des Herzogs erscheint nicht nur für uns heute merkwürdig, sie muß es auch für die Zeitgenossen gewesen sein. Er wollte Antonio, den er bisher als seinen Sohn geliebt hatte, in diesem Verhältnis behalten, ihm den Namen Medici belassen.

Dieses untergeschobene Kind wurde später ein bedeutender Kirchenfürst und ein großer Kunstkenner. Der Sohn eines Knechts und einer Magd wurde tatsächlich ein Herr; als Don Antonio de Medici ist sein Name in die Geschichte eingegangen.

Francesco war klar, daß diese Enthüllung durch seinen Bruder Bianca aller Rechte berauben sollte, daß ein Prozeß gegen Bianca ihr Ende bedeuten würde. Ferdinando sah sich dagegen noch mehr veranlaßt, Bianca zu mißtrauen und sie zu beobachten.

Da starb Johanna in der achten Schwangerschaft, als ihr Söhnlein erst ein Jahr alt war. Francesco und Bianca waren jetzt Witwer und Witwe, und nun konnte der zum Großherzog der Toskana aufgestiegene Francesco seine Geliebte Bianca legal heiraten. Sie wurde als Großherzogin offiziell anerkannt.

Bianca war damals erst wenig mehr als dreißig Jahre alt. Aber sie war vor der Zeit gealtert und hatte ihre Schönheit verloren, wozu vielleicht auch ihre chemischen Experimente beigetragen hatten. Sie bekam die Wassersucht und wurde unansehnlich. Trotzdem hielt Francesco treu und unverbrüchlich zu ihr. So beglückend das für Bianca gewesen sein mag, so wußte sie doch, daß sie das Ende dieser Liebe nicht überleben konnte.

Im Oktober 1587 erkrankte der Großherzog in Poggio a Caiano nach einer Jagd, und es ging rasch zu Ende mit dem Sechsundvierzigjährigen.

Ferdinando Medici, Bruder von Francesco, zunächst Kardinal, später Großherzog der Toskana.

Bianca pflegte ihn noch vor seinem Tode. Als Francesco aber sein Leben aushauchte, wagte man nicht, ihr den Tod ihres Mannes mitzuteilen. Sie jedoch soll gesagt haben: »Auch wenn es mir keiner gesteht, ich weiß, mein Herr ist tot!«

Neun Stunden später war auch Bianca nicht mehr am Leben. Sie starb in einem der Räume in der Villa Poggio a Caiano.

Schon bei den Zeitgenossen wurden die abenteuerlichsten Vorstellungen über den Tod des Großherzogpaares verbreitet. Die am wenigsten wahrscheinliche ist die, daß Bianca ihrem Gemahl Gift gegeben und versehentlich selbst davon genommen habe. Was hätte sie für einen Grund haben sollen, den einzigen, der fest zu ihr hielt, der ihr ganzer Schutz und ihr Lebensinhalt war, zu vergiften? Hier wurde eben die Erinnerung an die alte Geschichte vom Gifttod des Papstes Alexander VI. und seines Sohnes Cesare Borgia wieder wach. Hatten diese beiden nebst anderen Machthabern mit erlauchten Namen im Italien des 15. und 16. Jahrhunderts selbst genügend ähnliche Beispiele geliefert, wie man die Zahl seiner Feinde in kurzer Zeit mit relativ wenig Aufwand vermindert, so mußte der Tod eines Fürsten und seiner Frau an ein und demselben Tag unter diesen Umständen geradezu Verdacht erwecken.

Die andere Vermutung, wie Bianca das Leben verloren habe, scheint zwar plausibler, aber wahrscheinlich trifft auch sie nicht die Wahrheit. Viele glaubten, der Kardinal Ferdinando, der jetzt ja das Erbe und die Herrschaft der Medici antrat, habe sofort nach dem Tod seines Bruders ein Gericht zusammengerufen und Bianca zum Tod verurteilt. Das wäre in so kurzer Zeit aber kaum durchzuführen gewesen.

In beiden Überlieferungen mögen einige Einzelheiten zutreffen. Die erste Annahme mag insofern damit recht haben, daß Gift unfreiwillig im Spiele war, als Bianca und Francesco ja mit vielen giftigen Stoffen experimentiert hatten. Vielleicht hatte tatsächlich häufiger Umgang mit Giften ihre Gesundheit untergraben und sie anfälliger für Krankheiten gemacht. Richtig mag wohl sein, daß Kardinal Ferdinando Bianca zu beseitigen trachtete. Dazu hätte er aber keines Schnellverfahrens bedurft, er hätte Bianca vor ein ordentliches Gericht stellen können.

Eine dritte Version, die auch heute noch von vielen als die wahre angesehen wird, nimmt an, daß der Kardinal den Auftrag gegeben habe, Bianca möglichst schnell aus der Welt zu schaffen.

Merkwürdig mutet nun an, daß der todkranke Francesco in der Beichte den lange zurückliegenden Mord an Pietro Bonaventuri, den früheren Gatten der Bianca, auf sich genommen haben soll. Er habe den Auftrag gegeben, Bonaventuri umzubringen. Nach unserer Kenntnis und Sicht der Dinge wollte der florentinische Großherzog mit dieser falschen Aussage Bianca nur schützen, denn er ahnte wohl, daß nach seinem Tod auf Bianca ein Prozeß zukommen würde. Deshalb lenkte er vielleicht die schwerste aller möglichen Beschuldigungen auf sich und bewies so in seiner letzten Stunde noch rührende Fürsorge für seine geliebte Frau.

Auch dies ist nicht beweisbar. Biancas schneller Tod läßt sich auch noch anders erklären. Sie kannte sich mit giftigen Stoffen aus, und spätestens seit dem Tod von Francescos einzigem legitimen Sohn Philipp konnte sie voraussehen, daß des Herzogs Bruder, der Kardinal, in der Herrschaft folgen würde. Sie wußte, was ihr bevorstand, wenn sie Francesco überleben würde, nämlich bestenfalls ein Gerichtsprozeß und die Verurteilung. Daß sie sich rechtzeitig mit einem Gift versorgt hat, wäre mindestens ihrer Klugheit angemessen gewesen.

Schließlich ist aber auch eine weitere Deutungsmöglichkeit nicht ganz von der Hand zu weisen: Wenn jemand ein ganzes Leben lang so treu und hingebungsvoll geliebt hat und geliebt wurde, wie sollte es dann ausgeschlossen sein, daß er aus Schmerz über den Verlust des Geliebten sterben kann? Es gibt nicht nur in der Literatur, sondern auch im wirklichen Leben genügend Beispiele dafür, daß jemand an gebrochenem Herzen stirbt. Vielleicht war Biancas Tod tatsächlich ein natürli-

An der »Sardigna«, einem Schuttplatz am Arno-Ufer, außerhalb der Stadtmauern von Florenz, wurde die Leiche Biancas verscharrt.

cher, das Ende eines Menschen, der einfach nicht mehr weiterleben wollte.

Ferdinando Medici wurde Nachfolger als Großherzog der Toskana. Er nahm wieder den weltlichen Stand an und heiratete Maria Christina, die Tochter des Herzogs von Lothringen. Dieser Ehe entstammen zahlreiche Kinder. Der älteste Sohn, Cosimo II., wurde der Stammvater aller folgenden toskanischen Großherzöge aus dem Hause Medici bis zum Erlöschen des Geschlechts mit Gian Gastone im Jahre 1737.

Mitleidlos ließ Großherzog Ferdinando fast alles, was an Bianca erinnerte, tilgen und vernichten. Ihre Bauten verwahrlosten oder wurden abgerissen; ihre Parks und Gärten ließ er verwildern, obwohl er sonst vielfach fürstliche Villen bauen und instand halten ließ, so durch Gherardo Mechini die Villa di Montevettolini oder die Villa La Ferdinanda durch den berühmten Bernardo Buontalenti. Biancas Kunstsammlungen und Bibliothek wurden aufgelöst und zerstreut, Bildnisse von ihr und Erinnerungsstücke an sie beseitigt. Trotz aller Versuche einer *damnatio memoriae* blieben Francesco Medici und Bianca Capello der Nachwelt im Gedächtnis als ein großes und klassisches Beispiel eines Liebespaares.

Selbst eine gemeinsame Bestattung wurde ihnen nicht zuteil, obwohl Francesco seit Jahren eine Grabstätte für sie beide in San Lorenzo, der Familienkirche der Medici in Florenz, vorbereitet hatte. Für den verstorbenen Großherzog richtete freilich sein Bruder eine gebührende *pompa*, eine Totenfeier, aus und ließ ihn mit reichem Aufwand und allen ihm zustehenden Ehren bestatten und ein großartiges Grabmal errichten.

Als man Ferdinando aber fragte, wo und wie Bianca beizusetzen sei, soll er gesagt haben: »Wo ihr wollt, werft sie irgendwo hin!«

Die Hofbeamten, in Furcht vor dem künftigen Regenten und Machthaber, wußten nicht recht, was sie mit der Leiche der Bianca anfangen sollten, und darum handelten sie eben so, daß sie nicht den Zorn des neuen Großherzogs erregen konnten.

Die beiden Toten wurden nur wenige hundert Meter voneinander entfernt der Erde übergeben: Francesco in einem Prunkgrab in San Lorenzo, Bianca am Ufer des Arno. Damals gab es unterhalb der letzten Arnobrücke vor der Stadtmauer von Florenz die *Sardigna*, eine Art Schuttplatz, mit dem Schindanger. Ganz in der Nähe pflegten die

Burschen zu baden. Das Bild auf Seite 206 zeigt den Ausschnitt einer alten Ansicht von Florenz, die etwa hundert Jahre vor Großherzog Francescos Tod von Cosimo Rosselli gemalt worden ist: Dort sieht man deutlich den Badeplatz vor der Stadtmauer, fischende Männer im Fluß, den herumliegenden Schutt und einen Tierkadaver, der die Raben anlockt. An dieser Stelle hat man Bianca, ohne ein Zeichen der Erinnerung zu setzen, verscharrt.

Die fromme Legende, ihre Verwandten hätten den Leichnam Biancas nach dem Tod ihres Mannes nach Venedig zurückgeholt, stimmt leider nicht.

Den beiden Menschen, die zu den klassischen Liebespaaren der Welt gehören, wurde am Ende die gemeinsame Ruhe im Tod verwehrt.

Im Park von Collodi

Von Ottaviano Diodati zum Vater des Pinocchio

Ottaviano Diodati hat ganz im Geiste des 18. Jahrhunderts mit dem Park von Collodi und seinen mythologischen Figuren ein Meisterwerk geschaffen.

Ein uralter Fernweg führt von der Po-Ebene über den Apennin und die Apuanischen Alpen hinunter in die Ebene des Arno. Auf einer steilen Rippe steht, vermutlich schon seit der Zeit der Etrusker, ein schmales Bergdorf mit einer einzigen Straße.

Antike und frühmittelalterliche Quellen – so vor allem Plinius, der Geograph von Ravenna und die Tabula Peutingeriana – überliefern verschiedene Ortsnamen, die nur zum Teil identifizierbar sind: Forum Claudii, Forum Clodi, Foro Clodi. Vermutlich hängen sie mit dem Bau der berühmten Via Claudia durch die Römer im südlichen Etrurien zusammen. An strategisch wichtigen Plätzen, auch an vorrömischen, etruskischen Orten, haben die Römer befestigte Siedlungen angelegt. Der Kern der Neusiedlungen dieser römischen und latinischen Kolonisten war der Versammlungs- und Marktplatz, das Forum.

Aller Wahrscheinlichkeit nach ist auch Collodi aus einer solchen römischen Neugründung, einem »Forum Claudii« hervorgegangen. Die Namensform »Claudii« wird schon in antiker Zeit umgangssprachlich zu »Clodi(i)«, und aus Clodi hat sich, wie wir annehmen können, etwas später »Collodi« gebildet. Dies ist auch der Name, der durch das ganze Mittelalter bis heute diesem Bergnest geblieben ist, das schmal, steil, schwer zugänglich hier liegt und doch die Etappe eines wichtigen Fernwegs bildet, an dem man den Umspann für die folgende Gebirgsstrecke vornahm.

Nach der Römerzeit, unter den Langobarden, hat Collodi seine Rolle als kleiner, aber strategisch wichtiger Platz weitergespielt – nun im Besitz der Langobardenkönige.

Danach, unter den Karolingern, trat es gegenüber anderen Orten sehr zurück, und erst als Lucca im 10. und 11. Jahrhundert in der Arno-Ebene an Gewicht gewann, wurde es für diese Stadt wichtig, auch ihre Randbereiche zu sichern; so kam Collodi in die Hand der großen Stadtadelsfamilien aus Lucca.

Eine dieser Familien waren die Garzoni. Sie bauten sich diesen Ort und die dazugehörenden Dörfer als ihre eigene Herrschaft aus und errichteten in dem kleinen Bergflecken zwei Schlösser, eines oben an der Stelle der ehemaligen römischen Befestigung und eines unten, wie ein Riegel breit hingelagert, das Unterschloß, das optisch scheinbar die ganze Stadt wie ein Wehr festhält und sperrt, und über dem sich das römische und das mittelalterliche Collodi aufbauen.

Dieses Schloß ist im Laufe der Jahrhunderte auch der Ausgangspunkt für den berühmten Garten geworden, den viele Italienbesucher sofort vor Augen haben, wenn sie an Collodi erinnert werden; jenen Terrassengarten, an dem Jahrhunderte gearbeitet haben, bis er dann, am Ende des Rokoko, seine endgültige Form gewonnen hat.

Voraussetzung für einen so langen Werdegang war, daß man den Wehrcharakter von Stadt und Burg Ende des 15. Jahrhunderts aufgab, als die Garzoni ihrer Wehrburg schöne Aussichtsarchitektur anfügten: Türme, Loggetten, Belvederes. Nun wurde auch der Garten umgewandelt, der bis dahin teils Weinberg, teils Wildgarten gewesen war. Eine alte Skizze zeigt ihn uns noch mit Weinstöcken, mit Hasen und Rehen, die hier herumspringen. Dieser älteste Garten ist dann nach und nach, von Generation zu Generation, allmählich zu einem Lustgarten umgestaltet worden – oder doch in das, was man damals unter einem Lustgarten verstand.

Die erste nachweisbare Umformung erfolgte im 16. Jahrhundert. Wir wissen, daß damals ein Bambusgarten angelegt wurde als Versuchs- oder Experimentiergarten, in dem man erfahren wollte, welche Pflanzen hier überhaupt gedeihen konnten, eine Art *jardin d'acclimation.* Die Pescia, der Fluß, der mit klarem Wasser von der Höhe des Gebirges herunterrauscht, wurde hier aufgefangen und in kleinen Seen gestaut; diese wurden von der Sonne erwärmt, und mit ihrem Wasser hat man die Bäder gespeist.

Es sind kleine, kostbare Badehäuser entstanden, die schon der hier gegen Ende des 16. Jahrhunderts durchreisende französische Philosoph Montaigne gesehen haben kann: wunderschöne erste Grottenwerke, die heute verschwunden sind, Terrassen und Kaskaden, wie sie auch den herzoglich württembergischen Baumeister Heinrich Schickhardt fesselten, der auf seiner Italienreise 1599/1600 ganz in der Nähe vorbeikam. All dies ist dann erstmals zu einem neuen, großen Plan unter dem Burgherrn Romano Garzoni zusammengefaßt worden, der – während in Deutschland der Dreißigjährige Krieg tobte – hier im sicheren Frieden saß und die Mittel hatte, einen Prachtgarten seiner Zeit zu schaffen. Unverkennbar hat dieser Garten einen französischen Park, den von Château Vizelles, beeinflußt.

Die Garzoni waren gastfreie Leute und hatten sehr weitreichende Beziehungen. Ihre Familiengeschichte ist außergewöhnlich farbig: Da gibt es beispielsweise eine berühmte Malerin, einen engagierten Theologen, einen mutigen Kriegsmann, einen Seehelden, es kommen auch Protestanten im Patriziat von Lucca vor, die auswandern mußten und nach Genf gingen – kurzum, eine schillernde und sehr lebhafte Familie. Und unter ihnen war auch einer, der sich der Gartenbaukunst verschrieb und seine Aufmerksamkeit über zwanzig Jahre lang dem kunstvollen Ausbau dieses Gartens von Collodi widmete.

Schon 1652 preist Francesco Sbarra in einem Gedicht die Schönheiten dieses Gartens, der also schon für die damaligen Zeitgenossen staunenswert war. Sbarras Werk trägt den stolzen Titel »Le pompe de Collodi«: der Ruhm, die Schönheit, die Pracht von Collodi. Wir erfahren, daß es Labyrinthe, Bäder und Kaskaden gegeben hat, wenn auch heute nur wenig davon erhalten ist. Immerhin wurden die ersten Versuche, die weite, freie Fläche des Wildgartens in den künstlerisch gestalteten Lustgarten einzubeziehen, schon zur Zeit des Dreißigjährigen Krieges unternommen.

Besonders aufschlußreich ist ein Labyrinth, das ganz nahe und leicht zugänglich beim Schloß lag; es besaß tief eingeschnittene, gemauerte Fächer, über die eine Brücke führte. Von dieser Brücke aus hatte man einen guten Einblick in das Labyrinth mit seinem Gefüge von verwirrenden Hecken und Lauben, von freien Durchgängen, von verschlossenen Winkeln und von Ausweglosigkeit – eine Anlage, den antiken Labyrinthen vergleichbar, die Stätten des Grauens bedeutet haben. Am Ende des klassischen Labyrinths überhaupt, im minoischen Kreta, hauste ja der Minotaurus, der einen jeden, der nicht mehr herausfand, tötete und verschlang, bis endlich die kluge Ariadne dem athenischen Königssohn Theseus den berühmten Ariadne-Faden mitgab, mit dessen Hilfe er aus dem Geschlinge der Irrwege zurückfand.

Das Mittelalter hat diese Vorstellung aufgenommen, sich sozusagen anverwandelt und in die ihm eigene Symbolik übertragen. In der christlichen Vorstellungswelt ist der Weg durch das Labyrinth zwar schwierig und mühsam, aber am Ende steht dann Golgatha, steht das himmlische

Mittelalterliche Labyrinthzeichnung in Stein am Dom von Lucca.

Jerusalem. Das Labyrinth in der Kathedrale von Chartres beispielsweise, das dort im Boden noch erhalten ist, scheint diesen Gedanken wiedergeben zu wollen. Wer betend den ganzen Weg zurücklegt, der findet zum Kreuz und damit zum ewigen Heil.

In der Renaissance – und noch im Barockzeitalter – hat man wieder auf das antike Labyrinth als Irrgarten, als Verwirrspiel zurückgegriffen. Es endet freilich nicht mehr mit dem Tod der im Labyrinth Gefangenen, sondern wird zum Spiel, einem Spiel für die feine Gesellschaft. Die Eingänge sind undeutlich, die Wege sind verschlungen und irreführend, man steht einmal da, dann wieder dort vor einer Ausweglosigkeit, man muß umkehren, immer aufs neue suchen.

Das Gesellschaftsspiel bestand darin, eine Dame und einen Herrn zugleich in das Labyrinth zu schicken. Wer zuerst am Mittelpunkt, einem erotischen Symbol, einer Säule, ankam, hatte gewonnen; an diesem Sinnbild fanden sich, wenn das Spiel gelang, Mann und Frau. Später kam noch eine, für uns heute schwerer verständliche, Variante in das Spiel. Man amüsierte sich: Die hohen Herrschaften schauten von der Brücke in das Labyrinth hinunter und genossen das Schauspiel, wie Bauern, Untertanen, Leibeigene, die man dort unten hineingeschickt hatte, in ihrer Verzweiflung und Angst, nicht mehr herauszufinden, die törichtesten Dinge anstellten – bis sie schließlich, manchmal erst in der Nacht, mit einer Fackel herausgeführt und befreit wurden.

Es war ein Gesellschaftsspiel, ein erotisch-frivoles für die feinen Leute, ein derbes Satyrspiel oft für die Untertanen. Derlei gehörte eben zum Lebensstil des Barock.

Im Lauf des 17. Jahrhunderts kamen zu dem bestehenden Labyrinth und zu den ältesten Badehäusern gelegentlich hier eine Statue und dort ein kleiner Tempel hinzu, bis schließlich im 18. Jahrhundert ein Patrizier aus Lucca, ein genialer Dilettant, die Gartenanlage von Collodi in die heutige Form brachte.

Dieser berühmte, kunstsinnige, kenntnisreiche und vermögende Mann war Ottaviano Diodati. Er hatte eine glänzende Erziehung genossen und war, im Sinne des 18. Jahrhunderts, ein erstaunlicher Alleskönner: Mathematiker, Ingenieur, Festungsbauer, Ballist, Artillerist, Zeichner, Entwerfer, Maler, Dichter – vor allem aber Gartenarchitekt. Daneben war er auch ein guter Kenner der Mythologie und der Emblematik, ein Spieler im reichsten und im tiefsten Sinne. Diodati war es nun, der seinem Vetter Garzoni den bis dahin noch wirren Park ordnete.

Die gestaltende Ordnung wurde von da an zur Hauptsache. In die mehr zufällig gewachsene Gartenanlage, der man den früheren Weinberg und den Wildgarten noch anmerkte, kam jetzt eine große, durchlaufende Achse, ausgehend von der obersten Kaskade, dem Riesenwerk der triumphierenden Fama, der Göttin des Ruhms, die dort ein Muschelhorn und eine Trompete bläst. Das war eine taktvolle, wenn auch nicht völlig berechtigte Anspielung auf den Bauherrn, den damaligen Garzoni, der sich für einen großen Kriegshelden sowohl zu Wasser als auch zu Lande hielt: In der rechten Hand hält die Ruhmesgöttin die Fanfare für die Feldschlacht und in der linken das Muschelhorn für die Seeschlacht. Ganz so martialisch ging es zwar bei den Garzoni nicht zu, aber im Park wirkte die Statue der Fama als eindrucksvoller Blickfang. Die gesamte Achse dieser riesigen Anlage gipfelt in einer Skulptur der Göttin des Ruhms.

Diodatis axial ausgerichteter Park entstand zu einer Zeit, in der auch an anderen Orten solche – nach einem landschaftsarchitektonischen Planmuster gebaute – Riesenstraßen beliebt waren, die ein Schloß und eine Landschaft zusammenbinden. Die lange, schnurgerade Allee von Schloß Solitude nach Ludwigsburg oder auch die Anlagen um Schloß Nymphenburg bei München sind bekannte süddeutsche Beispiele.

In Collodi hat Ottaviano Diodati ein Meisterwerk geschaffen. Unter seinen anderen herrschaftlich-repräsentativen Gartenanlagen ist es sein reinster und schönster Park auch deshalb, weil dort später nichts mehr hinzugefügt oder verändert worden ist. In Collodi ist alles so geblieben, wie es nach etwa zwanzig Jahren Bauzeit im Jahr 1786 fertiggestellt war.

Wir erblicken hier ein Figurenprogramm von Göttern, Heroen und Kaisern, aber auch von vordergründiger Drolerie, das zunächst einen wirren und krausen Eindruck hervorrufen mag. So wird die Galerie der römischen Kaiser einer Galerie von sitzenden, spielenden, tanzenden, ja sogar »blödelnden« Affen gegenübergestellt. Die Figuren im Park entsprechen einem sehr verwirrenden, verschlungenen und merkwürdigen Plan, dessen Mangel an Einheit sicher auch dadurch verursacht wurde, daß Diodati nicht allein über den Inhalt und die Ausformung des Figurenprogramms entscheiden konnte. Der Bauherr Garzoni, der Vetter des Gartenarchitekten Diodati, hat in diese Konzeption ebenso hineingezeichnet und hineingeredet wie Garzonis Ehefrau. Es war gewissermaßen ein architektonisches Spiel mit mehreren Rollen, aus dem dann ein buntes, nicht durchgehend einheitliches Programm hervorgegangen ist.

Einige Grundakzente sind aber doch deutlich erkennbar. In einer solchen Gartenanlage hat im 18. Jahrhundert selbstverständlich auch die feine, kultivierte, gezügelte Erotik ihren Platz. Daher findet sich gleich am Eingang zur großen Treppe, dieser monumentalen Scheinarchitek-

Skulptur der Göttin des Ruhms im Park von Collodi.

tur, ein mythologisch-allegorisches Figurenpaar, das den Besuchern jener Zeit deutlich machen sollte: In diesem Garten gilt nur feine Zurückhaltung. Dargestellt ist eine Szene aus der berühmten Sage von Apoll und Daphne: Der Gott Apoll verfolgt die zarte Nymphe Daphne mit zudringlicher Liebe. Sie flieht vor seinen Nachstellungen, wirft hilfesuchend die Arme zum Himmel und bittet die Götter um Rettung. In diesem Augenblick verwandelt sich das bebende, verfolgte Mädchen in den stets zitternden und bebenden Lorbeerbaum, und der Gott Apoll steht enttäuscht oder betreten davor. Jedem, der in den Park eintritt, wird an dieser Schwelle die gesellschaftliche Verhaltensregel sinnfällig vor

Augen gestellt: Hier hat man sich gesittet, fein und kultiviert zu benehmen. An dieser Grundregel ändert sich auch dadurch nichts, daß andere Symbole und Figuren sehr deutlich von Liebe und Besitzerstolz sprechen, aber auch hier alles in der dezenten, disziplinierten Form des 18. Jahrhunderts.

Daneben diente das ganze Ensemble durchaus zum Vergnügen. Die alten Bäder und Grotten aus dem 16. Jahrhundert waren durch neue Anlagen ersetzt worden; es gab nun ein entzückendes Badehaus im Stil des Rokoko, in dem zwar das Bad der Damen vom Bad der Kavaliere fein getrennt war, das aber doch auch ein *bagno comune* enthielt und dazu eine reizvolle Loggetta für das Orchester. Hier badete man stundenlang, spielte zugleich Schach, aß und trank und ergötzte sich an den musikalischen Vorträgen des Orchesters, das oben in der Loggetta auftrat, jedoch von dort nicht in die Badekabinen blicken konnte. Diese hatten zwar offene Dächer, gewährten jedoch keinen unerlaubten Blicken Einsicht. Während sich die Herrschaften in dem vorgewärmten, von der Pescia gespeisten Badewasser vergnügten, fiedelten und flöteten die Hofmusikanten unentwegt.

Der Fluß Pescia ist es, der in seinem steilen Lauf die Felsen hinunter den ganzen Park belebt und das Wasser spendet, von dem hier alles sein Leben erhält. Genaugenommen gibt es zwei Flüsse dieses Namens; der eine, der hier die Grenze bildet, läuft gegen Lucca zu, der andere gegen Florenz. Im Park von Collodi finden sich deshalb auch zwei Flußgöttinnen mit üppigen Formen. Jede hat ihr eigenes Wappentier: die Pescia von Florenz einen Löwen, die Pescia von Lucca einen Panther. Die beiden Tiere scheinen sich gegenseitig böse anzufauchen, dabei spenden sie doch zugleich und gemeinsam das Wasser für die Kaskaden. Und hier erblicken wir, was heute noch den Ruhm des Gartens von Collodi begründet: die herrliche Kaskadentreppe mit ihren Wasserschleiern.

Im unteren Bereich des Parks erstrecken sich die großen Parterres mit den zu bizarren Formen geschnittenen und gestutzten Hecken: Säulen, Vögel, Fabelwesen und groteske Figuren. Dies entsprach dem Geschmack der damaligen Zeit und gehörte im 18. Jahrhundert zum Gestaltungsschatz der großen Gartenarchitekten. Auch solche Formgebungen strahlten eine bestimmte Symbolik aus und ließen sie dem Kenner nicht verborgen.

In seiner bedeutendsten Schöpfung, dem Garten von Collodi, hat Diodati auch noch einen anderen Gedanken umgesetzt. Mit der Mittelachse wurde nicht nur die geländebeherrschende Leitgerade geschaffen, sondern – wie Diodati es selbst einmal ausgedrückt hat – die Trennung von Licht und Finsternis zur Anschauung gebracht. Die Kaskadentreppe stellt ein einziges fröhliches Spiel von Lichtern dar. Aber links und rechts davon drängen sich die dunklen Wälder mit dichtem Gehölz aus Lorbeer und Oleander in fast gefährlich wirkender Dunkelheit. Die Italiener haben ja meist nicht wie die Deutschen ein so romantisches, von Zuneigung bestimmtes Verhältnis zum Wald. Ihnen bedeutet er eher etwas Bedrohliches, Fremdes, Unheimliches. Im Park von Collodi begrenzen die beiden Bosketten zur Linken und zur Rechten als Orte der Dunkelheit die durch Licht gestaltete Fröhlichkeit der Wasserachse in der Mitte. Außer diesem Spannungsverhältnis zwischen Licht und Schatten – wobei Schatten im Sinne des »Bösen« gemeint ist – wird in Diodatis Gartengestaltung ein weiteres erkennbar: das Spannungsverhältnis zwischen Sein und Schein.

Dies wurde in der letzten Gestaltungsphase bewußt durch das verwendete Baumaterial sichtbar gemacht: Man hat in Collodi nicht Marmor verwendet, wie es eigentlich zu erwarten wäre, sondern man hat hier den Marmor nur vorgetäuscht. Die Eigenschaften des Marmors, die Dauerhaftigkeit, Festigkeit und Härte, sind nur scheinbar vorhanden. Die Absicht war jedoch kein billiges Täuschungsmanöver, sondern ein bewußtes Spiel mit den Realitätsebenen. Die Figuren, Geländer und Balustraden scheinen aus Marmor gearbeitet zu sein, sind aber nur aus rotem, gebranntem Ton und mit dicker weißer Farbe überstrichen. Bedeutete das nun ein Öffnen oder ein Verschließen der Augen vor der Tatsache der Hinfälligkeit alles Bestehenden? Bei aller Lebensfreude der höfischen Gesellschaft jener Zeit war das Bewußtsein lebendig, daß man nicht an alles rühren dürfe. Die stete Mahnung an die Vergänglichkeit begleitete das ganze Dasein dieser Gesellschaft.

Daß man in der heutigen Zeit den Farbanstrich der Figuren in Collodi nicht wieder erneuert hat, braucht eigentlich nicht bedauert zu werden. Denn so kommt das Wesen dieses Parks und der Epoche seiner Schöpfung auf eigentümliche Weise zum Vorschein. Die Figuren zeigen sich so in ihrer ganzen Brüchigkeit, mit ihren Narben und Schrunden, dazu in

Die Figur eines Bauern aus gebranntem Ton, farbig übermalt, demonstriert in ihrer Brüchigkeit das Vergängliche des Daseins.

vielfacher farblicher Abstufung von Weiß über fleckiges Rosa bis zu Rot. Es ist ein bemerkenswertes und zum Nachdenken anregendes Erscheinungsbild, das wohl schon damals von manchen Zeitgenossen in seiner Zwiespältigkeit so verstanden wurde.

Noch unter einem weiteren Gesichtspunkt sind die Elemente dieses Gartens und ihre Gesamtkomposition spannungsreich. Der Garten wurde ja als ein Ort des Vergnügens für eine kleine Schicht von Hochgeborenen geschaffen. Aber die Untertanen, die für die Kosten aufkommen und die Arbeiten zur Ausführung dieses Werkes leisten mußten, sind auf eine bestimmte Weise in die Gestaltung mit einbezogen. So sind in den Nischen große Tonfiguren als Wasserspender aufgestellt, die Weingärtner mit ihren Fässern darstellen, nur daß eben anstelle des Weins das Wasser der Kaskade aus den Fässern herausquillt und -sprüht. In dieser großen Gartenspielwelt sind also auch die Untertanen vertreten. Zwar wissen wir nicht, was Künstler und Betrachter damals zu Ende des 18. Jahrhunderts, in den Jahren kurz vor Ausbruch der Französischen Revolution, sich dabei gedacht haben, doch haben sie natürlich diese andere Lebenswelt außerhalb ihrer abgehobenen adlig-höfischen Sphäre auch wahrgenommen und als eine vorhandene andere Wirklichkeit in diese kunstvolle Schöpfung ihres exklusiven Standes einbezogen.

Als dann aber der Park 1786 endgültig fertiggestellt war, hat sein Ruhm nur kurze Zeit gedauert. Es kamen damals die vornehmen Gäste der Garzoni, darunter fürstliche Personen, und Staatsbesuche, um hier Feste zu feiern. Der wohl berühmteste Besucher des vollendeten Parks war Erzherzog Ferdinand, ein Sohn der Kaiserin Maria Theresia, der mit seiner Gattin Maria Beatrix Collodi aufsuchte. Dieses Paar ist übrigens das Stammelternpaar des Hauses Österreich-Este; Ferdinands Gattin war die letzte Prinzessin und Erbin des alten Adelshauses von Este. Tagelang wurden sie hier, wie auch andere Fürstlichkeiten, bewirtet, und es fanden prächtige Feste statt.

Nach der großen weltgeschichtlichen Zäsur durch die Französische Revolution und das Zeitalter Napoleons erfuhr der Park von Collodi gerade noch einmal durch Marie Louise von Österreich, die Witwe des französischen Kaisers, einen fürstlichen Besuch. Inzwischen hatten sich aber Lebensstil und Zeitgeist verändert, die Epoche des Biedermeier herrschte, und der noch drei Jahrzehnte zuvor berühmte und an verschiedenen europäischen Residenzen nachgeahmte Park von Collodi galt nun als *mauvais goût.* »Schlechten Geschmack« und »Zopfstil« nannte man nun derartige Kunstgebilde der jüngsten Vergangenheit. Sie gefielen nicht mehr; manche dieser Rokokogärten gerieten sogar, wie auch der von Collodi, in Vergessenheit.

Man kann es ein Verdienst oder auch einen Glücksfall nennen, daß der Garten in der ersten Hälfte des 19. Jahrhunderts nicht zeitgemäß in einen englischen Park umgewandelt worden ist. Denn diese damals moderne Parkgestaltung hatte auch die Familie Garzoni erwogen. Das ganze bisherige Figurenprogramm galt nun als falscher Schein, und selbst das Material, der Marmor, war ja nur vorgetäuscht.

Aus kunstgeschichtlicher Sicht von heute kann man es geradezu als Glück bezeichnen, daß die Garzoni damals verarmt waren und den Garten in der Form, die ihm zuletzt Ottaviano Diodati gegeben hatte, unverändert belassen haben. Sie veräußerten schließlich sogar ihr Schloß in Collodi samt ihrem Grundbesitz an eine verwandte Grafenfamilie, die Gardi dell'Ardenghesca, deren Vorfahren sich bis in das Zeitalter der Staufer zurückverfolgen lassen; einer Überlieferung Walafrids zufolge sind sie sogar langobardischer Abkunft.

Nachdem diese Grafenfamilie Collodi in ihren Besitz gebracht hatte, beließ sie alles, Schloß und Park, im alten Zustand, und so ist die ganze Anlage in ihrer Einzigartigkeit auf unsere Zeit überkommen.

In einem solchen Schloß und Garten haben sich natürlich auch viele Geschichten und Begebenheiten abgespielt. So manches Schicksal hängt mit Collodi zusammen und hat hier seinen Ausgangspunkt.

Mit dem Namen Collodi wird in der literarischen Welt heute vor allem eine bestimmte Persönlichkeit in Verbindung gebracht, die des Schriftstellers Carlo Lorenzini, der sich selbst in seiner späteren Lebenszeit Carlo Collodi nannte. Sein berühmtestes Buch, der »Pinocchio«, die Geschichte vom hölzernen Bengele, ist gewissermaßen aus den nachwirkenden Eindrücken des Parks von Collodi auf die Phantasie des kindlichen und jugendlichen Carlo Lorenzini entstanden.

Die Küche im Dienerschaftstrakt des Schlosses der Grafen Garzoni bildet, so verblüffend das klingen mag, das Verbindungsgelenk zwischen Garten und Schloß einerseits und dem »Pinocchio« andererseits. Zum Personal der Garzoni gehörte eine Familie, deren Mitglieder vor allem in der Küche des gräflichen Haushalts beschäftigt waren. Im frühen 19. Jahrhundert heiratete eine Tochter aus dieser Familie einen wenig bemittelten Florentiner mit dem nicht seltenen Namen Giovanni Lorenzini. Zwölf Kinder aus dieser Ehe lebten in einer ärmlichen, dunklen Wohnung in Florenz. Eines dieser zwölf Kinder fiel durch besondere Begabung und Intelligenz auf und sollte deshalb Rhetorik, Grammatik und ähnliche Disziplinen auf einer höheren Schule lernen. Das hätte so gut wie sicher bedeutet, daß der begabte Junge nach Studienabschluß in den Kirchendienst hätte eintreten müssen. Denn so wäre ihm am ehesten die Chance zuteil geworden, einen gehobenen sozialen Status, Ehre und Ansehen zu erwerben und nicht zuletzt auch eine gewisse finanzielle Sicherheit, durch die er seine Geschwister, Neffen und Nichten, eben die arme *famiglia*, hätte unterstützen können.

Carlo Lorenzini, der am 24. November 1826 in Florenz geboren wurde, war zunächst tatsächlich ein braver Schüler auf dem Gymnasium und erfüllte die Rolle des zu Höherem berufenen Sohnes der Familie. Doch bald gefiel es ihm nicht mehr auf der Schule, denn er war auf die Dauer kein braver Musterschüler, sondern eben ein Lausbub, der voll witziger Ideen steckte. Die Stadt Florenz und ihr Gymnasium hinterließen in ihm eher quälende als frohe Eindrücke. Aber zuweilen wurde ihm Collodi zum Refugium. Die Großeltern und der Onkel haben ihm von Zeit zu Zeit dort eine kindgemäße Heimat geben können. Und so erzählt noch heute der Fremdenführer in Collodi den Besuchern, der kleine Carlo habe einst hier im Schloß am Küchentisch neben dem prasselnden Herdfeuer, wenn draußen der Wintersturm oder auch der trockene Sommerwind fegte, den Großeltern und den staunenden Küchenmägden schon seine wunderschönen Geschichten vom Pinocchio erzählt.

Auch wenn das eine, biographisch nachweisbare, zeitliche Vorverlegung des Beginns der Erzählkunst von Lorenzini sein sollte, so ist doch festzuhalten, daß er in den Küchenräumen des Schlosses von Collodi einen Teil seiner Kindheit und Jugend verbracht hat. Dagegen wird er die vornehmen Gemächer des Schlosses wohl kaum jemals betreten haben.

Wenn aber auch die gräflichen Prunkgemächer für den Jungen aus Florenz unzugänglich waren, so galt dies doch nicht für den Park und den Garten. Die rauschenden Feste des Rokokozeitalters waren vorüber, der Park stand leer und verlassen, halb noch instand gehalten, halb vernachlässigt. Der junge Lorenzini mag sich hier oft im Sommer aufgehalten, gespielt und geträumt, vielleicht auch an Ästen geschaukelt und Vogelnester ausgenommen haben. Er hat also wahrscheinlich alles das hier nachgeholt, was ein vergnügter, ausgelassener Bursche in der großen, engen Stadt Florenz nicht tun konnte.

Nicht nur ihm selbst, sondern auch seiner ganzen großen Familie dürfte Collodi ein Treffpunkt, ein familiäres Refugium, bedeutet haben. Und der Tisch in der Schloßküche ist trotz der gesellschaftlichen Trennung der Stände auch ein Stück Gemeinsamkeit: An ihm arbeiten die »einfachen Leute« für die vornehmen, die mächtigen Dienstherren, die kleinen Rädchen halten die großen Weltgewichte am Laufen.

Im Leben des Carlo Lorenzini, der sich nicht ohne Absicht das Schriftstellerpseudonym »Collodi« zulegte, sind ja die »Kleinen«, die Gedrückten und Unterdrückten, die im Gegensatz zu den Großen nicht im Licht gehen dürfen, stets im Blickfeld gewesen. So enthalten seine Geschichten viele Bezüge zu seiner eigenen Lebensgeschichte, zur Geschichte dessen, der vom Leben gebeutelt und herumgestoßen wird, der immer etwas anderes tun muß, als er eigentlich möchte. Seine Erzählungen tragen autobiographische Züge.

Carlo Lorenzini, der sich später als Autor des berühmten »Pinocchio« Carlo Collodi nannte, verbrachte einen Teil seiner Ferien bei den Verwandten in Collodi, besonders in der alten Schloßküche.

Lorenzini sollte ja ursprünglich, wie angedeutet, eine kirchliche Berufslaufbahn einschlagen. Die politische Situation der Zeit aber nahm Einfluß auf sein weiteres Geschick. Italien wurde von der Idee des Risorgimento, der nationalen Freiheit und Einheit, aufgerührt. So schloß sich Lorenzini der neuen Bewegung an oder sympathisierte doch zumindest mit jenen, die die Einheit Italiens schon damals mit Gewalt durchsetzen wollten. Ein solcher Verschwörer war natürlich im Priesterseminar fehl am Platze, mit einer solchen Einstellung konnte man keine kirchliche Karriere machen. Lorenzini mußte sich nun auf eigene Beine stellen. Seine Studienkenntnisse verhalfen ihm gerade zu einer miserabel bezahlten Stelle als Hilfsbibliothekar. Er wollte aber Redakteur werden, um vom Schreibtisch aus die Welt mit zu verändern und die Freiheit und Einheit Italiens herbeizuschreiben. Aber trotz aller Anstrengungen, trotz seiner Bildung blieb ihm der erhoffte Erfolg versagt, und er konnte nicht verwirklichen, was ihm vorschwebte.

Der Not gehorchend schrieb er schließlich die unterschiedlichsten Beiträge und Artikel, auch Geschichten und Erzählungen. Als er – inzwischen in vorgerücktem Lebensalter – in bedrängten wirtschaftlichen Verhältnissen lebte, verfaßte er auch für das »Giornale dei bambini«, eine Kinderzeitschrift, eine Folge von Fortsetzungsgeschichten, gute wie schlechte, von denen die meisten rasch vergessen wurden. Liest man sie heute wieder, so findet man sie nicht fesselnd.

Als er bereits in den Fünfzigern stand, schrieb Lorenzini von neuem eine Reihe von Kindergeschichten, die ohne einen festen Gesamtplan, eben eine Geschichte an die andere gereiht, erschienen. Die Hauptfigur dieser Folge war »Pinocchio«, der in der deutschen Übersetzung »das hölzerne Bengele« heißt. Und dieser Pinocchio wurde nun plötzlich der große Freund aller Kinder – der »Star«, würden wir heute sagen –, und der Leserkreis der Zeitung vergrößerte sich rasch. Durch die Geschichten mit dem Helden Pinocchio kam der Verfasser Carlo Collodi plötzlich in aller Leser Munde, während sein eigentlicher Name Lorenzini kaum bekannt wurde.

Zwei Jahre später wurden die Fortsetzungsgeschichten zusammengefaßt und 1883 als Buch mit dem Titel »Le avventure di Pinocchio« sofort berühmt, ein Bestseller nach heutigen Begriffen. Es ist merkwürdig, daß manches Werk, das in der Literaturgeschichte einen bedeutenden Rang einnimmt, zuerst als Folge von Erzählungen oder in Fortsetzungskapiteln erschienen ist. Das gilt für Goethes »Wilhelm Meister« ebenso wie für »Die drei Musketiere« von Alexandre Dumas oder, um Beispiele aus dem 20. Jahrhundert zu nennen, für »Die Abenteuer des braven Soldaten Schwejk« und »Don Camillo und Peppone«, die alle zunächst als Fortsetzungsgeschichten geschrieben worden sind.

Erst jetzt, als er weit über seine Lebensmitte hinaus war, wurde Carlo Collodi alias Lorenzini berühmt, und nun war er auch zum erstenmal in einigermaßen wirtschaftlich gesicherten Verhältnissen. Reihenweise erschienen jetzt Auflagen seiner Werke, doch als der weltweite Erfolg einsetzte, starb Carlo Çollodi 1890, ohne seinen größten Ruhm erlebt zu haben. Insofern kann man sein Leben als tragisches Schicksal verstehen. Zum Glück hat er die große Begeisterung und Zuneigung der Kinder in Italien noch erfahren.

Die Wahl des Verfasserpseudonyms »Collodi« ist aufschlußreich: In Collodi war der Garten seiner Kindheit, der wohl seine dichterische Phantasie zu allen diesen Abenteuern des Pinocchio entscheidend angeregt hat. Was er als Kind in diesem Park mit seinem eigenartigen Wechsel und dem Ineinandergehen von Sein und Schein, von realer und irrealer Welt erlebt hat, was er ihm abgelauscht hat, das ist dann auch – so dürfen wir annehmen – in seine Kindergeschichten eingeflossen. Es ist sonderbar, wie die Gestalt aus der Phantasie eines Autors, das hölzerne Kasperle, jedem Leser so lebendig erscheint, daß sie ihm für immer als guter Freund und Vertrauter in Erinnerung bleibt.

Das arme hölzerne Bengele wird am Schluß des Buches von seiner Daseinsform erlöst und in einen gesunden, leibhaftigen Jungen verwandelt. Aber bis dahin ist es eine lange Geschichte mit vielen kleinen Abenteuern, die prägnant und knapp geschildert werden und das Buch so liebenswert machen. Trotz der erzieherischen Absicht sind die märchenhaften Abenteuer doch sehr kindgemäß beschrieben. Hier wird, einfach durch die Intuition eines begabten Autors, die moderne Kinderpsychologie schon vorweggenommen. Das lesende Kind wird nicht von allem Furchtbaren ferngehalten, sondern in die reale Welt mit ihren auch schrecklichen Seiten behutsam eingeführt. Die Geschichten gehen nicht immer gut aus, aber es wird ein gangbarer Ausweg gezeigt, so daß das Kind beim Lesen die Angst verliert. Nicht immer können alle auftau-

Faun aus Stein, eines der Fabelwesen im Park von Collodi.

chenden Probleme gelöst werden, aber es gibt Mittel und Wege zur Lösung; Möglichkeiten werden aufgezeigt, um in den Ernst des Lebens hineinzuwachsen, und die Angst vor diesem Leben wird gemindert. Das alles wird in Collodis Pinocchio-Geschichten mit einfühlsamer Psychologie und dichterischer Ausdrucksweise geschildert. So ist es verständlich, daß dieses Buch in alle Weltsprachen übersetzt und vielen Kindern auf der ganzen Erde zum vertrauten Besitz geworden ist.

Und nun gibt es eine bemerkenswerte Rückwirkung auf den Garten von Collodi. Diesem formvollendeten, aristokratischen Park, dem Festplatz der feinen, gepflegten Gesellschaft, ist heute ein zweiter Park, ein ganz anders gestaltetes Pendant an die Seite getreten: der »Parco di Pinocchio«. Im Pinocchio-Park haben alle Fabeltiere und Figuren aus dem Buch Gestalt gewonnen und lösen Entzücken und Begeisterung bei den Kindern, aber auch bei vielen Erwachsenen, aus. Ganze Schulklassen

Pinocchio; gezeichnet von Enrico Mazzanti.

bewundern beim Jahresausflug die bekannten Gestalten der Pinocchio-Geschichten. Diese modernen Kinderabenteuer-Figuren stehen den Rokokoplastiken im kostbaren Garten des Diodati an Originalität nicht nach; sie sind eine Gegenschöpfung unserer Zeit zu jener Gartenkunst-Schöpfung des Barock und Rokoko.

Noch einmal sei ein Blick auf diese literarische Schöpfung des 19. Jahrhunderts gestattet.

Den Geschichten vom Pinocchio ist ein besonderer Wesenszug eigen: Der Verfasser steht immer auf der Seite der Verfolgten; die harte Obrigkeit hingegen wird sehr kritisch, wenn nicht sogar negativ beurteilt. In den Buchillustrationen von Enrico Mazzanti, der dem Pinocchio seine klassische Gestalt gegeben hat, sehen wir, wie der arme Junge mit gesenktem Kopf und nach unten weisender spitzer Nase zwischen den beiden Gendarmen fast erdrückt wird, während sie ihn mitleids- und rücksichtslos abführen. Eine solche Situation war für manches italienische Kind besonders einprägsam, weil es vergleichbare Situationen aus eigenem Erleben nachempfinden konnte. Aber nicht nur die italienischen Kinder sind es, es sind bekanntlich viele Kinder in der ganzen Welt, die dieses Buch vom hölzernen Bengele kennen und lieben, dieses Buch, das man, um es kühn zu formulieren, als eine Literatur gewordene Frucht des Gartens von Collodi bezeichnen kann.

Den eigentümlichen Charakter scheint dieser Park, an dem Generationen gebaut und zu seiner Schönheit beigetragen haben, den seine heutigen Besitzer, die Grafen Gardi dell'Ardenghesca, mit Liebe und Aufwand pflegen, in einer ganz bestimmten Zeitspanne erlangt zu haben: damals, als der Garten nach seiner höchsten Vollendung vergessen und romantischem Verfall preisgegeben war und ein kleiner Junge aus einer armen Florentiner Familie, Enkel von Bediensteten im Schloß von Collodi, auf seinen Wegen herumlief und sich dort seine Traumwelt schuf, in der er diese eigenartige Spannung zwischen Sein und Schein halb bewußt in sich aufgenommen hat. Was damals auf das Kind gewirkt hat, das ging in das berühmte Buch des gealterten Mannes ein, in den »Pinocchio«, den alle, die ihn kennen, lieben, der die Kinder der ganzen Welt begeistern und sie sicher zwischen Sein und Schein in das Leben einführen kann.

Parma und Colorno

Marie Louise von Österreich als Regentin

Marie Louise, Tochter Kaiser Franz' I. von Österreich, Kaiserin der Franzosen und ab 1814 Herzogin von Parma, Pienza und Guastalla; Lithographie nach einer Zeichnung um 1840 von Josef Kriehuber.

Der Name Parma weckt ganz unterschiedliche Vorstellungen: Den einen erinnert er an den aus dem Apennin in die oberitalienische Tiefebene des Po hinabströmenden Fluß, andere denken an Stendhals »Kartause von Parma«, an Parma-Veilchen, an Parma-Schinken oder an Parmesankäse. Dem an Geschichte Interessierten wird der Name von Marie Louise, der Herzogin von Parma, einfallen. Den verschiedenartigen Vorstellungen, die mit Parma verbunden sind, entspricht die bunte Vielfalt der geschichtlichen Entwicklung der Region.

Im Jahr 187 v. Chr. überbrückten an dieser Stelle die Römer den Fluß Parma, um die von ihnen angelegte Via Aemilia fortzusetzen. In der Nähe des Übergangs befand sich eine ältere, wahrscheinlich etruskische Siedlung, die von den Römern vier Jahre nach dem Brückenbau durch eine Militärkolonie ersetzt wurde. Aus dieser römischen Militärstation entwickelte sich eine Handelsstadt, die zur Zeit des Kaisers Augustus den Namen »Julia Augusta Parmensis« annahm.

In der späteren Kaiserzeit sank die Bedeutung der Stadt. Sie geriet in die Wirren der Völkerwanderung, bis unter dem Ostgotenkönig Theoderich dem Großen in ganz Italien Ruhe einkehrte, so daß sich die Stadt erholen konnte und sich Handel und Wohlstand entwickelten. Theoderich hat die Wasserversorgung der Stadt Parma bereits Anfang des 6. Jahrhunderts einrichten lassen. Ein Jahr nach der Untergangsschlacht der Ostgoten gegen das vom byzantinischen Feldherrn Narses befehligte oströmische Heer gelang es hier bei Parma zwei ehrgeizigen alamannischen Brüdern, Buthilin und Leuthari, mit ihren alamannischen und fränkischen Söldnern sowie den letzten Ostgoten, die sich noch in Italien hielten, das Heer des Kaisers Justinian zu besiegen und ein neues germanisches Königreich in Italien zu errichten; allerdings scheiterte der alamannisch-gotische Plan der Etablierung einer neuen Herrschaft in Italien bald wieder.

Nach dem häufigen Schlachtenlärm des 5. und 6. Jahrhunderts wurde es in Parma ruhiger. Papst Gregor ernannte einen Bischof und ließ Dom und Baptisterium erbauen. So wurde Parma eine geistliche Residenz; rund 600 Jahre regierten Bischöfe in der Stadt, die sich dabei gut entwickelte.

Im Jahr 1203 endete die bischöfliche Herrschaft über Parma, da auch hier, wie überall in Italien, die Wirren und Kämpfe zwischen Ghibellinen und Guelfen ausbrachen. In Parma stützten sich die Großen auf die örtlichen Mächte der Pallavicini und der Sanvitelli, die ihre entsetzlichen Kämpfe gegeneinander ausfochten, ebenso blutigen wie sinnlosen. Nach dem Abflauen der Fehden warf sich auch hier ein Adeliger aus der Umgebung, Ghiberto da Corregio, zum Stadttyrannen auf. Doch seine Zwangsherrschaft dauerte nur kurz: Parma fiel wieder für längere Zeit an den Kirchenstaat. Nach einer Epoche der Blüte enteignete es aber ein Papst selbst dem Kirchenstaat. Papst Paul III. errichtete in Parma seinem illegitimen Sohn Pier Luigi Farnese eine Herrschaft. Damit die Farnese in herzoglichem Glanze strahlen konnten, beschnitt ihr Familienmitglied, der Papst, den Besitz des Kirchenstaats.

Die Farnese erbauten in Parma einen großen, wuchtig und unfreundlich wirkenden Palast, den Palazzo della Pilotta. Als 1731 die Familie ausstarb, fiel das Herzogtum Parma in etwas verwickeltem Erbgang an das spanische Haus Bourbon. Es ist verständlich, wenn die neuen Regenten im Palast der Farnese sich nicht wohl fühlten. Sie gedachten ihrer heimatlichen Schloßgärten, und so wurde nach dem Muster von Versailles ein neuer großartiger Garten mit Alleen und Wasserspielen im französischen Geschmack angelegt. Dazu kam noch ein neuer kleiner Gartenpalast, der Palazzo Ducale, in dem die nunmehrigen Herzöge von Bourbon-Parma residierten.

Als Napoleon zu Ende des 18. Jahrhunderts seine Herrschaft in Italien aufrichtete, bemerkten die bourbonischen Fürsten von Parma bald, daß sie ihr Herzogtum nicht lange würden für sich behalten können, und so verkauften sie an den Eroberer. Der neue Herr stattete seine getreuen Paladine mit Fürstentiteln und kleinen Herzogtümern aus. Herzog von Parma wurde nun Napoleons Erzkanzler Jean Jacques Régis de Camba-

Marie Louise im Alter von achtzehn Jahren;
Miniatur aus dem Jahr 1809.

cérès. Doch seine Herrlichkeit dauerte nicht lange: Mit dem Sturz seines Gönners Napoleon war 1814 alles vorüber, und Parma fiel nach den Beschlüssen des Wiener Kongresses an den österreichischen Kaiser Franz II., der ja der Schwiegervater seines großen politischen Gegners war. Wie die Kaisertochter Marie Louise die Gattin des zur Furchtgestalt der alten europäischen Reiche aufgestiegenen Korsen wurde, ist eine berühmte und fast dramatische Geschichte.

Napoleons erste Frau, Joséphine de Beauharnais, hatte ein flatterhaftes, aber auch ein sehr charmantes Wesen. Obwohl sie ihn fortwährend betrog, fühlte er sich ihr verbunden. Lange glaubte der Kaiser, sie könne ihm einen Sohn schenken, aber mit weiblicher List hat sie Napoleon lange Zeit über ihr wahres Alter täuschen können, und so sah er den Grund für ihre Kinderlosigkeit bei sich selbst. Erst nach der Geburt

Napoleon mit seinem Sohn, dem »König von Rom«;
Lithographie nach einem Gemälde von Karl von Steuben.

seines Sohnes Alexandre, den er mit der polnischen Gräfin Maria Walewska hatte, wußte er, daß er durchaus fähig war, Söhne zu zeugen.

Napoleon ließ deshalb an einigen europäischen Fürstenhöfen seinen Wunsch nach einer Ehe mit einer Monarchentochter äußern, aber dem Aufsteiger aus Korsika und Erben der großen Französischen Revolution wandte man den Rücken zu. Schließlich trug ihn das Kriegsglück auf solche Höhen, daß er vom letzten Römischen Kaiser – nunmehr nur noch österreichischen Kaiser – Franz I. die Ehe mit seiner Tochter

Marie Louise erzwingen konnte. Auswählen konnte er leider nicht, denn Marie Louise war zu der Zeit die einzige heiratsfähige Tochter Franz' I. Mit Widerwillen fügte sich der Wiener Hof dem politischen Feind und Eroberer, der sich den alten Kaiser zum Schwiegervater befahl. Es wurde ein Maler noch Wien geschickt. Marie Louise war keinesfalls eine Schönheit, ihr Gesicht wirkte eher langweilig, sie hatte sogar ein vorgeschobenes Kinn mit breiter Unterlippe. Napoleon aber sah das Gemälde seiner Braut mit Freude. Zu Audinot soll er gesagt haben, als ihm das Bild aus Wien überbracht worden war: »Ah voilà – la lèvre Autrichienne!« Für ihn galt die Habsburgerlippe gewissermaßen als das Gütezeichen einer echten Habsburgerin.

Marie Louise behielt ihr langweiliges Gesicht und hat sich nie zu einer Schönheit gemausert, sie war auch nicht besonders geistvoll und bei weitem nicht so gebildet und charmant wie Josephine und schon gar nicht so frivol wie diese. Aber dafür war sie eine gute, treue, brave, etwas hausbackene Natur mit der damals bei den Habsburgern üblichen Frömmigkeit. Napoleon jedoch war glücklich mit ihr, zumindest war er stolz auf diese Eheverbindung, schon deshalb, weil er die Erbtochter des vornehmsten europäischen Herrscherhauses in legaler Ehe hatte heiraten können. So konnte man seine Ehe, obwohl er innerlich noch Josephine verbunden blieb, als gut betrachten. Der Familiensinn des Korsen erwies sich bei der Geburt des sehnlich erwarteten Thronfolgers 1811. Die schwere Geburt brachte die kaiserlichen Leibärzte fast zum Verzweifeln, da ließ der besorgte Vater einen Feldscher aus seiner Truppe kommen, der schon viele Soldatenfrauen entbunden hatte, und befahl ihm, die Kaiserin so zu behandeln, wie wenn er eine Wäscherin vor sich hätte. Nach einer Eklampsie ging die Entbindung gut vonstatten. Marie Louise hatte danach begreiflicherweise schreckliche Angst vor weiteren Geburten.

Napoleon aber war überglücklich. Bezeichnend für ihn ist es, daß er die erste Mitteilung über die Geburt seines Sohnes an seine frühere Ehefrau Josephine schickte: »Meine Freundin! Mein Sohn ist da, und er ist dick und befindet sich wohl. Ich hoffe, es wird etwas Rechtes aus ihm werden. Er hat meine Lunge, meinen Mund und meine Augen. Hoffentlich erfüllt er seine Bestimmung. Napoleon.«

Bedenkt man das spätere, kurze Leben dieses Knaben, des Herzogs von

Reichstadt, so kann man dieses Schreiben, das höchste Erwartungen verrät, als einen tragischen Brief bezeichnen. Schon in der Wiege erhielt das Kind den Titel »König von Rom« und bei den Soldaten hieß es *l'aiglon*, der junge Adler. Der Flug dieses Lebens ging aber, nach einem kurzen Aufschwung, früh zu Ende, und Napoleon konnte nur kurze Zeit Vaterfreuden genießen. Bevor er mit der Grande Armée gegen das russische Zarenreich aufbrach, entstand noch ein Gemälde von der kaiserlichen Familie: Der König von Rom, als Kleinkind, wurde mit seinen Eltern Napoleon und Marie Louise für die Nachwelt, die ihn als Nachfolger seines Vaters und zweiten Herrscher der Dynastie Bonaparte bewundern sollte, verewigt.

Der gescheiterte Feldzug gegen das Zarenreich brachte den jähen Sturz Napoleons. Marie Louise hatte nicht die Größe anderer Frauen der Familie Bonaparte, um auch im Unglück ihrem angetrauten Mann, dem früheren Machthaber, zur Seite zu stehen. Ihr Vater, Kaiser Franz I., und Fürst Metternich, der nun die Politik in den deutschen Ländern bestimmte, überredeten sie, ins Elternhaus zurückzukehren und Napoleon sich selbst zu überlassen. Während dieser noch immer hoffte, sie würde zu ihm zurückkehren – so wie Katharina von Württemberg, verheiratet mit seinem jüngeren Bruder Jérôme, dem König von Westfalen, bei ihrem Ehemann im Unglück ausharrte –, blieb Marie Louise unbeweglich und wartete ab. Sie war einfach etwas zu träge, um eine andere Entscheidung zu treffen. Es gibt einen reizenden Brief Napoleons, in dem er sie rügt, weil sie morgens zu faul ist aufzustehen und statt dessen hochgestellte Besucher in ihrem Schlafgemach zu Audienzen empfängt:

> Madame und liebe Freundin!
> Ich habe den Brief erhalten, in welchem Sie mir mitteilen, daß Sie den Erzkanzler Cambacérès empfangen haben, während Sie noch im Bett lagen. Ich wünsche, daß Sie unter keinen Umständen und unter keinem Vorwande mehr jemanden, wer es auch sei, so empfangen, während Sie noch im Bett liegen. Das ist nur einer Dame gestattet, die das 30. Lebensjahr überschritten hat.

Marie Louise hat sich nicht an die Ermahnungen Napoleons gehalten. Wie sollte sie jetzt, nach seinem Sturz, gegen den Willen ihres kaiserlichen Vaters und gegen den Willen des mächtigen Fürsten Metternich, auch gegen die Erwartung der bestimmenden Hofkreise Österreichs, zu Napoleon zurückkehren?

Die Briefe, die der entmachtete Kaiser seiner Frau schrieb, sind erschütternde Zeugnisse. Sicher glaubte er noch immer, sie würde diese Schreiben auch zugestellt erhalten. Die Briefe wurden aber abgefangen und vor Marie Louise verschwiegen, so erfuhr sie auch nicht, daß er auf eine Antwort von ihr hoffte. Da er sie als gutmütige und immerhin treue Ehefrau kannte, glaubte er wohl, sie würde schließlich zu ihm zurückkehren.

Sogar über die Erziehung ihres Sohnes, das Kind Napoleons, bestimmte nun ihr Vater. Marie Louise mußte den kleinen Napoleon an seinem vierten Geburtstag den Erziehern in der Wiener Hofburg überlassen. Am Wiener Hof wurde sie so lange geduldet, bis Metternich beschloß, sie irgendwo zu etablieren, wo sie politisch keinen Schaden stiften und auch keine Verbindung zu ihrem Gatten, dem ehemaligen Kaiser der Franzosen, aufnehmen konnte.

So wurde ihr das Herzogtum Parma, als Bestandteil des österreichisch-ungarischen Großreiches, zugewiesen. Sogar den kaiserlichen Titel und die Anrede Majestät durfte sie weiterhin führen. Jetzt zeigte sich, wie wenig Marie Louise Geflechte politischer Bestrebungen durchschauen konnte. Sie war arglos, ließ sich beeinflussen und begegnete fast jedem vertrauensselig; das wurde natürlich genützt. Als Napoleon erfuhr, daß ihr Parma zugeteilt worden war, schrieb er ihr: »Madame! Sie dürfen sich keinesfalls mit Parma begnügen. Fordern Sie Florenz! Fordern Sie die Toskana!«

Die Toskana mit der Hauptstadt Florenz war bereits vor den Napoleonischen Kriegen habsburgisch gewesen. Napoleon hoffte nun, seine Frau könne für ihn die Toskana retten, denn von der nahegelegenen Insel Elba aus, seinem ersten Verbannungsort, wollte er auf das toskanische Festland übersetzen, um politisch wieder mitspielen zu können. Aber auch diesen Brief erhielt Marie Louise nicht. Sie forderte deshalb weder Florenz noch gar die Toskana, sondern begnügte sich mit dem Herzogtum Parma, wozu noch Piacenza und Guastalla gehörten. Den Farnese-Palast fand sie unbehaglich, aber das französische Schlößchen, das die Familie Bourbon-Parma hatte errichten lassen, gefiel ihr, ebenso der dazugehörige Park. Noch besser behagte ihr ein anderer Garten, der sich beim Parmafluß befand.

Schon die Farnese hatten sich hier gern im Sommer aufgehalten. Unter den Bourbonen wurde bei Colorno ein wundervoller großer Park im französischen Stil angelegt und ein neues Schloß errichtet. Marie Louise hielt diesen Ort für einen der schönsten ihres kleinen Reiches, und so pflegte sie nun die langen Sommer hauptsächlich in Colorno zu verbringen, während sie winters im Palazzo Ducale wohnte. Es war jedoch mehr die Lage des Parks am Fluß, die die neue Herzogin bei ihrem Eintreffen in Colorno so sehr entzückte, weniger die kunstvolle französische Gartenanlage; denn diese galt damals als altmodisch und steif. So hat sie, in Erinnerung an ihre Kindheit in Wien und Laxenburg, den Park in Colorno nach dem Vorbild englischer Anlagen umgestalten lassen; unter ihrer Anleitung wurde es aber mehr als ein zeitgemäßer englischer Garten. Fände sich im Wortschatz der Stilbegriffe der Gartenbaukunst die Bezeichnung »deutscher Park«, so wäre er auf diese Schöpfung Marie Louises in Parma wohl anzuwenden. Die französischen Alleen ließ sie beseitigen und dafür Tannen anpflanzen. Das Promenieren unter den – wie sie das nannte – »deutschen Bäumen« blieb bis zu ihrem Tode eine Lieblingsbeschäftigung der Herzogin von Parma. Sie war bis ins hohe Alter gut und gern zu Fuß und genoß diese Spaziergänge. Das Schloß Colorno, das als ein Bauwunder seiner Zeit galt, verwahrloste und verfiel leider nach dem Tod von Marie Louise. Erst seit wenigen Jahren werden glücklicherweise einzelne Teile restauriert.

Bevor aber Marie Louise ihre Parkanlagen umgestalten und unter ihren »deutschen Bäumen« heiteren und gelösten Sinnes darin wandeln konnte, mußte sie zunächst traurige Jahre durchleben. Die erste Zeit in Parma und Colorno war bedrückend und belastend für die Gemahlin des gestürzten französischen Herrschers, denn ihr persönliches Schicksal wurde verflochten mit den politischen Interessen der österreichischen Kaiserfamilie. Sie wurde, ohne daß sie dies wahrscheinlich durchschauen oder sich gar aus diesen Überlegungen heraushalten konnte, zu einer Figur auf dem Schachbrett der Politiker und Diplomaten.

Beherrschend auf der politischen Bühne Europas erhob sich nach Napoleons endgültiger Verbannung die Gestalt des Fürsten Metternich, der die restaurative Politik des Kaiserreichs Österreich leitete. Mit allen

Mitteln wollte er verhindern, daß Napoleon und Marie Louise noch einmal zusammenfänden. Mit dem König von Rom, dem kleinen Sohn Napoleons, hatte Metternich leichtes Spiel. Der Knabe mußte den Namen Napoleon ablegen und den seines Großvaters Franz annehmen. Unter dessen Obhut wuchs er in Wien auf, während seine Mutter im fernen Parma lebte, wo sie mit weniger bedeutenden Regierungsgeschäften zugleich betraut und auf Distanz gehalten wurde. Diese Trennung war als Vorbeugungsmaßnahme gedacht und keine politische Notwendigkeit; die Aufgaben in Parma hätte auch ein anderer erfüllen können. Jedenfalls empfanden Mutter und Sohn die Trennung schmerzlich. Von seinem Vater erfuhr der kleine Franz nichts, er besaß nicht einmal ein Bild von ihm. Im Alter von sieben Jahren erhielt er die im nördlichen Böhmen gelegene Herrschaft Reichstadt zuerkannt und war somit für sein kurzes Leben mit einem Titel versorgt. Noch bevor er eine Familie gründen konnte, starb der Einundzwanzigjährige. Nach dem Wunsch seines elf Jahre zuvor auf der südatlantischen Insel St. Helena in der Verbannung verstorbenen Vaters hätte er als Napoleon II. eine ruhmreiche Dynastie sichern sollen. Er war ein unglückliches Opfer des persönlichen Ehrgeizes seines Vaters wie auch der diplomatischen und politischen Machthaber seiner Zeit.

Metternich, politischer Gegner Napoleons und konservativer Rationalist, war in seiner Handlungs- und Denkweise, wenn es ihm nötig schien, skrupellos und setzte sich über menschliche Gefühle hinweg. Seine Absicht war es, Marie Louise in der Öffentlichkeit so zu kompromittieren und bloßzustellen, daß ihre Rückkehr zu Napoleon nicht mehr in Frage käme. Der Plan war freilich durch und durch unmoralisch, aber Metternich setzte sich bei der Verfolgung auch dieses Ziels über ethische Normen hinweg. Seine Maxime hieß: Der Zweck heiligt die Mittel. Eine Dynastie Bonaparte durfte es nicht geben, also mußte das Einvernehmen der Personen, die zu dieser Gefahrenquelle zählten, vermieden werden. So kam Metternich auf die böse Idee, Marie Louise müsse ein uneheliches Kind bekommen. Es blieb nur die Frage: von wem.

Marie Louise wurde in der Folgezeit in scheinbar väterlicher Fürsorge von ihrem Beichtvater befragt, ebenso handelte eine intrigante Hofdame, und auch ein weibliches Familienmitglied des habsburgischen Erzhauses hatte den Auftrag, sie auszuhorchen. Und so hat sie naiv und arglos auf entsprechende verfängliche Fragen geantwortet, am besten würde ihr eigentlich der Graf Neipperg gefallen. Dies war nun wirklich ein interessanter Mann. Marie Louise selbst äußerte einmal, es habe sie besonders angezogen, daß er ein asymmetrisches Gesicht besäße. Im Krieg hatte Neipperg ein Auge verloren, und mit einer schwarzen Binde verdeckte er die Verletzung. Um so lebhafter war sein anderes Auge. Er war ein geistvoller Mann, auch ein Charmeur, ein *homme à femmes*, wie die Franzosen sagen. Neipperg erwies sich – seinem Auftrag entsprechend – als zärtlicher Liebhaber, und Marie Louise fühlte sich wohl bei ihm. Zuletzt, als sie endlich heiraten durften, brachte er als guter Ehemann Licht und Farbe in Marie Louises seelisch und geistig doch etwas kümmerliches Leben.

Aber zunächst mußte er Schande über die Herzogin von Parma bringen. Wir wissen heute genau, daß Neipperg von Metternich den Auftrag erhalten hatte, Marie Louise in aller Öffentlichkeit zu kompromittieren. Er wurde nach Parma und Colorno geschickt als ihr Obersthofmeister, Reisebegleiter und Berater, und er erfüllte diese Aufgabe mit den damit verbundenen Verfänglichkeiten pflichtgemäß. Marie Louise war wohl auch hier arglos, und Neipperg war, trotz seines dienstlichen Befehls, ein Mann von Takt und Lebensart, ein Edelmann. Man wird Marie Louise keine Vorwürfe machen dürfen, wie viele es getan haben. Sie hat sich anscheinend gegen Zumutungen gewehrt; andererseits muß man bedenken, wie jung sie damals war: noch keine vierundzwanzig Jahre alt. Neipperg hatte Lebenserfahrung, und so kam es, wie es schließlich geplant war. Alles wartete nur darauf, daß die von Metternich rund um Parma und Colorno beauftragten Späher melden konnten: Jetzt ist es soweit! Marie Louise soll ihren Vater angefleht haben, ihr aus dieser peinlichen Situation herauszuhelfen – aber eben diese peinliche Situation war es ja gerade, die man in Wien beabsichtigt hatte. Metternich hat sich selbst gegen den Kaiser durchgesetzt.

Im Sommer 1816 begleitete Neipperg die Regentin von Parma bei Dienst- und Privatreisen. Und er führte auch den diskreten Auftrag aus. Am 1. Mai 1817 gebar Marie Louise eine Tochter, die offiziell keinen Vater hatte und Albertine genannt wurde. Dieses unglückliche Kind wurde später sogar außergewöhnlich häßlich. Albertine ging jeder Charme und jede Ausstrahlung völlig ab, sie war voller Lebensangst und

Adam Adalbert Graf von Neipperg, zweiter Gatte Marie Louises; Stich von Paolo Toschi nach einer Zeichnung von Giovanni B. Callegari.

zeitlebens scheu und gehemmt. Später heiratete sie einen unbedeutenden Grafen San Vitale, der dann im italienischen Risorgimento eine gewisse Rolle spielte. Das Ehepaar hatte zwei Kinder.

Mit dieser Metternichschen »Familienplanung« hatte die frühere Gattin Napoleons an politischer Bedeutung verloren. Zwei Jahre nach Albertine kam 1819 ein Sohn zur Welt, der vom Vater Neipperg das strahlende und charmante Wesen geerbt hatte und später eine nicht unbedeutende militärische Laufbahn einschlug, nachdem ihn Metternich schon in ganz jungen Jahren im böhmischen Militär ausbilden ließ. Dieser Wilhelm Albrecht von Neipperg wurde der Stammvater jener Familie, die schließlich durch die Gnade des Kaisers Franz Joseph, ihres Verwandten mütterlicherseits, in den Fürstenstand erhoben wurde.

Zunächst als Grafen, dann als Fürsten, blühte diese Familie, die ihren Familiennamen Neipperg (Neuberg) ins Italienische übertragen als Montenuovo, bis ins 20. Jahrhundert führte. Obwohl sie seit 1951 im Mannesstamm erloschen ist, gibt es noch heute eine Fülle von Nachkommen in den Hochadelsfamilien Europas.

Zunächst wuchsen die beiden Kinder Marie Louises versteckt in kleinen, abgelegenen Schlössern auf, als wären sie nicht Kinder der regierenden Herzogin von Parma. Als Marie Louise eine Erzieherin für die beiden unehelichen Kinder suchte, schrieb sie bezeichnenderweise mit verhüllenden Worten: »... für zwei Kinder eines alten Militärs, die der Herzogin von Parma sehr am Herzen liegen«. Wer informiert war, konnte seine Schlüsse ziehen. Sie nannte sich nicht als Mutter, und der Vater, der keineswegs alt war, wird als »alter Soldat« bezeichnet. Er hat sich über dieses Inserat, das ihn auf die Stufe eines ausgedienten Veteranen stellte, wohl etwas geärgert, wenn man auch den Kindern seinen Namen Montenuovo gegeben hatte.

Als 1821 die Nachricht von Napoleons Tod auf St. Helena eintraf, war für Marie Louise die sechsjährige Zeit eines entwürdigenden Lebens voll beschämender Zumutungen zu Ende. Nun konnte sie endlich staats- und kirchenrechtlich legal den Grafen Neipperg heiraten. Da ihr künftiger Ehemann ein Standesherr war, konnte sie nach dem Standesrecht, zumindest theoretisch, auch als Gräfin Neipperg Kaiserin werden. Eine ähnliche Heirat wurde noch 1917 zwischen dem kaiserlichen Haus Habsburg und dem Fürstenhaus Waldburg vollzogen, bei der das Brautpaar als standesgleich und ihre Eheverbindung als standesgemäß bezeichnet wurde. Neipperg war zwar kein Erzherzog, und er teilte nicht die hohen Titel seiner Frau. Weder war er eine »Altezza« noch eine »Majestät« wie Marie Louise, die diese Titel beibehalten durfte, aber er war doch ein standesgemäßer Ehegatte, gewissermaßen der Prinzgemahl der Regentin des Herzogtums Parma.

Nur noch acht Jahre lang konnte Neipperg als Ehegatte an der Seite seiner Frau leben. Er erwies sich als ein aufmerksamer und liebenswürdiger Gemahl. In diesen Jahren nach dem Tod Napoleons, als Marie Louise in der politischen und ständischen Welt wieder legitimiert und von ihrer Kirche wieder in Gnaden aufgenommen war, hat sie mit ihrem zweiten Ehemann ein glückliches, den bürgerlichen Wertvorstellungen entsprechendes Familienleben geführt. Als Neipperg 1829 starb, hatte Marie Louise Grund, um ihn zu trauern. In der ersten Pfarrkirche Parmas ließ sie ihm von einem Schüler Canovas ein schönes und würdiges Grabmal im klassizistischen Stil errichten, das auch heute noch – wenn wir von der Darstellung des Harfenisten, der den Ruhm Neippergs besingt, absehen wollen – als vorbildliche Grabgestaltung angese-

Grabmal des Grafen Neipperg in der Kirche »Della Steccata« in Parma von Lorenzo Bartolini, einem Schüler Antonio Canovas.

hen werden kann. Neben dieser Grablege hatte Neipperg schon zu seinen Lebzeiten ein Denkmal setzen lassen, das an Marie Louise und an ihn erinnern sollte. Hier wurde auch eine Pietà, eine Marienklage, aufgestellt. Nach der Überlieferung soll die Figur der Maria, die den toten Sohn im Schoß hält, die Züge Marie Louises im reiferen Alter tragen. Die Pfarrkirche von Parma, die noch heutzutage das Ziel vieler Besucher aus Österreich und Deutschland ist, gilt somit auch als eine Gedenkstätte an Marie Louise und den Grafen Neipperg.

In Parma gibt es mitten in der Stadt, gegenüber ihrem ehemaligen Palast, eine weitere Gedächtnisstätte für Marie Louise: das Museum Glauco Lombardi mit der Sammlung eines Privatmannes, eines reichen Juristen aus Colorno. Aufgewachsen in einer Familientradition, die das Gedenken an die Herzogin Marie Louise pflegte, hat dieser Museumsstifter schon als junger Mann zu sammeln begonnen. Sein Leben widmete er dem Aufbau dieser großen Schau und verwandte sein reiches Vermögen dafür: Schließlich schenkte er sie dem italienischen Staat. Die Sammlung ist jetzt in den geeigneten Räumen des alten Palastes von Parma ausgestellt und enthält wertvolle Gemälde und bedeutende Handschriften. Die Galerie enthält auch das Porträt, das Léfèvre von der erst neunzehnjährigen österreichischen Kaisertochter gemalt hat, als sie gegen ihren Willen nach Frankreich geschickt worden war, um an der Seite Napoleons Kaiserin der Franzosen zu werden. Eine Fülle persönlicher Erinnerungen, Briefe, Zeichnungen und ganze Skizzenbücher von Marie Louise sind hier zu sehen, ihre private Bibliothek, ihre Stickarbeiten, die sie an langen Winterabenden mit ihren Hofdamen verfertigte, und Gegenstände aus dem täglichen Leben der Regentin von Parma, die einunddreißig ruhige Jahre hier gewirkt hat. Als Kostbarkeit gilt eines der ganz wenigen erhaltenen Staatsgewänder mit Robe und Schleppe aus der Zeit des Empire. Beim Betrachten ihrer vielen erhaltenen Zeichnungen fällt auf, wie oft Marie Louise Tannen oder Fichten gemalt und gezeichnet hat; diese Nadelbäume müssen ihr demnach sehr viel bedeutet haben.

Nirgendwo sind so viele Zeugnisse aus dem Leben Marie Louises und so viele persönliche Erinnerungen an die zweite Ehefrau Napoleons zusammengetragen worden wie in diesem durch die Ausrichtung auf eine einzige Gestalt der Geschichte und deren persönliches Leben so anregenden Museum. Darüber hinaus wird hier etwas besonders deutlich, was sonst nirgends dokumentiert ist: das Wirken dieser Frau in Parma und dem kleinen Herzogtum in drei Jahrzehnten. Marie Louise hat in dieser Zeit viel Gutes und Nützliches befördert und unterstützt. Wir erfahren hier von Dingen, die sonst wenig beachtet werden, aber wichtiger und wirksamer waren als Orden, Titel, Feste und Repräsentationen der Macht, des Reichtums oder der Bildung. Dazu gehören auch die Bemühungen um das Straßenwesen, das unter den Farnese und den spanischen Bourbonen sehr vernachlässigt wurde und verwahrloste. Unter ihrer Regentschaft wurden im Herzogtum Parma viele Chausseen gebaut, die als Handelswege wichtig waren, freilich aber auch als Heerstraßen dem österreichischen Kaiserreich dienten, zu dem Parma gehörte.

Überall wurden Brücken wieder instand gesetzt oder neu erbaut, deren großen Nutzen in einer Zeit, als es nur wenige Flußübergänge gab, wir uns heute kaum mehr vorstellen können. Zu den technischen Wunderwerken im Brückenbau jener Zeit im Herzogtum Parma gehörte die 600 Meter lange Brücke über den Taro, diesen reißenden Fluß aus dem Gebirge, den man hier in der Ebene gebändigt hat. Auch viele andere Wasser- und Kanalbauten sowie kleine Häfen für die Handelsschiffahrt wurden angelegt. Stadtsanierung und städtebauliche Maßnahmen wurden in großem Stil und mit Glück und Erfolg durchgesetzt: So wurden ganze Häuserzeilen und Straßenviertel abgerissen, da sie als ungesund oder für die wirtschaftliche Entfaltung störend galten. Das noble Flair, das Parma heute ausstrahlt, geht in der Hauptsache auf Marie Louises Wirken zurück.

Auch um die Landwirtschaft hat sich die Regentin verdient gemacht. Neben dem Park von Colorno ließ sie eine große Baumschule anlegen, die sich für den Aufschwung des Obstanbaus und für die Waldkultivierung im ganzen Land segensreich auswirkte.

Im Stil der österreichischen großen Pädagogik jener Zeit, beeinflußt von Ferdinand Kindermann und Bernhard Bolzano, hat sich Marie Louise auch für die Verbesserung des Schulwesens eingesetzt. Sie hat gute Lehrer in ihr Land geholt und die dürftigen Gehälter aufgebessert. Natürlich hat sie auch für die Kirche viel getan, wobei sie ihr Beichtvater wahrscheinlich immer wieder zu entsprechenden Maßnahmen anspornte. Marie Louise war freigebig und setzte die ihr zur Verfügung stehenden Mittel großzügig ein.

Auch um die medizinische Versorgung der Bevölkerung hat sie sich gekümmert. Während ihrer Regierungszeit wurden staatliche Impfungen eingeführt, und die Veterinärmedizin hat Marie Louise eigentlich erst durchgesetzt. Man kann nur staunen, um wie vieles und dabei auch ganz moderne Anliegen sie sich gekümmert hat. Ob sie immer viel Einblick und den nötigen Durchblick hatte, läßt sich vielleicht in Frage stellen, aber sie hat sich redlich, fleißig und gewissenhaft bemüht, eine gute Regentin zu sein, wenn sie auch nicht mit ihrer berühmten Urgroßmutter Maria Theresia verglichen werden kann, die mit großer Energie dem Staatsrat acht Stunden vorsitzen konnte und ihr großes Reich genial regierte. Aber schließlich war Parma auch ein viel bescheideneres und kleineres Land als die österreichischen Erblande, deren Verfassungsstrukturen, Rechte und Verhältnisse Maria Theresia in staunenswerter Weise begriff und handhabte.

Der gute Wille Marie Louises zeigte sich 1831, als eine Cholera-Epidemie ganz Europa heimsuchte und auch in Parma viele Menschenleben forderte. Dort waren die Mittel knapp, um rasch zu helfen; da kam die Herzogin auf die Idee, ihr goldenes Hochzeitsgewand, das sie bei der Vermählung mit Napoleon getragen hatte, zu zerschneiden und die Einzelteile an die reichen Bürger von Parma zu verkaufen. Der Erlös kam dem Cholera-Spital in Parma zugute. Zwar konnte man gegen die verheerende Krankheit nicht genug ausrichten, aber Marie Louise hatte sich für ihre Untertanen eingesetzt.

Graf Neipperg hat alle ihre Tätigkeiten und Maßnahmen mitgetragen und gefördert. Darum hat die siebenunddreißigjährige Marie Louise es als großen Verlust empfunden, als ihr Mann nach nur acht Jahren Ehe verstarb. Sie wollte eigentlich nicht nochmals heiraten, aber Metternichs Spione, die fortwährend an ihrem Hof und in ihrem Land agierten, bemerkten nun, daß sie einige Male mit einem Herrn aus ihrer Umgebung länger als mit anderen gesprochen hatte – bis zu sieben Minuten länger, wurde berichtet. Diese aufregende Beobachtung und der Name des Begünstigten wurden sofort dem Fürsten Metternich und dem Hof nach Wien gemeldet. Es handelte sich um einen Italiener, einen sehr gebildeten Mann, aber einen Liberalen. So einer war nicht genehm,

Charles-René Graf von Bombelles, dritter Gatte Marie Louises; Ausschnitt aus einem Gemälde von Gaetano Signorini.

solche Menschen fürchtete Metternich wie die Pest. Damit nun Marie Louise keine politischen oder persönlichen Torheiten beginge, die in ihrem Fall sowieso als identisch gedeutet worden wären, wurde in Wien beschlossen, einem möglichen Fehlgriff zuvorzukommen und ihr wieder einen Ehemann auszusuchen. Metternich fand ihn in dem Franzosen Charles-René Graf von Bombelles, einem etwas zwielichtigen Charakter. Bombelles war politischer Agent und beobachtete hochgestellte Beamte und Amtsträger; auch der Herzog von Reichstadt gehörte zu den durch ihn observierten Personen. Dem Fürsten Metternich war Bombelles sehr ergeben, und er arbeitete zu dessen voller Zufriedenheit.

Nach dem Tod des Herzogs von Reichstadt verfaßte Bombelles eine Lebensbeschreibung, die ganz im Sinne Metternichs gehalten war. Der im jugendlichen Alter verstorbene Sohn Marie Louises wird darin als engelhafte Gestalt geschildert. Nur ganz nebenbei, in einer Anmerkung, wird als sein Vater Napoleon erwähnt. Es wäre verlorene Zeit, diese Art von Biographie überhaupt zu lesen. Diese Beschreibung des Lebens des Herzogs von Reichstadt, die eher eine Heiligenlegende als eine Biogra-

Das »Teatro Regio« in Parma, 1829 von Nicola Bettoli erbaut.

phie genannt werden kann, hat Marie Louise jedoch sehr geschätzt, vielleicht auch deshalb, weil sie wegen ihres verstorbenen ersten Sohnes ein schlechtes Gewissen hatte. Das Gefühl der Dankbarkeit, das Marie Louise dem Verfasser dieser Biographie gegenüber empfinden mußte, war eine günstige Vorbedingung für Metternichs Plan, diesen Autor, einen fünfzigjährigen Witwer mit zwei Töchtern, dessen wesentliches Lebensziel in einer reichen Heirat gipfelte, nach Parma zu schicken. Bombelles sollte Marie Louise nicht kompromittieren wie einst Graf Neipperg, sondern er sollte sie vor einer unüberlegten und ärgerniserregenden Heirat mit einem Liberalen bewahren. Dafür war der erzkonservative und politisch im Sinne Metternichs festgelegte Bombelles der richtige Mann. Er begünstigte die katholische Kirche und ihre Würdenträger, wo er nur konnte, er war das, was man einen bigotten Menschen nennt. Marie Louise war zwar eine sehr fromme Frau, aber ihre Frömmigkeit äußerte sich eher in der zurückhaltenden Art der Kaiserin Maria Theresia. Mit Bombelles aber kam nun ein überzogener Glaubenseifer an den Hof von Parma. Auch wenn Marie Louise seine übersteigerte Frömmigkeit etwas abzubremsen versuchte, bekam er hierin wie auch in politischen Angelegenheiten bald das Sagen. Mit Zustimmung Metternichs wurde im geheimen und ohne jeden öffentlichen Hinweis am 17. Februar 1834 die dritte Ehe Marie Louises mit dem Grafen Bombelles geschlossen. Um Aufsehen zu vermeiden, fand die Trauung nicht in Parma, sondern in der Stille in Schloß Schönbrunn bei Wien statt und selbst da nicht etwa in der Hofkapelle, sondern in einem anderen Raum, in dem man rasch einen beweglichen Altar aufgestellt hatte.

Die Heimlichkeit, unter der, einem Kontrakt entsprechend, die Heirat vollzogen und die Ehe auch später verschwiegen wurde, hatte ihre Ursache darin, daß Marie Louise nicht schlicht Gräfin Bombelles heißen wollte. Wenn sie auch in den letzten zwei Jahrzehnten Napoleon schon fast vergessen haben mochte, so wollte sie doch nicht so ohne weiteres auf ihren kaiserlichen Titel verzichten. Sie konnte sich nicht vorstellen, in der Öffentlichkeit mit »Majestät« angeredet zu werden und dabei doch nur eine Gräfin Bombelles zu sein. Das Verschweigen dieser dritten Ehe Marie Louises zeigte sich sogar im Spielplan des Opernhauses von Parma. Ohne daß es die Untertanen überhaupt richtig wahrnahmen, wurde Cimarosas Oper »Die heimliche Ehe« aus dem Programm genommen. Trotzdem hat man in Parma schnell bemerkt, welche Rolle Bombelles übernommen hatte.

Äußerlich war er wenig anziehend, und das entsprach offenbar seiner Lebens- und Wesensart. Während Neippergs Gesichtszüge eine »Seelenlandschaft« darstellten, in der man geradezu lesen konnte, hatte Bombelles ein flaches, ausdrucksloses Gesicht wie eben ein Wachtmeister, ein Militär und Karrierist. Bezeichnend war, daß er mit zwei ganz verschiedenen Stimmen reden konnte. Mit höhergestellten und einflußreichen Personen sprach er anschmiegsam und weich, Untergeordnete hingegen wurden in bellendem Kasernenhofton angefahren, wenn nicht gar angebrüllt. Seine bedeutende Stellung mußte er nach außen auf die ihm gemäße Art darstellen, wie dies kleingeistige Spießer tun, wenn sie Stellungen erlangen, die für ihre Person etwas zu groß zugeschnitten sind.

Ein hübsches Aquarell – bezeichnend für diese dritte Ehe – zeigt Marie Louise, die ehemalige kaiserliche Majestät und jetzige Herzogin von

Parma, und Herrn Bombelles, offiziell immer noch ihr erster Hofmarschall, beim Abendspaziergang im Park von Colorno. Wie ein bürgerlich biederes Paar nach seinem Tagesablauf promenieren die Herzogin und der begleitende Hofmarschall, gefolgt vom treuen Leibjäger und Oberforstdirektor Anton Lienhardt. Diesem Oberforstdirektor von Parma – einem Österreicher – kommt das Verdienst zu, Hauptleiter bei der Umgestaltung des Parks von Colorno gewesen zu sein.

So vollzog sich in Parma und Colorno eine bürgerliche – fast spießbürgerliche – Idylle wie ein täglich neu aufgezogenes und ablaufendes Uhrwerk. Für Marie Louise bedeutete dieser Tageslauf wohl eine sentimentale Erinnerung an frühere gute Zeiten. Sie war nicht mehr allein, sie hatte immer jemanden bei sich. So wie sie, die sehr tierliebend war, Hunde und Pferde um sich hatte, so hatte sie auch einen Mann neben sich, mit dem sie eine recht zahme Ehe führte. Aus dieser – streng geheimgehaltenen – Verbindung der schon etwas gealterten Herzogin sind sogar noch Söhne hervorgegangen; in ihrem Testament erwähnt Marie Louise zwei Söhne von Bombelles. Er überlebte seine Frau. Marie Louise starb am 17. Dezember 1847, fünf Tage nach ihrem 56. Geburtstag. Ihre letzten Lebensjahre waren von Krankheit überschattet. Nun, da sie tot war, wurde sie wieder als vollgültiges Mitglied des habsburgischen Kaiserhauses respektiert und in der Kaisergruft in Wien beigesetzt. Über die elf Jahre, die Bombelles nach Marie Louises Tod noch lebte, ist nichts bekannt. Er hat wohl seine unbedeutende Rolle ausgelebt, wie es seiner Natur entsprach.

Was bleibt im Urteil der Nachwelt über Marie Louise? Obwohl sie nicht mit außergewöhnlichen Talenten begabt war, hat sie doch ein ungewöhnliches Leben, ein Leben mit großen Umschwüngen, geführt. Ihre Bahn, ihr politisches Schicksal zeigen keine gerade und durchgehende Linie, die man klar und einheitlich bewerten könnte. Das Urteil der Nachwelt über die Herzogin von Parma ist bis heute schwankend. Aber die schweren Vorwürfe, die man ihr schon gemacht hat, hat sie sicher nicht verdient. Sie war zwar träge und nicht besonders willensstark, aber das sind Eigenschaften, mit denen man keine schuldhafte Verantwortung verbinden kann und die es nicht rechtfertigen, Marie Louise zu verdammen oder anzuklagen; sie war mit dieser Wesensart eben ausgestattet.

Was das Geschick des ihr anvertrauten Herzogtums Parma betrifft, so steht sie in einem guten Licht der Geschichte und das mit Recht. Unter ihrer Regierung blühte das Land auf, es entwickelte sich wirtschaftlich, sozial, im schul- und gesundheitspolitischen Bereich. Eine dreißigjährige Friedenszeit ermöglichte eine ruhige und stete Entfaltung zum Wohl der Einwohner. Parma war kein Staat mit großem Glanz, aber er ermöglichte den bürgerlichen Kräften eine gesicherte Entwicklung; von diesem Aufbau unter Marie Louise zehrten noch die späteren Zeiten.

Nach Marie Louises Tod herrschten Wirren in Parma. Innerhalb von elf Jahren wurden dort drei Herrscher gestürzt. Der ihr nachfolgende Regent Karl II. war ein weitläufiger Verwandter und der Sohn des Königs von Etrurien. Ihn fegte schon nach einem halben Jahr die Revolution hinweg, und er mußte 1849 abdanken. Sein auf ihn folgender Sohn Karl III. herrschte gewalttätig und wurde nach fünfjähriger Regierungszeit ermordet. Den unmündigen Enkel Robert vertrieb man 1859, nach ebenfalls fünf Jahren Regierungszeit. Das Risorgimento hatte nun das zu Österreich gehörende Herzogtum Parma erfaßt, Parmas relative Selbständigkeit war zu Ende.

Im Blick auf Marie Louise sollten wir uns bei ihrer Beurteilung doch an ihre gesamte Lebensleistung halten, die sie in dem kleinen Land in Oberitalien vollbracht hat, und deshalb ist sie dort mit Recht in guter und in andauernder Erinnerung geblieben.

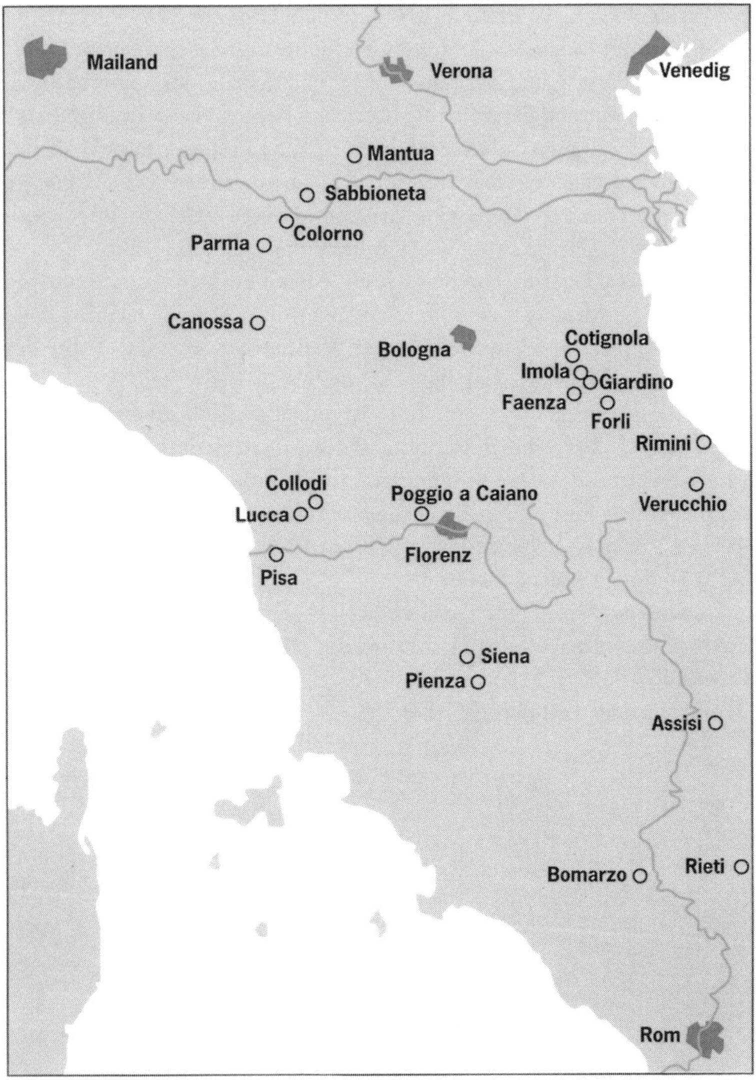

Übersichtskarte zu den Schauplätzen dieses Buches.

Bildnachweis

Archiv für Kunst und Geschichte, Berlin: Seite 23, 133, 191, 231; Farbbild 1, 5, 11
Bibliothèque Nationale, Paris: Farbbild 6
Bildarchiv Preußischer Kulturbesitz, Berlin: Seite 13, 33, 196
Dziallas, Ulrike, Pforzheim: Seite 148
Historia-Photo, Hamburg: Seite 121
Institut für Auslandsbeziehungen, Stuttgart: Seite 165, 182
Jeiter, Michael, Morschenich: Seite 40, 99, 101
Landesbildstelle Rheinland-Pfalz, Koblenz-Ehrenbreitstein: Farbbild 2
Mader, Günter, »Italienische Gärten« (DVA, 1987): Seite 143
Österreichische Nationalbibliothek, Bildarchiv, Wien: Seite 235, 236, 243
Raff, Gerhard, Stuttgart-Degerloch: Seite 16, 48, 80, 96, 130, 141, 153, 159, 185, 209, 214, 217, 220, 227, 245; Farbbild 3, 9, 12, 13, 14, 15, 16, 17, 18, 20, 21, 22, 24

Abbildungen ohne Quellenangabe entstammen den Archiven des Autors, des Herausgebers oder des Verlags.

Orts- und Namenregister

Die in Klammern angegebenen Nummern beziehen sich auf die Farbtafeln.